以文会友

京都大学文学部今昔

京都大学文学部［編］

京都大学学術出版会

目次

Ⅰ　哲学の風景

Ⅱ　史学の律動

目　次

目次

Ⅲ　文学の諧調

凡　例

一、本書は、京都大学文学部（および大学院文学研究科）の同窓会機関誌『以文』収載（二〇〇〇年発行／第四三号までの分）の随想のなかから、主に大学や学部の動静にかかわるものを選んで集成したものである。

二、全体を、文学部において伝統的であった三分類「哲学」「史学」「文学」の三部で構成した。

三、各部における掲載順位は、『以文』収載順とした。

四、表記については、

①漢字については、原則として原載に従ったが、統一のために一部改めたものもある。

②送り仮名は現代仮名づかいとした。

③行間の一行空きは、読みやすさのため編者が適宜行った。

五、人名などに付した〔　〕付きの補足は編者が行ったものである。

以文会友——京都大学文学部今昔

I

哲学の風景

旧文学部本館正面
（京都大学大学文書館提供）

京大の思い出

天野貞祐

明治四十二年（一九〇九年）一高を卒業したわたしは少年以来住みなれた東京を離れて広い世界を知りたくなった。それまで東京をはなれたのは一高在学中教練の演習で沼津地方へ行っただけで、それ以外の日本はわたしにとって未知の世界であった。そういう心境でおった際に京大文学部の清新な学風について仄聞し、桑木厳翼先生の盛名に心をひかれ、さしてためらうこともなく京都行に決心したのであった。人生において期待の裏切られないことは稀れであるが、京大文学部に関する限りわたしは幻滅を感じたことがなかった。わたし自身教授としては力の不足に苦しみぬいたが、学生として教授としての二十余年を顧みて学部に対してただ感謝あるのみである。

わたしが文学部哲学科に入学した明治四十二年に桑木先生が二年の留学をおえて帰朝され新学年から講義を始められた。代って朝永〔三十郎〕先生が三年留学の途につかれた。したがってわたしは学生として朝永先生の講義を聴く機会をば持たなかった。桑木先生の最初の講義は「現代の哲学」であって先生の生涯におかれて最も脂ののった精彩に富んだものではなかったかと思う。当時わが国第一の哲学者として定評のあった先生はまだ三十代の青年学徒であったのである。先生の若々しい風貌が今なおわたしの眼底に焼きつけられている。先生はカント『純粋理性批判』を演習のテキストとして用いられ、わたしは始めてカントを読むことになった。ここにわたしの生涯の方向は決定されたのである。しかし先生のカント解釈が認識論的であったのに対し、わたしは始めから形而上学的解釈に心をひかれていたが、寛大な先生はそれを斥けようともされなかった。

わたしの文学部学生時代における最大の出来事は西田〔幾多郎〕先生の来任であった。それまでわたし達は先生についてなんら知る所はなかったが、しかしその処女講義を聴いて直ちに非凡な学者の存在を直覚したのである。それは明治四十三年わたしの二回生の時であった。翌四十四年『善の研究』が出ることとなって先生は忽ちにして日本の代表的哲学者となられた。つづいて「自覚における直観と反省」という論文が『芸文』誌上に連載されることとなり、先生の学界における地位はますます高められて行ったのであった。

当時文学部の学生数は少なかったので哲学科の学生でありながらわたしは文学科、史学科の教授方、わけても文学科の榊亮三郎〔梵語〕、史学科の内田銀蔵〔国史〕、坂口昂〔西洋史〕、濱田耕作〔考古学〕諸教授の厚意を受けた。内田先生に招かれてお寿司の御馳走になったことなどもなつかしく思い出される。卒業後七高へ赴任することとなり研究室で榊先生に挨拶をしたところ「早く大学へ帰って来い」と激励されたことも忘れられない。大正十五年にわたしが助教授として帰って来たとき、地位の低く待遇のわるいことに榊先生はひどく同情され慰めて下さった。その際先生はこういう話をされた——一時文部省では沢柳政太郎、上田万年両氏の勢力が非常に盛んで岡田良平氏は全くさえない存在であったが、しかし大臣になったのは岡田氏ひとりであったと。わたしはもともと普通よりも四年おくれて大学を卒業し、そのうえ十年以上高等学校におったため大学における地位の低いことは当然であって少しも介意したわけではない。ただ榊先生の親切が思い出されるのである。

濱田先生には特別の知遇を蒙った。先生が総長になられたとき教授として学生課長を兼任させられた。当時わたしは学者としての自信もなかったけれど教育行政のような仕事には自信もなく興味もなかった。現に学習院教授在任中、生徒課に関係することを時の生徒課長から懇請されたが固辞して受けなかった。この場合もどうしても辞退しようと思ったが、小島〔祐馬、支那哲学史〕文学部長のほとんど強圧的ともいうべき人事に屈服したのであった。わたしの一生にとって幸運か不運かは別として学生課長の仕事がわたしの生活に新生面をひらいたことは否定できない。わたしは少年の頃教育者になろうという志を立て、哲学を専攻したのも本来は教育者になるためであったから、聡明な濱田、小島両氏の直覚がわたしに生き行く道を指示してくれたのかもしれない。とにかくわたしは濱田総長の下に学生課長に就任した。長崎太郎、日高第四郎両君のごとき有能な学生主事の助けによって学生に親しまれる学生課を建設することに成功したかと思った。ところがここに一事件が突発した、というのはわたしの『道理の感覚』という著書が右翼の人達によって問題にされ、『京都日日新聞』のごときは第一頁全部を「怪著――道理の感覚」という標題の記事をもってうずめたほどであった。この事件は世間に信ぜられているごとく配属将校が主動者ではなく、主動者は他にあって軍部を焚きつけたのである。そのやり方の陰険卑怯実にはなはだしいものがあった。事が配属将校から起こったのでなく、その態度はむしろ消極的であったのと、総長の著者を支持する断然たる態度と相俟って自発的絶版ということで妥結した。配属将校川村大佐は立派な人物で一方には主動者の卑劣な心事を洞察し、他方にはわたしの純粋公明な心情を理解していたためであろうか、実に終始謙遜な態度であった。惜しいことにこの人は間もなく病死したと聞いている。忘れられない人物である。

わたしが文学部の特色として思い出すことが二つある。その一は学問への純粋な愛、その二は教授への信頼である。わたしの学生時代から教授時代を通じて文学部には学問への純粋な愛が漲っていた。それはわたしが他のどこでも感じたことのない貴いものであった。昭和四年西田先生の歌にこういうのがある。

此頃屢々マルキスト来りマルクスを論ず

夜ふけまで又マルクスを論じたり

マルクスゆえにいねがてにする

この歌は当時マルキストと言われた学生がいかに理論的であったかを示すと同時に西田先生が上からではなく学生と同じ地盤に下りて議論をされるという先生の平生の御性質をよく現わしていると思う。この歌を誦すると当時の学生生活がなつかしく思い浮べられるのである。

西田先生の講義の場合もそうであったが、先生の後を継いだ田辺〔元〕教授の代になっても、その講義には学生だけでなく京都はもちろん阪神地方の卒業生も集まり、その日は哲学デーの観があった。わたしなど停年退職するまで田辺教授の講義を聴かせてもらった。そこに支配するものは純粋な学問精神で神々しいと言ってもよいような雰囲気であった。誰もが哲学学徒の矜持と幸福とに浸っていた。それはまことに地上におけるイデアの国であった。みながその日を楽しみにしていた。こういう講義、その雰囲気、それを経験したことはわたしにとって生涯忘れられない思い出である。

教授への信頼に関してはわたしなど学生時代教授方に対して学者として人間として心からの信頼と敬意とを抱いていた。わたしの教授時代にもどの教室でも教授は信頼されていたと思う。京大全般においても教授への信頼は一般的気風であったようである。例えばわたしが学生課長に就任した際右翼学生が結集して総長にその不適当なことを上申したが、その文章ではわたしに対して人格には敬意を表するが、その自由思想のゆえに学生課長のごとき要職につけることに反対するという主旨であった。主旨は激しいが人格に対する敬意は忘れぬものであった。

顧れば文学部を卒業してより四十八年、教授を停年退職してより十六年。かくしてわたしの生涯も日々に消えつつあることを思って感慨なきをえない。

（『以文』第五号／一九六〇年五月）

総長選任問題のころの思い出

小島祐馬

いわゆる総長選任問題は、昭和十三年濱田総長の逝去にともなって起った事件であった。今このことについて思い出を話す前に、私は浜田総長の逝去に関して一言しておきたいことがある。『京都大学文学部五十年史』をみると、濱田総長は、「昭和十三年の春ころから健康を害し大学病院に入院したが、七月に清野事件が起って心痛甚しく、ついに同月二十五日に現職のまま逝去した」という記事がある。この「現職のまま逝去した」ということはいかにもその通りであるが、しかしそれは濱田さんの本意ではなかったということを私は付け加えておきたいのである。濱田さんは清野事件が起ると同時に自己の責任を痛感し直ちに辞表を提出したが、時の文部大臣であった陸軍大将荒木貞夫氏が、その議に及ばずといって辞表を受理しない。濱田さんはジッとしておれないが、身は病褥にあるので自分で文部省に出かけるわけにいかない。そこで私を呼んで「君、東京に行って文部大臣に会い、即時辞職を許可するよう話をつけて来てくれ」ということであった。私はその晩の夜行列車で東京に行き、翌日文部省にいって大臣に会った。ところが荒木さんという人は非常に話のしにくい人で、二言目には話が問題の核心から離れる。私は話をもとへ返すのに極力つとめたが、いつまでたっても要領を得ない。私は痺れをきらしてとうとうこう言った。「あなたの属している軍隊では上官は部下の不正行為に対して責任を負わなくてもよいことになっているか知らないが、われわれ文教の職に在るものはそういうわけにはゆかない。これは単なる濱田氏個人の問題ではない。広く我国の教育行政の面からみて、文部省はぜひこの辞表を受理してくれなくてはこまる」と。すると荒木さんもとうとう「それでは濱田総長の辞職を認め、その手続を取ることにしよう。帰ってすぐ濱田氏在職中の功績を書き出して送ってもらいたい」といった。私はやっと使命を果して、またその晩の夜行列車で引返し、京都に帰ったのが七月二十五日の朝であった。家に帰りつくと「濱田さんは今朝病勢が急変し危篤に陥ったから、帰ったらすぐ来い」という電話が今しがたかかったところだという。私は驚いて旅装も解かず総長官舎にかけつけたが、その時はすでに遅く、濱田さんはもはや全然意識が無くなっていた。そのとき私は、濱田さんがあれほどまでに待ちかねていた辞職の許可を、意識のあるうちに濱田さんに報告することのできなかったことを非常に残念に思い、そしてそれは今も残念に思っているところである。

濱田さんの逝去と同時に、京都大学は一つの困難な問題にぶっつかった。それがいわゆる総長選任問題であった。このいわゆる総長選任問題というのは、後には総長ばかりでなく、教授・助教授の選任問題にまで及び、したがってひとり京都大学だけの問題ではなく、当時の六帝大全体の問題となったが、事の起こりは濱田総長の逝去がそのきっかけとなったのであった。

京大では濱田総長の逝去と同時に平野〔正雄〕工学部長が総長代理となり、後任総長選出の準備に取りかかったところ、時の文部省専門学務局長の山川健君が京都へ派遣され、後任総長の選挙はしばらく見合わせておるようにという文部大臣の意向を伝えて来た。実は自由主義とか、大学の自治とかいうことは、早くから右翼政治家と、それに同調する少数の知識人の攻撃の的となっており、昭和八年の滝川事件のごときもその一つの現われであった。その後軍部がだんだん政治の実権を握るようになると、非常時局ということが唱道され、挙国体制が強要され、大学の自治ということは、右翼政治家の関心を集注する一つの目標となったのであった。すでに昭和十二年六月第一次近衛内閣の文部大臣に就任した安井英二氏が、就任早々私に対して、あなたは大学の自治ということをどう思いますかと聞かれたことがあり、同年十月安井氏に代って文部大臣となった木戸氏も、就任後数カ月にして兼任の厚生大臣専任となり、十三年の五月末、すなわち濱田総長逝去のちょうど二カ月前に陸軍大将荒木貞夫氏が、軍部から入って文部大臣となった経過から推して、この際新任の荒木氏が何をしようとしておるか、また何をさせられようとしておるかということは、私にはほぼ見当がついていたのであった。

すると七月二十八日荒木文部大臣は六帝大の総長（京大は総長代理）を東京に召集し、「従来帝国大学において総長の任命の際に施行した選挙投票は、憲法に定められた天皇の官吏任命の大権を拘束するばかりでなく、大学における各種の弊害の根本をなすものであると考えられるから、大学側において、これらの適当な改正方法を講究して答申して欲しい」という意味の要望を述べた。そして後になって学部長・教授・助教授の候補者推薦の場合をも併せて考慮することが追加された。世間では早くも総長官選の下準備と取沙汰された。

そこで京大では七月末に特別委員会を設け、暑中休暇中たびたび会合を催し、また文部当局ともしばしば折衝した結果、荒木文部大臣も従来大学が施行してきた推薦方法が、天皇の大権を拘束するものでないことは了解したようであったが、しかしその推薦の前提条件としての選挙投票はどこまでもいけないと言う。そして大学の実情を知らない荒木さんは、大学教授ともあろうものが無記名でなければ自己の意志表示ができないということは卑怯ではないかということまで言った。京大では慎重審議の結果、文部当局のこういった意向を多少加味して、今までの選挙投票を総長または学部長の諮問に対する各教授の答申という名称に改め、その他は従来通りとして少しも変更を加えず、その答申書は、何らかの方法で答申者の責任を明らかにするが、しかし記名式に伴う弊害を未然に防ぎ得る方法を採るということにして、実質的には従来と何ら異るところのない答申案を作製した。そしてそれを骨子として六帝大合同の答申案を作ろうというのであったが、順序として先ず京大と東大との間に一致の成案を得、しかる後他の四帝大に呼びかけようというので、あらかじめ打合わせておいて九月十七日に愛知県の蒲郡で京大・東大の第一回連絡会議を開いた。その時の連絡員は、京大側は法学部長の宮本英脩君と、文学部長の私と、中村（恒三郎）書記官との三人で、東大側は法学部長の田中耕太郎氏と、文学部長の桑田芳蔵氏と、農学部長の加藤寛治氏とであった（後には東大側もそれに書記官が加わるようになった）。ところがこのとき東大側は吾々の期待に反し、東大独自の答申案を作ってきていない。そして田中氏のいうところでは、東大としてはまだ案はできていないが方針はきまっている。それは従来の慣行のままにしてこの際何ら変更しないということである。そしてそれは東京における情勢観測の上からそれで推し通す可能性があるというのであった。そのとき私はこう言った。「政府のお膝元である東京側の観測を疑うのは失礼であるが、前の滝川事件のときの東京側の観測というものは全く当っていなかった。それで今度の場合も私は全面的にそれを信用することはできないが、しかしこの際何ら変更を加えず従来の通りで推し通すことができれば、それに越したことはないのであるから、吾々も東京案を第一案として交渉を進めることにしよう。そして阪大・九大の二大学は吾々の方で東京案を支持するよう話をつけるから、東北大と北大とはあなたの方で直接話をして欲しい。そしてそれを骨子として六帝大合同の答申書を作成し文部省に提出することにしよう。がしかし、もしその答申が文部当局の受理するところとならなかった場合は、第二案として京大案で進みたいと思うが、その際東大はそれを支持してくれるかどうか」と。すると田中氏は、その場合は京大案を支持しようという返事であった。それでは取りあえず東大側の方針に基づく答申案を作って欲しいということを希望して別れた。その後たしか一週間ばかりたって第二回会談を熱海で開いたが、東大側はまだ答申案を作ってきていなかったので、会談は何ら発展を見ずして終ってしまった。

そうこうするうち九月末になると突如として文部省から六帝大に対し、即時各大学独自の答申書を携えて東京に集まれという通告があった。京大側では腑に落ちない点があったが、事急で押問答の暇なく、ともかくも三人の連絡員が打揃って出かけることとした。召集日の前夜東京駅に着いてみると、そこに文部省側の連絡員であった参与官の池崎忠孝君と、専門学務局長の山川健君と、専門学務課長の有光二郎君とが吾々を待受けておって、大臣はさきに六帝大総長に対して要望した件について、この際即時各大学独自の答申を徴せよと言い出したので、急に来てもらった次第であるが、京大は既に成案ができているということであるから、明日は各大学と相談せず、京大だけで答申してもらいたいということであった。私は即座に「それはできない」と答えた。そして「そのような筋の通らないことを大臣が言うなら、なんであなた方はそれを阻止しないか」といったところ、「それは吾々ではできない」という。「それでは私が言ってやろうか」というと、異口同音に「そうしてもらえばありがたい」といい、ともかくもこのことは帰って次官に伝えておくということで別れた。翌日会場に当てられていた上野の学士院に行ってみると、各大学から総長はじめ多数の教授・事務官など集まっている。そのとき伊藤(延吉)次官が私を呼んで、あなたが大臣のところへ行ってくれるそうだが、只今電話をかけておいたから、すぐ大臣の私邸の方へ行ってもらいたいということであった。私は上野からボロ自動車にゆられ、荒木さんが大尉時代に建てたという代々木の荒木邸に着くと、右翼の壮士らしい男が、玄関の隣の待合室に私を導いて、大学の自治なんて怪しからんなどといって私に喰ってかかってくる。私はそれに取りあわず、大臣の部屋に案内させて、私は先ずこう言った。「あなたはさきに六帝大総長を集めて六大学の一致する答申を要望しておきながら、今さら各個撃破に出るということは卑怯ではないですか」と。すると大臣は「実はこのごろこの問題を十二月まで引摺って、議会の問題にしようとしているという噂を聞くので」というから、「それはデマでしょう。少くとも京都大学ではそういうことは考えていない。一体あなたがこの問題を提起されたのは七月の二十八日であって、各大学はすでに暑中休暇に入っていた。京大では後任総長の選任を急いでいるから休暇中しばしば会合して答申案を作ったが、他の大学にとってはそれは不急の問題であるので、まだ何も検討はしておらない。九月中頃から各大学とも講義が始まり、このころやっと落ち着いてきたので、これから連絡を取り話を進めようとしているところであるから、今しばらく答申を待ってもらいたい」といった。すると大臣は、「それではいつまで待ったらよいか」というから、私は「それは言えない」と答えた。「これから各大学の意見をまとめるのであるから、いつまでといって期限を切ることはできないが、京都大学としては問題の解決を急いでいるから、できるだけ早く話をまとめたいと思っている」と言ったら「それではせいぜい早く答申するようにして欲しい」ということで、僅かに二十分ばかりで話はついた。

それから上野へ帰って伊藤次官にそのことを報告し、そのとき集まっていた五帝大側と打合わせて、たしか十月の二日であったか、箱根の強羅ホテルで六帝大連絡会議を開き、東大案を骨子とする答申案を検討してこれを可決し、翌日それを文部省に提出したのであった。このとき京大・東大を除く四帝大からもそれぞれ総長を含めて三名ばかりの連絡員が出席したが、いま記憶に残っているのは、九大の荒川総長と河村（又介）教授、阪大の楠本総長と佐谷教授、東北大の本多総長と高橋（里美）教授、北大の今総長と小熊教授といったところで、その他は忘れてしまった。

ところが一両日たって文部省は、私の予想通り、この答申は受理できないから再考を望むといって、それを却下してきた。そこで再び六帝大側が集まって、日時は忘れたが、今度は東大の懐徳館で連絡会議を開き、その対策を講究することとなった。私は強羅会議以来四大学の連絡員に対し、万一東大案を基礎とする第一案が敗れた場合、京大案を骨子とする第二案で進むことについて、機会あるごとに諒解を求めておいたが、懐徳館の会議では私はこのことをいよいよ正式に提議しなければならないこととなったのである。

元来私は今回のことは、その原動力が文部省にあるのではなく、その外にあり、文部省は外部の圧力に抗しきれずにやっていることであるから、吾々は文部省を助けて外部の圧力に抗しなければならない。したがって実質的に変化のない限り、この際文部省の顔も立ててやって解決を計るようにしたい。そうしない限り文部省はいつまでも外部の圧迫を受け、この問題は解決の時期がない。幸い今は右翼の信頼する荒木大将が文部大臣となったのであるから、これが最もよい機会である。荒木氏でもこれだけしかできないとなれば、この問題はこれで終止符が打たれ、将来に尾をひくことはないというのが私の観測であった。

そこで私は懐徳館における連絡会議の初めに先ず田中氏に対し蒲郡における最初の約束の確認を求めた上、この問題は文部省も大学側と同様に被害者であるから、文部省を向うにまわしこれと対立することをせず、文部省とともに共同の敵に当るという態度で進みたいといった。そのとき田中氏も、「これは東大案でやっても、京大案でやっても、大した違いはない。大山鳴動して鼠が一匹出るか二匹出るかの違いに過ぎない」と言ったことを、私は今にその言葉通り記憶しておる。私のこの提議には四帝大側も賛成したので、これより、いよいよ京大案を骨子とする第二案の作成を急ぐこととなったのである。ただしこの懐徳館の会議では、劈頭に一つのトラブルが起った。それは開会してみるとその席に連絡員でない東大の各学部長と長島総長が出席していた。そして東大の各学部長は長島総長に対し、あなたは他の四大学総長と違い連絡員でないからといって総長を退場せしめた。すると長島さんの高弟であった阪大の佐谷教授が憤然立って東大の各学部長に対し、君らも連絡員でないから出て行けと言った。東大の諸君は、吾々はオブザーバアとして出席するのだという。そこでオブザーバアとしてこれら諸君の出席を認めるかどうかを議場に謀ったところ、大多数で認めないということになったので、東大の各学部長はすごすご退場したが、しかし帰宅せずに諸堂の隣室に陣取っておって、田中氏は会議が重要事項にでくわすごとに、一々隣室に行って各学部長の意見を徴してきては賛否を表明していたのは気の毒であった。

その後何回かの会合を重ねて、たしか十月十七日に京大案を骨子とする答申案が出来上ったので、翌十八日各大学総長が揃って文部省に行きそれを提出するということになった。ただ東大だけは評議会を開いてその承認を求める必要があるので提出は午後にしようということになり、京大側では平野総長代理へ招電を発しておいた。

私はこれでやっと今回の任務を大体果したと思ったので、その晩はゆっくり晩飯を食って宿舎に帰り、風呂にはいってまさに寝に付こうとする途端、思いがけなく文部省の有光君から電話がかかってきた。「いま四大学総長がここへ見えているが、あなたが来られないと決定できない問題が起こったので至急来て欲しい」という。「私は文部省にはもう用事はない。疲れているからいやじゃ」といって辞ったがどうしても聴かない。やむをえず文部省差し廻しの車に乗って文相官邸に着いたのが夜の十一時ころであった。文部省側はいつもの連絡員の外に、伊藤事務次官と内ケ崎（作太郎）政務次官が控えており、一方大学側は荒川九大、楠本阪大、本多東北大、今北大の各総長が黙然としてそれに対坐している。「何ごとですか」と聞くと、文部省側から「実は明日大学側から出されるはずになっている答申案を前以て拝見したが、あの前文では大臣が到底承知するはずがない、そこで吾々の方で試みに代案を作ってみたが、前文はこれに代えてもらえまいか。そのほか、本文の中に変更という文字があるが、あれは改正に変えてもらえまいか。いま四大学の総長に相談したが、あなたの意見を確かめなければ、自分等だけでは決定ができないというので、夜中気の毒であったがお出でを願った次第である」というのであった。私は先ず文部省が手を廻して提出前の案文を入手した卑劣な行為に憤慨し、またそれを漏した大学側の不信行為に立腹したが、こうなった以上その責任を問うてみても致しかたなく、またそれを問題として肝心の問題の解決を後らすことは、実はそのときの私にとっては堪え難い苦痛であったので、その追及は思い止まることにした。ところが今文部省が問題としている答申案の前文というのは、九大の荒川総長の起草したもので、過去において大学のやってきたことは、決して不当なことではなかったということをかなり詳しく述べたものであった。されば文部省としてはこういう公文書を長く残しておきたくなかったであろうが、大学側にとっては、それは何ら将来を拘束するものではないので、強いてそのまま存置しなければならないことはないではないか。また本文中の変更を改正とするというのは、文部省としては改正という言葉に、大学側が今までは誤っていたが、これを改めて正しくしたという意味を持たせ、自己満足を得ようとするのであろうが、改正という文字には法律的に見てそういう意味が含まれているのではないから、これも大した問題ではないではないか、といった意見を私は述べた。四大学総長もそれではそういうことにしようということになり、それから文部省の作った前文案に大学側として修正を加え、解散して宿舎へ帰ったのは翌朝の午前四時ころであった。東大側へはその評議会開催前に、たしか北大の今総長がそのことを通知することとなっていたと思う。

その朝私は連絡会議の本部に当てられていた神田の学士会館に行って、東大の評議会の終了を待っていた。すると午前十一時頃田中氏がやって来て、昨夜の文部省の話は一体どうであったかと聞くので、私はそのことを詳しく説明したところ、多分そんなことだろうと思ったが、評議会で確めてこいというので、会議を中坐して来たのだといって、すぐ引きかえして帰っていった。ところが東大の評議会はなかなか終了する様子はなく、長島総長が、評議会の決議に基づいて、五大学一致の答申と違った東大独自の答申案を携えて、五大総長の待っている学士会館へ来たのは、たしか午後九時を過ぎていたと思う。ところがこの東大の答申書の内容を見てみると、他の点では五帝大のそれと寸分違っていないが、ただ一箇条、五帝大案の骨子とする条項だけは完全に削り取って何も書いてない。これは最初から六帝大一致の答申をしようとして努力してきた連絡会議の根本方針を、最後になって東大だけが勝手に破ったもので、また東大の連絡員であった田中氏が、蒲郡会議以来、第二案として京大案を支持するといってきた約束を、全く反古にしたものであった。

その翌朝学士会館に行って聞くと、文部省は昨夜五帝大の答申も東大の答申も、双方とも受け付けたということであった。文部省の態度に疑惑を懐いた私は、即刻文部省の連絡員を学士会館に呼んで、四大学総長も立ち合ってもらってこう言った。「文部省は先きに吾々の提出した答申を受理できないといって却下したので、吾々はその後苦心して第二の答申書を作って提出したのであった。ところで昨夜東大が吾々五大学側と離れて独自に出した答申は、先きに文部省が却下した答申と内容は同一のものである。文部省が今またそれを受理するということは了解に苦しむ。もし文部省が昨夜の東大の答申でもよいというならば、五大学の答申は引込めるから、即刻返してもらいたい」と。そのとき私の傍にいた東北大の本多総長が、「それ程までに言わなくとも」といって私をたしなめたところから見ると、そのときの私の語気は相当はげしいものがあったと見える。するとその翌日になって、文部省は東大の答申書を却下するとともに、五大学の答申はこれを受理することを確認してきた。これで京大としては、特別委員会開始以来約八十日、東大と交渉を持ってから約三十日にして、やっと問題が解決し、後任総長の推薦手続を取ることができるようになったのであった。聞くところによると、東大は一旦却下された答申に覚書を付けて再提出したが、文部省はそれをも却下したので、東大はさらに第二の覚書を付けて、やっと文部省の受理するところとなり、結局実質的には五帝大の答申と同一の内容のものとなったということであった。

（『以文』第六号／一九六一年五月）

随想

臼井二尚

私もいよいよ京大におさらばを告げねばならぬ時になった。京大文学部に入学した当時、赤児の腕より細かった書庫の西側の銀杏が、今の一抱えもある太さになるまでの四十余年を顧れば、憶い出すこと感ずることは限りなく多いが、その中の一、二を、去るにあたってかき綴ってみたい。

私が入学した頃はまだ文学部初代の諸先生が大方健在で、旺盛な活動をしておられた。教室で特に印象深かったのは、今では何処にも見られぬ程高い階段の法経の教室での西田幾多郎先生の講義の光景で、これには哲学科の学生以外に、文学部の教官や学生が所属学科の別なく来聴したのみならず、他学部や京都の諸大学の先生や生徒も自由に入って並んでいた。三高生のみならず府立医大予科の学生も出席した。これらの生徒の中の若干はやがて京大生となって哲学を専攻するのが例であった。これら老若混交の聴講者の中には毛筆で丹念に筆記している白髪の人もあって、われわれのペン筆記と異なり、これこそ純正の筆記であるのもほほえましい風景であった。

田辺先生の講義にも種々の人々が聴講に来た。天野先生なども退官されるまで出席を続けられ、このことを今もなお喜びとしていると自ら記しておられる。田辺先生の講義は懇切にして透徹せること正に天下一品であっていかに難解な哲理でも、哲学の門外漢にまでよくのみ込めるように明快に解説されるのであった。しかしながらこの立派な講義の背後には先生の並々ならぬ苦心努力が潜んでいるのであって、先生は講義の前日は絶対に面会謝絶とされ、講義の準備に全力を傾倒されたのであった。伝え聞きの話であるが、たまたま先生の講義の前日に遠隔の地の大学の教授が特別の用事はないが京都に来たからとて先生に面会を求めたが、先生はせっかくながら翌日の講義の準備中なので、今日は失礼させていただきたい旨を述べられたところ、訪問の教授はご迷惑は恐縮ながら遠くから来たのであるから暫時お邪魔致したいと申入れたところ、先生は「拙い講義ながら自分は講義に生命をかけている者である。特別のご用事がおありでないならば、今日のご面談は御容赦願いたい」と言って謝絶され講義の準備に専念されたということである。

右のような話が伝えられるほど、田辺先生のみならず当時の先生方は文学部での講義と研究に専心没頭され、文学部以外には講義にも講演にもほとんど出られることはなかった。ただし文部省なら特別の依頼のあった場合は、国家の官吏としてその依頼に応じられた。ところで、早くから信州の小学教員は誰でも何か自分の好む道に精進する風があって、歴史・和歌・動植物等々のいずれかに打ち込む人々が多かった中に、哲学の道を執る人々も少なくなく、これらの人々が西田幾多郎先生の信州への出講を再三お願いしたが、西田先生はどうしてもそれに応ぜられなかった。これで信濃哲学会の会員一同が休暇に大挙して京都に出て来て、京都で是非先生の御講義を拝聴致したいとお願いしたので、先生もその熱意に動かされ、その人々のために一週間余りの連続講義をされたということである。

戦後は国家の大学および大学教授に対する扱いが全く変わり、したがって大学の事情も一変せざるを得なくなった。大学教授の生活および研究事情が他に比して隔段に悪いということは、あらゆる人々が認めまた口にしていたが、待遇は何ら改善されることなく、争議闘争を行わぬ者はそのままに棄ておかれ、やがてその劣等な扱いが常識化して怪しむ者もなくなった。軍事費も減じ景気は良くなったのに、かつて大学にまわされた国費の大部分に相当するものはどこに流れるようになったのであろうか？　多数になった国立大学に配分されるということもあろうし、年に何度となく闘争を繰り返す方面にも流れるであろうが、企業体にとどまる資金も少なくないようである。このことは、これらの大企業体はそれぞれ自己の研究機関をもち、設備を充実し、有能な研究員を迎えて優遇するようになった事実からも窺えるであろう。昔は高度にして広汎な研究は専ら大学でなされたので、大学外で分からぬ問題が生ずれば、直ちに大学に来て教授の講義から解明を得るのを例としたとのことである。例えばレーニンが突如革命を起こして成功したとき、大阪の朝日、毎日両社とも、レーニンの何者なるかがどうしても分からなかったので、早速京大に人を派して尋ねまわらせた結果、社会学の米田庄太郎先生の説明で初めて解説を掲げ得るようになったと米田先生から伺ったことがある。この調子であったから、両社が合同で日頃問題の生じる都度ごと厄介になる京大の先生方を、毎年都ホテルあたりに招待して、謝意を表するのが例になっていたとのことである。

戦後は事態が一変して、大学の研究費ではやや高価な書物は購入できぬが、大企業体の研究機関はそういう書物をいくらでも備えているので、大学教授はそうした研究機関に大学では買えぬ本を借覧に行くとのことを聞いた。また戦前は大学に残って教授になるのは大体成績の最優秀な人々であった。このことは、官僚ニッポンと言われるほどの勢力をもつ官僚も大学での成績では大学教授になった人々に及ばなかったところから、大学教授に対しては常に一目おくのが通例であると言われる事実によっても知られよう。しかし戦後は優秀な人々で大学に残る者は少くなった。米国にはジェントルメン・Cという言葉があるそうである。このジェントルメンの代表は大学教授であって、大学に残って教授になるのはC級の人物で、A級B級は実業界その他に出るのだそうであるが、大学の数が多くなり学者はC級になりつつある点で、日本は大いに米国流になってきたのである。私の教室でもロシア語に堪能で、ロシアの文献によって十九世紀のロシア社会の研究をして卓抜な成績を挙げた学生若干があったので（以前は京大にはロシア語の文献は少なかったが、宮津の池田孫七氏の令息が大阪外語でロシア文学を修め、ソ連に留学して、日本語の講師を勤めながら、十九世紀のロシア文学関係の文献の蒐集に努力したところ、不幸にして病を得、逝去された。私はこの事を聞き、その貴重な文献を生かして用いる所として京大を推したのが縁となって、池田氏は令息蒐集の文献一切を京大に寄贈された。これが右のロシア社会の研究に大いに役立ったのは勿論である）、これらの諸君を大学に残して研究を続けさせたく思ったが、彼等は大学に残らずいずれも新聞社に入った。その中の一人は少時記者生活をした後、その新聞社の研究員となって、ソ連研究に専念している。今後もしもソ連に思いがけぬ事件が起きたら、今度は大学から右のソ連研究者に教えを乞いに行かねばならぬことになりそうである。ただし企業体の研究機関は多く目前の実利実益と結びついた問題を研究員に課題として負わせる。大学にはそのような制約がない点で、大学のような良い所はないと言えよう。けれども最近では大学にも委託研究というものが多くなり、またそうでなくても学外から研究費を得る反面ある程度まで出資者の意に添う研究をする場合も増しているのではあるまいか。このようにして研究費を学外から仰ぎ、さらには建物も学外の援助によることの多くなった点でも、日本は大部分米国なみになりつつあるのでなければ幸いである。

第一次世界大戦の終った大正七年はいろいろの面で日本に一つの転機をもたらした年であった。この年の夏の『中央公論』にマルクスの大きな写真が載せられたが、一般の日本人がマルクスの存在を知ったのはこの頃であり、同じ頃米騒動があった。この頃まで青年の心を占めたのは、人生とは何ぞやという問題であったが、この頃から社会問題が関心の中枢となってきた。大正の末に京大にも社会科学研究会ができ、大正十五年に京大学生事件が生じた。他方日本は、軍事・産業の力が昇進して、世界五大強国の一と自らを誇るとともに、共産党は弾圧され、第一次・第二次・第三次と相次いで共産党の検挙が重ねられたが、共産党もさるもので、地方においてあらゆる工夫手段によって活動を続けた。当時は大学の自治ということがまだ一般に当然のこととされていた。地方の共産党はこれに目をつけ、これを利用して自分達の運動についての官憲の目をくらませようと企てた。党員が社会運動に関する書物や書類などを仲間に送るにも、大学教官の名を用いるならば、警察もこれに手を出して大学の自治を破ることはしないであろうと考え、万一郵送物が開かれても、それがいわゆる危険思想を内容とするものなることが見つかっても、社会科学を専攻する大学教官なる以上、その教官にはいかなる思想を研究する自由も責任もあるはずであるから、立ち入って追求されることもあるまいと思ったらしく、そうした社会科学専攻者の一人として、社会学を専攻しているが右でも左でもないが故に官憲から怪しまれる可能性の少い私を選び、私の氏名を共産党が利用したらしい。私の分からぬ間に私の名で「不穏」「不逞」な内容のものがしばしば郵送されだしたのに、間もなく警官が気付き、それらを押収した。しかし私に無断で事を処理するのはよろしくないと考えたのか、刑事三人が私の下宿を訪ねた。それは昭和五年四月の初めで、私は一両日後ドイツ留学の故に神戸で乗船するという多忙を極めた時で、下宿には不在だったが、もう一度改めて来ると言って帰ったとのことであった。同じ日の夕刻再び眼の鋭い三人連れがやって来て、外遊の準備のために疲労困憊していた私は初めて自分は全く関知しない、しかし私が発送人になっている郵便物について知らされた。私に無断で私の住所氏名を記した郵便物を開くことへの同意を私からとり、私の筆跡を求めて三人は引き上げた。

私はその後この件がどうなったかは遠い異国にあって知る由もなかったが、二年の留学の期限がきて、私が帰国の途に就こうとする頃から、今度はソ連から京大の私宛てに相次いで書物が送られはじめた。これは大学の自治の故に、私宛ての物は税関もフリーパスになるであろうと考え、税関と大学との間の恐らくは郵便局に党員をおいて、私宛ての物は大学に届けず党に届ける計画の下になされたことであろう。既に満州事件が進行し上海事件の起った頃の事故、官憲は直ちにこのソ連発の物件を押収したらしく、一つも私の手許に達した物はなかったが、国禁の書が続々と送られた私は両国家から危険人物として特高課のブラック・リストに載せられたのは言うまでもない。そういうこととは露知らず、私は滞欧中に蒐めた書物その他をまとめて、ドイツ・フランス等から日本に発送した。同じ頃同様にした同期の留学生の人達には、日本に帰ると間もなく欧州からの荷物が届いたが、私のものは全て神戸税関でおさえられ、一々包みを破って点検した上、差支えなしと認められた物だけが少しずつ届けられたので、全部が届けられるまでに幾月もかかり、迷惑至極であったのみならず、終りのときに多数の書物の表を綴った書類を持った男が来て、それに印を押してくれと言う。よく見ると、上記の書物を焼却することに同意するとの書き込みがなされていて、私の氏名まで書いてあった。私が苦心して蒐めた危険な内容の物は皆リストに載せられていた。私は大学における研究の自由の必要を説き、右の扱いの不当なることを力説したが、共産党が私の党員扱いをしていた際であり、既に特高の活動が逆の意味で「危険」化しつつあった時なので、私の所論は逆効果を生むのみなることは明らかであった。こうして私は貴重な文献を少なからず失ったのみならず、帰国当時私の言動は常に警察によって注意追跡されたのは自然のことであった。ある朝私のタクシーが丸太町橋の上で非常警戒線にかかった。車を止めた巡査は私がどこへ何の用で行くのか尋ねたので、下宿に帰るのだと言って、下宿のアドレスを挙げたところ、その巡査は直に私の名を言い「明日は十時から講義がありますねえ」とまで言ったのには、こちらが大いに驚いた。

やがて日本は戦争に突入した。戦時中にもいろいろ書きたいことは沢山あるが、それらは略することとする。辛うじて無事に終戦を迎えると、今度はまた誤解からファッシズム再建を企てている党派に私も加入していると伝えられ、対日理事会がこの問題を取り上げ、私達の名がモスクワでも放送されるという事件が起こった。国会議員の調査団が関西に来るという議も持ち上ったとも聞いたが、それは実現しなかった。事はある無知な者の言動から生じたもので、事実無根であったが、私のために心配してくれる友人もあり、特に農学部の柏〔祐賢〕教授から熱烈な忠言を頂き、それに従って私はこの問題に関しては自ら触れることを全くしなかった。問題はやがて解消したが、柏教授のご懇情に対する感謝の念は忘れる時がない。

以上のような事柄の外にも様々のことがあって、社会学にたずさわった私はあるときには右から他のときには左から突かれたり押されたりして、その都度反対の側から憎悪敵意をもって扱われ、圧迫や悪罵に晒されながら、自分の信ずる中正の道を歩むのに、常に細心の注意顧慮を払わざるを得なかった。このような苦労や生じ易い危険は社会の現実の動きと関係することの薄い科学にたずさわる人々は知らずに済むものであるが、社会学者にとっては免れ難い深刻な問題である。英文学の石田〔憲次〕先生が若かりしとき、心理学か社会学をやろうかと考えて兼常清佐博士に相談されたところ、同博士はその考えに反対し、英文学などの方が安全だと言われたとのことであるが、安全という語は意味深長である。飯を喰いはぐれる危険が少いということの外に、客観的な研究と発表を妨げられる危険の少いことまで併せて、当時この言葉を使われたのであれば、さすがに兼常博士は飄逸の風を持せられながらも、鋭く物事を見、深く世の中を察する人であったと言わざるを得ない。

社会学は安全でないのみならず割の悪いことも少なくない。社会学の対象たる家族や村落や都市等については、誰しも経験をもち、また読んでもいる。もしもこれらの対象について社会学が広く深くと努力して達した一般理論の中に、社会学外の人々が自分の経験や自分の読んだ叙述と一致しない点を見出せば、この不一致の故に社会学の論述を無価値なもののごとく感じ易い。さらに戦後の社会科学の新しい動向の一つとして実態調査の興隆があり、これは日本のみならず世界一般の傾向であるが、社会調査には莫大な労力・時間・費用を必要とし、詳細正確な調査は個人の力では不可能に近い難事業である。ようやくその緒に就いたばかりのこの方面の仕事が次第に集積するにつれて、まとまった成果が達成されるであろうが、このような困難労苦が察せられず、もっと様々のまた多くの業績が挙げられるべきだとされたり、挙げられた成果が低く評価されたりする恨みのあるのは、新しい研究視野の蒙り易い運命とでも言うべきであろうか。

こういう風に書き出すと、書きたいことが相次いで浮かんでくる。特に以文会のために与えられた諸賢の協力などについて大いに書きたいのであるが、既に枚数を超過したから、この辺で一応筆をおく。

（『以文』第八号／一九六三年九月）

回想

島　芳夫

私が京都大学哲学科に入学したのは大正十二年四月、今から四十二年の昔になる。現在の教養部の前身第三高等学校に在学中既に西田先生の高い御評を聞いていた。そして、今評論家として活躍している中野好夫君に誘われ先生の講義を聞きに行ったことがある。もちろん先生のむつかしいお話は何も分らず、お姿を見ただけで満足した次第であった。また当時哲学の助教授をしておられた田辺先生は三高の哲学講師になられ、哲学ファンは先生のご指導の下にカントの「道徳形而上学原論」を輪読する会を作り、その発会式に私も出席し、始めて先生にお目にかかる機会を得たが、その時の先生のきびきびしたお話しぶりは今も心に残っている。

当時の文学部はお粗末な木造建築であったが、研究室の静かな廊下の壁には、西洋の代表的哲学者の肖像が掲げられていていかにもアカデミックな雰囲気を漂わせていた。しかし肝心の西田先生の講義の印象になると、私は先生の講義よりは、先生の著作からより多くの刺戟を受けたと思っている。私は何よりも先生の文章に心がひかれた。先生の哲学は難解だといわれ、また事実その通りなのだが、その書きぶりは自然で気取りがなく、しかも一種の詩的な美しさと西田調ともいうべき調子があって読者の心をつかむのである。これは今回読み返しても同じ印象を受ける。先生は哲学者であるとともに詩人であった。洛東法然院には若くして才能を惜まれて亡くなられた九鬼〔周造〕先生のお墓があるが、その墓碑に先生自らが書かれたゲーテの「旅人の夜のうた」「見はるかす山のいただき、梢には風も動かず、鳥も鳴かず、待てしばし、汝もやがて休はん」が刻まれてある。これが周辺の静かな山の木立ちとよく調和している。先生は多読家であるが、古典や現代の代表的著作からその本質的なものを読みとる優れた能力を具えておられた。先生以前にもこれらの哲学は日本に紹介されてはいたが、しかし先生の手にかかるとあたかもこれらが始めて我々の眼前に現われたかのごとくに生々とした姿をもつのである。先生の哲学的処女作『善の研究』の序文にある、「個人あって経験あるに非ず、経験あって個人あるのである」という一句は我々学生の間にも話題にされた。それは何か新しい世界を窺わさせるような意味深い響きをもつかのごとく思われた。先生の考え方の特色は実在を全体的動的に捉えようとすることにあるように見え、そしてこの考え方の新しさ、深さが多くの人を感動させたのではないかと思う。

私は考えるところがあって美学を専攻することにしたが、美学の先生はケーベル先生の高弟として知られた深田〔康算〕先生であった。私は時折下鴨の先生の御宅にお邪魔したが、お座敷にはケーベル先生の写真が置かれていて一種の奥床しい気分をかもし出していた。ところが先生が京大新聞に「アミエルの日記の一節」という随筆を書かれ、それが私の注意をひいたのである。アミエルは美学者で特にその日記は有名だそうであるが、それよりもその文の内容が私の平素考えていた先生とは少し違っていることに気がついたのである。私はアミエルをこのとき始めて知ったのであるが、彼は自分の才能や研究について懐疑的な心理状態を描いているのだが、この暗い気持に対して先生は同情的であるように感じられた。私は先生がそんな懐疑派であるとは今まで想像したこともなかったので、私はあるときこの文について先生にお尋ねしたところ、先生は「そういう気持をもっているのは僕だけでなく、僕の同僚にもいるよ」と答えられた。私は先生の中に、大学教授とは違った近代人の心の悩みをこのとき見得たような気がした。

日本の社会は大正末から昭和にかけて著しい動揺を現してきた。そこで、大学教授も学生も共にこの大勢に対して無関心であり得ず、自然そういう問題をもって西田・田辺両先生の教を乞う学生も相当出てきた。ところが大正十四年末から十五年にかけて京大の社会問題研究会のメンバーが何かの疑いで警察に検挙され、それについて学問に論争が生じ、学問はもとより世間からも注目されるという事態が起こった。当時倫理学の助教授であった和辻〔哲郎〕先生がこの事件について京大新聞に「学生検挙事件所感」として感想を発表されたが、これに対して、『社会問題研究』という個人雑誌で健筆を揮っていた経済学部教授河上〔肇〕先生が激しい言葉で論難され、これに対する和辻先生の答えと河上先生のこれに対する所感とが同時に同じ雑誌に発表されて未決着のまま終った。今にして思えば、今日もなお和解されていない大きな思想的断層の一角がここに現れたといえよう。続いて満州、日支事変の発生とともに世情はいよいよ深刻になり、昭和十三年には天野〔貞祐〕先生の『道理の感覚』が軍事教練を批判したという理由で軍部・右翼から問題視されるという事件が起こったがこれも一応の解決を見た。

戦後の著しい変化の一つは日本人が団結の力を自覚したことである。しかしプラトンが「ソクラテスよりも真理を重んぜよ」といっているように、我々は真理を何よりも重んずる本当の意味の強い人になるように心掛けたい。

（『以文』第一〇号／一九六五年一二月）

想い出すままに

井島　勉

私は今年の三月末に定年退官をして、名誉教授の称号を授けられた。いまは最長老の名誉教授であらせられる植田寿蔵先生のご指導の下に、昭和七年に卒業したのであるから、まる四十年間、文学部でお世話になったことになる。卒業の直前には、無給副手の内命を受けた。その翌年は有給副手、つづいて二ケ年ばかり教務嘱託を勤めてから、講師として未熟な講義をはじめた。助教授を経て教授になったのは、昭和二十二年のことである。学生時代の年限もいれると、じつに四十数年の間、肌をもって文学部の移りかわりを体験してきた。美学研究室は、私にとって、たんなる古巣というものではなく、むしろほとんどの生涯の巣であったといえる。

以文会の理事長をつとめられる佐藤長教授〔東洋史〕から書面がきて、原稿を所望された。感懐めいたものをという注文である。私も理事長や名誉会長を仰せつかっていたこともあるが、私の脳裡にまずうかぶのは、永い京大生活によせる回想である。

美学研究室がいまの中央教室・南側二階に移ったのは、その部分が増築された昭和八年ころであったかと思う。その前は西側一階、さらにその前は西側二階の小さな部屋であった。増築設計の段階では、当時の学部長・濱田耕作教授や植田教授のご下命で、原案を考えるのに無い智恵をしぼったものである。教授室と資料閲覧や読書のための研究室、鉄のブラインドをそなえた書庫の三室を用意した。みな必要なものであるが、当時の文学部施設の状況からみて、大いにうらやましがられもした。その後四十年、書庫には別置図書や資料があふれ、研究室は大学院生や研究者の増加で手ぜまとなり、教授室もすっかり古びて、私も最後の数年間は雨漏りに悩むことが多かった。

この研究室に移るまでは、画家の今野可啓さんが職員として研究室に勤務されて、仏画の模写や資料の模本製作に従事していた。学生時代から研究室に出入りしていた私などは、そのお仕事ぶりを見せてもらっているうちに、日本画の技法や材料に関する知見を養なうことができ、後に美術研究を進める上でも大いに役立った。

ふしぎと研究室生活初期の想い出がなつかしくよみがえってくる。一・二を披露すると——そのころには文学部学友会というものがあって、教官も研究室員も学生も平等な会員であった。年に一度は親睦のための旅行を試みる。多少はふだんから積立てていたのか、わずか一円か一円五〇銭くらいの会費で出雲や高知などへ見学に出かけ、盛大な懇親会のあと一泊して現地で解散するのが通例であった。その懇親会には、現地在住の先輩たち（いまの以文会会員）にお酒などをふんだんに寄附してもらったし、解散のあとは、おもいおもいに道草もくった。出雲旅行のあとは、数名の研究室員が植田教授を擁して香住の大乗寺を見学し、湯村温泉に一泊してくつろいだ。羽目をはずしたわれわれが先生の苦手な酒や煙草をおすすめして困らせたのもこのときである。

名誉教授の西田幾多郎先生に無理をおききいれいただいて、京大美学会でご講演を拝聴できたのもこのころであったと思う。私が文学部に入学したのは、先生ご退官の直後であったから、京大美学会に一度ご来臨願ってお話をいただくことは、私の学生時代からの念願であった。とうていご承諾を得られまいという意見もあったが、めくら蛇におじずで、当って砕けろ式にお宅へ推参してお願いに及んだ。意外にご快諾をいただいて欣喜雀躍の思いであった。

ところが当日になって、困った危機に遭遇した。控室に準備した教官室まで来られた西田先生が大変ご不興で、今日の講演はやめだとおっしゃっているとのことである。控室へとんで行ってお話をうかがうと、教官室までお越しになる途中、会場の窓の外を通られると聴衆で満員であったが、これは大いに宣伝して客寄せをしたにちがいない、けしからぬことだ、ということである。さすがの私もすっかり狼狽した。そのころの通常の京大美学会は、楽友会館の小会議室を借りて、植田先生を始め二十名足らずの卒業生・学生が集まるだけであった。文学部に掲示はしたから、非公開というわけではなかったが、事実上、部外者は一人も来たことがない。ところが西田先生のご講演ということになると、同じ京大美学会の例会といっても、いつもの形式の掲示を見て参集する人が多かろう、やむをえないから会場を文学部の教室に移すほかはないと考え、このことはあらかじめ先生のご諒解を得ておいたはずである。その教室は、現在の文学部中央館の南側にあった木造の建造物の一角、よく授業にも使われたかなり広い階段教室であった。

私は窮余の一策を案ずるほかはなかった。格別の宣伝などはまるでしていないことを西田先生に弁解し、そんなに多数の聴衆が集まっているとすると、きっと弥次馬のたぐいも多いことと思いますから、会場へ行って追い出してきます。としばらくの猶予を請うた。教室へ行ってよく見ると、なるほど満員の盛況であった。最前列には波多野精一先生・朝永三十郎先生・田辺元先生・山内得立先生など大家の方々、最上段には西谷啓治・高坂正顕・高山岩男・下村寅太郎の諸氏ら中堅の面々、その間を埋めて各階層の聴衆たち、みな真剣な表情で開会を待っている様子である。私はそのまま控室に戻って、西田先生に、予定していた美学会例会が講演会のようなことになってしまって申訳けありませんとお詫びした。そして、弥次馬らしい姿は一匹も見つかりませんでしたとしょげかえって報告をすると、先生は破顔一笑されて、それは君の責任ではなく、弥次馬たちがわるいのだ、さっそく講演をはじめよう、といって下さった。私は先生のご寛容にひどく感激しながら会場へご案内した。その日のお話は、私が拝聴したご講演の中ではいちばんご機嫌のうるわしいうちくつろいだお話しぶりであったような気がする。まことにありがたいことであった。

戦乱が近づき、それをくぐり、荒廃から恢復に向ってゆく時代についても、文学部に関する数々の想い出が走馬燈のように通りすぎてゆく。しかし与えられた紙面もどうやら尽きてきたようだ。その間の、たとえば美学部門の全国的な学会を組織して、その第一回大会を京大で開催した事情（昭和二十五年）や、美学美術史学第二講座増設の念願がかなった顚末（昭和三十一年）、いわゆる大学紛争が燃えはじめたころの文学部教職員の良識的な協調ぶり（昭和四十四年）などは、私にとって特に印象深い事柄であるが、いまはそれについて触れるいとまはない。

この七月上旬であった。どの大学も夏の休暇に近いころだろうというわけで、美学会西部会例会を京大で開いた。しばらくぶりに文学部を訪れて美学研究室の窓の下の中庭を眺めると、例年のように朝顔はつるを延ばしていたし、大きく育ったミモザの木も繁っていた。この朝顔は、三十数年前、母の形見の種子を文学部の庭の一隅に蒔いて以来、毎年、作業員の人たちの骨折りによって咲きつづけてきたもの。またこのミモザは、足利惇氏名誉教授（梵語）のいまだ在官中に、お宅の庭に芽生えた子株をわけてもらって植えたものである。こうした草木も、いまでは文学部の歩みのかげに生きるささやかな点景となっている。

（『以文』第一五号／一九七二年一〇月）

実験室今昔

園原太郎

心理学の研究室が昭和四十年に現在の東館に移るまでは、文学部の汚ない小屋として学内のちょっとした名物であった。今の学生諸君には想像もされないだろうが、東教室と中央教室の間の道の南端、西門からの道と正門からの道の正に交叉点にそれは位置していた。初代教授の松本亦太郎先生がライプチッヒのヴントの実験室を模して設計されたと伝えられるわが国最初の独立した心理学実験室であった。

古風なポーチをはいると正面に時代物の大時計が据えられていて、人々に親しまれていた。木造の七室ばかりのささやかなものであったが、文学部本館から独立して一つの研究室として纏っていたということは、自然そこで学び研究する者に何かアットホームな感を与え、よきにせよ悪しきにせよ一つの雰囲気を作っていたようだ。便所へ行くのにも持物の置き場がないという他の講座の学生諸君には大へん羨しがられていた。学生の数も少なかったせいもあろうが、先輩・同輩相会して、よい耳学問の場であった。私どもの想い出は何かにつけ、この古風な小さい実験室を土台としているようだ。極めてパンクチュアルな野上〔俊夫〕先生は、昼になるとそこの演習室でいつもパンをやいてジャムをつけて実においしそうに召上っていた。学生もついつられて、まわりに侍って弁当を開いたものだ。岩井〔勝二郎〕先生が、汗ふき、鼻かみ、チョーク拭きの三様に使われるハンカチを腰からはみ出させて、快弁を嗚させておられたのも懐しい。昭和十年頃に、東の方に教室建増されたのが、女学生群の見学で床が抜けたのとは違って、古くさいけれども頑丈なものだった。

戦争中、助燃材になるというので、この建増し分と、西側の教室とが取払われ、一層みじめな姿になってしまったが、中味は、矢田部〔達郎〕教授をはじめ、八木冕君、末永俊郎君、柿崎祐一君らを迎えて充実を加えて行った。取払い分の代りとして、当時学生が居なくてガランとしていた東館の西側一階一帯を全部心理学が使うことを認めて貰った。現在その部分に二、三心理学が使っている部屋のあるのはその名残りである。しかし教室の主活動はやはりこの生き残った古い建物の方に集まり、小さな電気コンロを囲んで討議討論に熱をいれたものだった。戦地や任地から続々帰ってきた学生や先輩を加えて、陋屋に花咲く観であった。アメリカンセミナアの教授として来学されたコロンビヤ大のグラハム教授をして、よくもこんな貧しい実験室からこれだけの研究が出るものだと嘆ぜしめたのもその頃だった。又、実験器具類も次々と新らしいエレクトロニックスのものに更新補充されていった。中でも輸入器機補助金による周波数分析再生装置はわれわれの音声言語研究を著しく発展させたし、山内得立先生〔哲学〕のご好意により購入できた電子計算機は研究能率を一段と促進させた。

しかし、建物の老朽は蔽うべくもなかった。この実験室の電気配線はすべて天井の上でなく、下にはわせてあった。この着想は、見た目には美しくないが、配線を一目瞭然とさせ漏電などを未然に発見するために、実験室としては秀れたものだったと思う。しかし戦後十二年もすると、天井に孔があき、雨がしみて配線に腐蝕が目立つというような危険な場所すらできてきた。営繕課にいくらいってもなかなか直してくれそうもない。その頃学術振興会が纏めた学術研究の基礎とかいう冊子に、老朽施設の代表としてこの実験室が、写真入りで載せられるという名誉にさえ浴した。加えてとみに盛になってきた動物実験のためにも、いくらわれわれの思い出の巣ではあっても、このままではどうにもならない状況になった。折柄、恐らく大学全体の整備計画の上で実験室のある場所がいたく目障りになる理由があったのであろう、事務局の方から移転新築の打診らしきものがあった。場所についても二、三具体的な示唆さえあった。渡りに舟とばかり、われわれは本気になってこのことを考究し、幾つかの設計草案もまとめた。中でも本吉〔良治〕君の雄大な設計は今でも一つ話の種になっている。しかし迂余曲折はあったが、このことは遂に実現しなかった。それは吉川〔幸次郎、中国文学〕、高田〔三郎、中世哲学〕、足利〔惇氏〕各学部長の時代を通じてくすぶっていた。あらためて今、このことについての右学部長のご尽力に深い謝意を表したい。

心理学実験室移転新築の問題は、結局東館増築の中に吸収された。旧心理学実験室を取り壊すということが東館増築促進の一つの有力な条件とされた。当然私どもは最少限度現在の研究活動を維持しうる研究の場が新館の中に保障されることを要求し、了承されたものと信じていた。安心してアメリカにいた私の耳に意外な事実が伝ってきた。旧心理実験室取り壊し反対、いわば心理学の蜂の巣城事件である。本物の蜂の巣城とは違ってこれは簡単に陥落した。だが何故そんなことが起ったのか。帰国して分ったのだが、新館の中で心理学に特に割り当てられたのは実験室二室（もちろん実験室として特別の構造は配慮して頂いた）だけだったのである。これで学部大学院合せて八十名を越す学生の実験研究に何ができるというのであろうか。蜂の巣城まがいの事件が起ったのも決して無理ではない。一つの学部の中で、部屋取り喧嘩など慎むべきである。しかしこれではどうにもならない。いろいろ誤解もあったようである。数次の建築委員会で心理学の苦境は理解して頂いた。そして、現状となったのである。どこへ行っても心理学だらけだなどと陰口をきく学生もいるようだが勘弁して頂きたい。これでも実験のためには時間割を作って、融通しあっているのである。

新実験室は外来者には立体実験室だねと笑われている。地下から四階まで、正に立体研究室である。四階に居る本吉君など、地下の実験室まで行って、忘れものをとりにまた四階まで登り、また地下へ下りるという運動を繰り返しておられる。健康によいかもしれないが、君の抱くあの雄大な実験室設計案の実現を望むこと切である。

（『以文』第一五号／一九七二年一〇月）

惜別

池田義祐

〝惜別〟という言葉には人それぞれに、いろいろの想いがこめられ、また年とともに、その想いも深められたり、忘れられたり、新しく何かが付け加ったりするだろう。京大文学部を致仕してから三カ月近く、いまこうして惜別の一文を草しているが、それにしては時期が遅いようにも思われるし、また早すぎるのではないかとも思う。たまたま私の場合、この言葉からいつも思い出さずにはおれない一人の人物をめぐって、日頃の感慨を述べておきたい。その人は同郷の一開業医であった藤野厳九郎翁（一八七四—一九四五）であり、彼はまた、ほかならぬ魯迅の師〝藤野先生〟でもある。

昭和五、六年頃であっただろうか。日本海に面した北陸の一寒村である私の故郷に、藤野と名のる一人の老医師が開業した。背の低い、色の黒い、総じて風采のあがらぬ小男であった。村でただ一人の〝お医者様〟であるにもかかわらず、平凡な、あまり人気のない外来者として、多くの村人からは、ほとんど注意もされないまま、ひっそりとした生活を送っていたようである。ただ嘉永生まれの私の祖父（一八五三―一九三六）は、この二十歳も年下の老医師と、どういうわけか大変親しくなり、よく二人の間で長話がくり返えされていた。まだ十五、六歳であった当時の私にとって彼等の間の会話は興味がなく、どんな話がなされていたかは、残念ながら、今日に到るまで全く不明であり、もはや知る由もないことである。祖父は昭和十一年二月二日、数え年八十四歳で没くなったが、その最期を見とった医師は仲のよかった藤野翁であった。そして翁自身もそれから約十年後の昭和二十年八月十一日に彼の生誕の地である隣村で七十一歳の生涯を閉じた。

敗戦後、中国の偉大なる作家として魯迅の名がわが国にも広がり、私も彼の作品の二、三に接したが、その一つである。〝藤野先生〟を読むに及んで愕然とした。第一には、私がかって接した一介の老医師と〝藤野先生〟とが同一人物であるということ、第二には、師としての藤野先生が魯迅に与えた影響のはかりしれない深さを知ったからである。

藤野先生が一介の老開業医として、北陸の一寒村にあった数年間、親交のあった私の祖父をはじめ村の人達も、彼が過去に東北医専の解剖学の教授であったこと、ましてや魯迅の師であったことなどは全く知らなかった。何よりも彼自身が過去を語らなかったためであろう。彼がなぜ、過去を語らなかったかについては、私なりにその理由がいろいろ想像もされるが、それはとにかく、私にはこういう藤野先生の人柄に敬愛の念を禁じえないのである。肩書や業績や過去の栄光など一切の付着物を洗い落した一個の人間のすがすがしい姿こそが、教え子と触れ合う場合の教師たる者の理想像と思うから――。

教師としての藤野先生が魯迅に与えた深い影響については、私は何よりも魯迅の作品の〝藤野先生〟の最後の一節をここに転記することで十分であると思う。(訳文は、小田嶽夫、田中清一郎共訳による魯迅選集第二巻、二一六頁―二一七頁、青木文庫、一九六三年)。「……私は時々かれを思い出す。私が我が師と認めている人のなかで、彼はもっとも私を感激させ、私を鼓舞してくれた一人である。……かれの人格は私の眼中と心中では実に偉大であった。かれの名前は決して多くの人に知られてはいないが……」「かれの写真は今も私の北京の寓居の東側の壁に、机の向こう側にかかっている。いつも夜疲れ、飽きて来て、怠け気分が起って来る度に、上を向いて、燈光のなかにかれの色の黒い、痩せた顔を見ると、抑揚頓挫のある言葉を話しかけられるようで、私は忽ち良心を振い起され、且つ勇気を増させられるのである。……」

魯迅がそれほどに大切にしていたこの師の写真は、彼が藤野先生と別れる際に、先生から餞別がわりにもらったものである。その折の様子を彼はこう書いている。

「第二学年が終ると、私は藤野先生を訪ねて、医学を勉強するのを止めて、仙台を去ることを告げた。かれは悲しそうな顔付をし、何か言いたそうにしながら、言い出さなかった……出発《た》つ数日前にかれは私をかれの家へ呼び、私に一枚の写真をくれた。裏に「惜別」の二字が書かれてあった。」(前掲訳書、二一五頁―二一六頁)。

〝惜別〟という二字が、私はこれほど美しく、深い哀愁をたたえた純粋な言葉として用いられているのを他に知らない。

京大文学部での二十四年間、特にその後半において私は、心中ひそかに魯迅の藤野先生を教師である自己の理想像としてすごしてきた。そして〝藤野先生〟は最後まで私にとって実現されないままの理想像として畢った。

このようにして一介の無名の教師（この点は藤野先生と同じかも知れない）が、今春、京大文学部の講壇を去ったのである。私は、かねがね、藤野先生との出会いのことなどを何かの機会に書き残しておきたかった。藤野先生は魯迅に与えた一葉の写真の裏にただ惜別と記しただけだったが、私は『以文』から与えられた数頁に、冗長な惜別の蕪辞を連ねた。ただ、あれほど魯迅に深い影響を与えた藤野厳九郎翁自身は、おそらく魯迅の名作、否、別離後の魯迅を知るよしもなく没くなったのであろう。それが現在の私にとって唯一の慰めである。

（『以文』二一号／一九七八年一〇月）

とりとめもない思い出話

西田太一郎

私が文学部に入学したのは、いわゆる満州事変の翌年の昭和七年である。哲学科は無試験入学であった。この年、満州国成立、五・一五事件などで、世の中は騒がしかったが、学内はのんびりしていた。ところが二回生になった八年の四月から五月にかけて滝川事件が起こった。文学部の学生大会でストライキが決議され、専攻別に教授に説明に行くことになった。私は二、三の者と小島祐馬先生宅を訪れ、ストライキの趣旨を説明したが、先生は、ストライキは教師の人格・学力に対する抗議だと思うと、気むずかしい顔をして言われたので、先生に対してでなく文部省に対してストライキをすること、先生の方から休講にしていただきたいことなどを言って、うやむやのうちに引き上げた。先生方も教授会などで忙しかったのであろうか、そののち講義もなくストライキが続いたが、どのように終結したかは記憶がない。

滝川事件のときの総長は小西重直先生で、これより前、一回生のとき小西先生の教育学の普通講義を受講した。教育学は哲学科では必修科目であったが、史学科や文学科の学生も教員免許状の関係から受講しなければならなかった。試験問題はあらかじめ示されていたので、友人どもに頼まれて私が模範答案を作り、みなに配布しておいた。これに基づいて答案を書いた連中から、優をもらったと礼を言われたが、私はあわれにも良であった。もっとも私は答案を書いている途中でインクびんをひっくりかえし、答案の一部分がよごれてしまったので、良はそのためであったかも知れない。そういえば昔はひものついた小さいインクびんをぶらさげて通学したものである。

滝川事件のあとの夏休みには、中哲・中文・東洋史の有志学生が宮崎市定先生に引率されて北京へ実地見学に行き、私も参加した。外務省から一人あたり八〇円の補助があった。神戸から天津までの三等の船賃が八円ぐらいであったと記憶する。友人のおじさんが天津にいて、自由行動のときに、その人にわれわれ十人ほどの学生が中国料理をご馳走になった。あとで上等の料理が出るから始めはすこしずつ食べなさいと教えられ、惜しいながらもすこしずつ食べ、大部分を残していたが、そのうちに満腹し、だんだん上等の料理が運ばれてくる終わりごろには、もう食べることができず、うらめしい思いをした。天津に新築の百貨店があり、見てまわった。三階ぐらいの所で上から下りてきたエレベーターに乗った。エレベーター・ボーイがなにか言って動かそうとしない。銭ヲ要スルヤ要セザルヤと聞くと、要セズという。いろいろ聞いたが、相手の言うことがわからない。しばらくしてやっとわかった。上ガルノデスカ、下リルノデスカ。

北京についた日から自由行動で、早速みなで中国服を買いに行った。淡青の木綿の上っぱりで、一円ぐらいであった。金を払って帰ろうとしたとき、近所の店で大きい爆発音がして、あたりの店があわてて店じまいをした。あとでのうわさでは、日本商品を売っている店に手製爆弾が投げ込まれたということであった。ある日、北京の南正面の城壁にのぼった。ここは外国軍隊の警備区域で、城壁にのぼる入口に、中国人は登るべからずと書いてあった。われわれは中国服を着ていたので、見付かれば中国人と疑われる可能性はあったが、どこの国の守備兵であれ、われわれは日本人だという説明ぐらいはできるから、横着にも城壁に登って、あちらこちらをながめていた。ふと後に何かが来た気配がしたので、ふりむくと、大きな軍用犬がうさんくさそうににらんでいた。こいつには言いわけをしても通じない。ほうほうのていで退散した。

また、ある日、万里の長城を見物に行った。宿屋で南京虫になやまされ、夜通し寝られなかった。早く起きて便所に行くと、そこは村の共同便所らしく、露天で、地面に五つ六つ穴があいており、すでに村人二、三人がその穴の上にしゃがんで、長いきせるでタバコをふかしながら世間話をしているのには驚いた。八達嶺から長城までロバに乗っての旅は愉快であった。帰り道に、中国兵が青龍刀の訓練をしているのに出会った。青龍刀は重いから、日本の剣道とはだいぶ様子が異なる。右上から左下へ振りおろすと、その勢いで後ろから振りあげて左上から右下へ振りおろし、こんどは横に振り回わすといったふうで、つるぎの舞である。しばらく見ていたが、排日のはげしいときであるから、万一こんな所で消されては一大事と気付き、ロバにむちうって逃げた。

　北京市内ではあちらこちら見物をし、また古本屋あさりをした。来薫閣という本屋で百円ほど本を買うと、主人がわざわざ私を芝居見物に招待してくれた。役者が歌をうたい、後ろを向くと、舞台の横から男が茶を持ってき、役者はそれを飲んで、またこちらを向き芝居の続きをするのがおかしかったし、役者がときどき舞台でつばを吐くのには驚いた。芝居の筋はわからないが、いつの間にか別の芝居に変わっている。のべつ幕なしとはこのことである。ときどき芝居の筋と無関係らしい男が舞台の上でとんぼ返りをする。これが芝居の切れ目なのかも知れない。芝居の終わったのは夜中の二時ごろであったが、劇場近辺はまだにぎやかであった。

　当時の中国の通貨は、もともと日本の一銭銅貨に当たるのが一分銅貨、その十倍が一毛銀貨、その十倍が一元銀貨であった。ところが相場の変動で銅貨の値打ちがさがり、一分銅貨二十四枚で一毛になっていた。一分銅貨が一分として通用しないのである。五分ならば銅貨十二枚だが、その他の場合の計算には往生した。銀貨、とくに一元銀貨を受け取ると、勘定台や床板に投げつけたり、火ばしでたたいたりして、響きを聞いて真偽を確める習慣のあるのが珍らしかった。紙幣は、きれいなのより、よれよれで天ぷらに揚げたように油じみているのが喜ばれた。多くの人手にわたり信用があるからである。ひと月の滞在ののち、北京で解散し、私は二、三の友と大連・奉天へ行き、朝鮮半島を経て帰国した。

　三回生になった九年の九月に室戸台風があった。当時は今のように台風情報のない時代であった。私は大阪から汽車通学をしていたが、汽車に乗るまでは何ともなかったし、汽車の中でも風には気付かなかった。京都駅に着くとかなりひどい風で、バスに乗ってからますますひどくなり、看板などが飛び、店先にある大きな植木鉢がひっくり返って道にころがり、運転士も恐れて、お客さん、どこかに避難します、と叫ぶが、避難する所もないので、そのままつっ走った。東一条でおりて大学構内へころげるように駆け込んだ。土砂降りで道がぬかるみ、その泥が風で吹きあげられ、顔まで泥まみれになった。一時間目は軍事訓練の講義で、教室は本部玄関の向かって左側の法経の教室であった。みな講義にはうわのそらで、外ばかりながめていた。配属将校は、これぐらいのことでびくびくするな、と言って、大声でしゃべり続けていたが、そのうちに樹木が倒れて窓ガラスが割れ、ものすごい雨風が吹き込んできたので、将校は、今日はこれでやめる、といって引き上げた。

台風一過ののち、大学や三高の中を見て回わった。私がかつて厄介になっていた三高の寄宿舎は、南も北もグラウンドで、風当たりがきつかったのか、屋根は飛び二階はくずれていた。この寄宿舎はそののち二階を取り除き平屋に改造され、教室として使用されたが、今でもその一部分が残っており、この寄宿舎の便所の一部分も残っている、私がこの寄宿舎にいたころは、広い便所の廊下に電灯が一つ二つボンヤリとついているだけで、うす暗くて、夜は気味がわるかった。その大便所の一つは、下から手が出てきて、そいつがしりをなでるということであった。むかしある男が三高を何度も受験したが不合格で、にせ三高生になり、羽振りをきかせて方々に借金を作った。それが親父に知れ、勝手にしろと勘当された。やけくそになり、どうせ死ぬなら三高で死んでやれと、例の便所で首をつった。親父は息子の借金のしりぬぐいをしなかったのを気に病み、それがもとで病気になり死んだが、せめて三高生のしりぬぐいをしようというので、夜な夜な亡霊となって現れるのだということであった。

（『以文』第一七号／一九七四年一〇月）

停年の心理

柿崎祐一

学生時代をも含めると、途中で外に出ていた時期もありましたが、今年の春まで通算三十余年にわたって、京都大学のお世話になったことになります。しかも、元来そんなつもりは全くなかったのに、私ごときが文学部の心理学講座の助教授・教授の席を占めること久しく、あげくの果ては名誉教授などと称せられることになってしまいました。

私のこれまでの人生の半ば以上が、結局はこのようにして過ぎてしまったわけで、そのことが私にとっても文学部や心理学教室にとっても幸せなことであったのかどうか、今さら問うても詮のないことで、無情というほかありません。

あれもこれもと思いながら、一向に片づかぬ宿題を多く残したまま、三月三十一日の午後にやっと研究室の整理だけをすませ、四月一日付で退官（当日は日曜日で京大での給料一日分を損して）、四月二日から甲南女子大学というところに「再就職」しました。ずっと前から、この三月末か四月初めには、せめて一週間ほどどこかのんびり旅行でもしてみたいなどと思っていたのですが、現実はとてもそれどころではなく、再就職などしなくてもよい人はうらやましいと思いました。

私にとっては、「京都大学」での宮仕えも一つの腰かけにすぎなかったなどと言えば、ひどい思い上がりの自惚れでありましょう。しかし、私が勝手にそう考えてはいけないという法律もないはずなので、そう考えることにしています。こんど勤めたところも、やはりあと数年の腰かけにすぎないのでしょう。この世は所詮一つの腰かけである。そんなことを思うのも、自分では若いつもりでもやはり老ぼれた証拠なのでしょうか。気をつけねばなりますまい。

閑話休題。とにかくいろんな人にお世話になり、いろんなことを教えられながら、長い年月を過ごせたこと、そしてまたこのようにして元気で仕事を続けられること、天下一の幸せ者よと八方に感謝せざるを得ません。一人の人間が「京都大学教授」であることの裏には、他の多ぜいの人間が隠されていたことでしょう。それは私にはどうしようもないことでした。お許し下さい。

心理学について語らせて下さい。いま述べたように、京大では多くのことを教えられました。しかし、率直に言って、心理学については学ぶところは少なかったように思います。もちろん、知識やデータは大いに増えました。学生時代に知らなかった多くのことを知りました。しかし、例えば卒論を書いていた頃に私が自分自身に問いかけた問題が、完全に答えられたとは思えません、そもそも、どうしたら答えたことになるのか、それが未だに判らないのです。心理学も一つの学問ならば、それは当然のことでしょう。当然とはいえ、やはり淋しいことです。

卒論で扱った問題というのは、一般の心理学者の伝統的な用語でいえば「知覚に及ぼす構え（セット）の効果」というようなことであったのでしょう。もちろん、当時の私はそんな術語も知らず、そんな研究領域があることも知りませんでした。要するに、物を見るときに、見かたによって見えかたが変るという事実を、心理学的にはどう捉えてどう説明したらよいのかと、極めて素朴な問題意識を抱いたのでした。

自伝めいた話になって恐縮です。あれから四十年近くたちましたが、結局のところ私の心理学はそれ以上に進んでいません。しかし、むかし考えた素朴な問題が、決してそれほど素朴な問題ではないのだということだけは、自信をもって言えるようになりました。それだけが取り柄なのかもしれません。

三月末の、私たち停年組にとって京大での最後の教授会の席で、送別の言葉を下さったO教授がまことに適切に述べられたように、この四十年に心理学は一度ならず変動の時期を超えてきました。そのような変動に適応してゆくことは私にとって決して容易なことではありませんでした。なんとかかんとか胡麻化しながら、どうにかやってきたというが正直なところです。

周知のように、ヴントが世界最初の心理学実験室をライプチッヒに開いてから、今年でちょうど百年になります。だからどうというわけではないのですが、心理学の世界にまた何かが動きつつあるような気がしてなりません。かつて私が知覚について、知覚する人の側の要因が重要な問題であるはずだと、なんとなしに考えていたら、アメリカからそういうことを強調した例の「ニュールック心理学」がどっと輸入されてきて、日本の心理学者たちが大騒ぎしました。その後また、知覚と反応ということが盛んに論議されていた時にも、なにかそんな予感がしていました。こんなことを言うと、独りよがりもいい加減にしろと笑われるでしょうが、二度あることは三度あるとすれば、現在の私の予感もまた当たるかもしれません。どんな予感？　ずるいですが、それは今は言えません。長生きしたいものです。

一人の学生が自分なりに考えたことを自分なりにやってみることが認められ、むしろ奨励されるところに、文学部の、そして心理学教室のよい伝統があったのでしょう。しかし、そのためには教師の側に、テーマを与えて教える通りに学生にやらせるより以上の努力が必要です。ひとりひとりが考えたことの意義を正しく評価して、高く広い見地から指導してゆくことは、教師にとっては大へんな仕事でしょう。私の恩師や先輩たちは、みなそういうふうに指導して下さる先生がたでした。

省みて、自分はどんな教師であったのかを思うと、全く恥かしい気がします。昔に比べて、学生は多いは、雑用は増えるは、おまけに紛争は絶えぬはで、全くどうしようもなかったとも言えます。それにしても、「心理学はこういう学問であるべきだ、だから君はこれをこうすべきだ」と自信を以て学生を指導することがなかなかむつかしく、しんどいことでした。

しかし、まあそれでよかったのだ、私は私なりにベストを尽くしたのだと、自ら慰めるほかありません。

どうかごかんべん下さい。

（『以文』二二号／一九七九年一〇月）

哲学者たちの傍らで

真継 伸彦

人文科学研究所の一室でひねもす本を読んでいる山下正男は、私の中学時代からの友人である。敗戦を迎えたのは中学二年の夏であったが、眼近な戦死の予想から解放されるや、この農家の息子はさっそく哲学へ志を固めた。「学者は本の虫にならんとあかん」と、ある日の通学路で、肩を並べて歩く私に語った。彼は長身であって、学力のみならず頭や眼の位置においても私を威圧していたが、頭上で囁くように語られたこの言葉は、私を震えあがらせた。こちらは第一に、志なるものを皆目抱いていなかったからである。

智慧おくれの私は、中学三年の冬にドストエーフスキーの『罪と罰』を読み、一夜にして世の中が変って見えるほどの震憾を受けた。「ボ、ボ、ボ、ボクは小説を書こうと思う」と、はじめて漠然と抱いた志を親友にだけ打ち明けると、「小説なんて性欲の昇華にすぎん。フロイトを読んでみ」と、頭上の声は嘲笑うように言った。

秀才は中学四年修了時に旧制三高へ入り、鈍才は学制改革によって、新制桂高校から西京高校へ流れた。後者の社会科に、元濱清海《きよみ》という小柄で貧弱な教師がいた。目方はわずかに九貫、肺結核のために徴兵と戦死をまぬかれたのであるが、食糧難のさ中に予後を養わなければならなかった当時は、エネルギーの節約を旨としておられた。歩行はきわめてのろく、お辞儀は膝を五センチほどかがめるだけ、授業の声は聞きとりにくかった。しかし大阪市東淀川区淡路の、廃墟の中のバラックを訪れると、節約したエネルギーの全てを読書に傾注しておられることがわかった。こちらはその頃、死にたくてたまらなくなることがしばしばあって、ドモリながらそのことを告白すると、「人生には、死ぬにも死ねんということがありますなァ」という返事が、まだ三十にもならないのに、無表情に老いてしまったような相手の口から、かぼそくかえってきた。

私が元濱さんに近づいたのは、田辺元の高弟であるという噂を聞いたからである。学校でも哲学を教えてほしいと頼むと、元濱さんはわずか三人の志望者のために、週に一度一時間早く登校して、田辺元の『哲学入門』を教えてくだされた。

エミール・ブルンナーが京大で講演したさい、私は元濱さんに連れてもらって聞いた。大きな法経第二教室を埋めた聴衆を前にして、有賀鐵太郎教授〔キリスト教学〕に通訳を担当させ、ブルンナーは、「ヒューマニズムはキリスト教を根拠にしなければ、根も葉もないものである」などと力説した。私にはさっぱり納得できない論旨であった。はじめて京大を訪れたその日、強い印象をとどめたのは、正門の傍らで夕刊を売っていた少年の声である。「ユウウー」とできるだけ長く延ばして、「カン」と一オクターブ高く金属音を発する。すでに赤面恐怖症や対人恐怖症など、思春期の病いに襲われていた若者を、勇敢なその売り声は、「おまえにはとてもこんなことができるまい」と叱責しているようであった。

昭和二十五年に京大へ入ると、私はごく熱心に哲学の講義を聞いた。右の畏友と恩師と、二人の薫陶のたまものである。宇治分校で学んだ一回生の後期に、辻村公一助教授はベルグソンの『形而上学入門』を教材にした。フランス語を学びはじめて半年にしかならない学生たちに、タイプ印刷の原文が配られたのであるが、受講生は多かった。翻訳は岩波文庫に入っていたが、ベルグソンの思想を明晰な原文で学ぶのは、たいへん快よいことであった。

二回生になって吉田分校に移ると、三人の哲学科の教員は課外のゼミナールを開いてくれた。上田泰治助教授はホワイトヘッドの『科学と近代世界』、辻村助教授はハイデッガーの『真理の本質について』、武藤一雄助教授はキルケゴールの『哲学的断片・完結的非学問的後書』（英訳）を教材にえらんだ。私は後の二つに出席した。おかげで武藤さんからは、北白川の自宅に招いていただくほど親切にしてもらった。理由の一つは、右の受講生が三人と少なかったこと、いま一つは、武藤さんが囲碁を趣味としておられたことである。興が乗って終電がなくなり、泊めていただいたこともある。私は勝敗よりも、やはり肺結核を病んでおられたことがある先生の、あえぐような息づかいを覚えている。翌朝の食事のとき、武藤さんは奥さんと二人の幼子と一緒に、「神よ、私を過酷な試みに会わせないでください」などと祈った。キリスト教にうとい私は、今も正確な言葉を知らないのだが、この祈りの言葉は胸を打った。人間の弱さや哀れさを正直に告白する言葉を、私は生身の口からはじめて聞いた気がした。

昭和二十六年であったか二十七年であったか、おそらく二十七年の春であると思うのだが、残念ながら正確に思い出せない。桜が咲いていたことは確実である。その夜、武藤家の二階の書斎で碁を打っていると、奥さんがあたふたと上ってこられた。辻村さんが心臓発作で倒れ、京大病院へ入院するので、すぐに来てほしいという連絡があったというのである。とたんに武藤さんの血相が変った。「辻村君はもとから心臓が悪いのに、大雨の中を傘なしで歩いたり、無茶ばかりするからこんなことになるんだ。君も来てくれないか」と言うと、丹前姿のまま飛び出された。

タクシーで京大病院へ駆けつけたが、辻村さんは来ておられなかった。自宅で起き上れないのではないだろうか？　不安が走ったが、辻村家には電話がない。武藤さんは上賀茂のどこか、当時はうら淋しい所にあった辻村家までタクシーで行くことにした。私も同行したが、暗い家はもぬけの殻である。考えられるのはもはや、タクシーで入院する途中で耐えられなくなって、通りがかりの医院に担ぎこまれたという最悪の事態であった。上賀茂から京大病院にいたるまでの間に、医院は何軒あることだろう。武藤さんは待たせておいたタクシーで逆行すると、賀茂川の西岸にある明りがついていたさる大きな医院に、見当をつけて入った。急患は来ていないという返事であった。そこで途方に暮れて、武藤さんは「どうしたんだろう、どうしたんだろう」と呟きながら、堤に並び立つ大きな満開の桜の木の下を、何度も往復されたのであった。賀茂川が高野川と合流する、すぐ上手のあたりである。

せっかく大勢の秀れた哲学者たちと親交する機縁をえながら、ついに縁なき衆生であった不徳者の思い出に、そのときの夜桜が焼きついている。武藤さんはそのあと、思いあまって西谷啓治先生の家を訪れた。深夜の哲学者の書斎の机の上に、河出書房刊ドストエーフスキー全集の『死の家の記録』上下二巻本が置いてあった。西谷さんは「京大病院で待っているよりほかはなかろう」と指示された。ふたたび訪れて看護婦詰所で問い合せると、辻村さんは奥さんに付き添われて無事入院しておられ、発作はおさまって安眠しておられた。

（『以文』二四号／一九八一年一〇月）

退官随想

蜂屋　慶

私が京都大学の人であった期間は三つに分かれている。第一は、文学部学生、第二は大学院特別研究生、第三は教育学部の教官であった時期である。

昭和十四年四月に文学部哲学科に入学したが、願書を出しただけで合格、つまり無試験である。当時は、旧制高校の卒業生の数と帝国大学の入学定員がほぼ同じであった。しかし文科系の卒業生は、東大、京大の法学部や経済学部に集中し、志願者が定員の二〜五倍にもなった。反面、大した出世の見込みのない文学部は、いつも定員に満たず、気まま者と怠けものは親の嘆きをよそに文学部にのんびり入学した。合格通知書といっしょに送られて来た書類の中に、〝下宿する学生の場合、学資は月四〇円から五〇円まで、五〇円以上は送らないように〟という意味のことが書いてあったことが奇妙に記憶に残っている。ちなみに授業料は年額一八〇円、九〇円ずつ二回に分けて納入した。家庭教師や引越し・大掃除のアルバイトをする学生はむしろ例外で、大多数の京大生は、精神的には優雅に暮らしていた。

教官は、田辺元、山内得立、九鬼周造、天野貞祐、小島祐馬、本田義英、羽渓了諦、植田寿蔵、野上俊夫、木村素衛、高山岩男、臼井二尚、西谷啓治といった先生方だった。概論はほとんど必修科目で二回生になって専攻に分れた。概論は普通の答案を書いておくと全部〝優〟がもらえた。同じような気持で、田辺先生の選択科目を受験したところ〝可〟がついて来て驚いた。三回生になるときにやっと学問の厳しさを知ったわけである。学生は秀才型とのんき型に分れていたような気がする。私自身は、どっちつかずの曖昧型であったが、基本的にはのんき型であった。あるとき、のんき型が数人構内を歩いていたところ、すぐ前を高山先生ら数人の少壮教授が歩いておられるのに気づいた。その後姿を見ながら、先生方の肩幅の広さに驚いて、「大学の先生は、頭もさることながら体格がすごい」などと怪しげな感嘆をした。頭より身体という変な印象を、その後の不勉強の自己弁護にしていたように思う。西田幾多郎先生には、一度だけ講演を楽友会館でお聞きしただけだったが、西田学派の学風の濃い時期に学生であったことは幸せだった。何一つ分っていなかったのだが、講義に感動して、分ったつもりでよく議論した。卒業式は三ケ月繰り上げられ昭和十六年の歳末十二月二八日、時計台の二階の大ホールで行なわれた。この年の十二月八日に我が国は真珠湾攻撃をしたのである。そのまま旧制大学院に入学、翌十七年二月には召集で軍隊へ入った。

四年六ケ月の軍隊生活の後、昭和二十一年の七月に外地から帰還して大学院に復学した。教育学の木村教授は、その年の二月に急逝されていた。とに角、文学部に顔を出して文学部長であった本田教授に挨拶したところ「君の指導教官は、矢田部君（心理学の矢田部達郎教授）と野田君（哲学史の野田又夫教授）にしておいたよ」といわれた。両先生ともそれまでは全然お会いしたことがなかったので面くらった。しかし、矢田部先生は、木村先生、本田先生と親しく、また、戦争で焼け出されて下鴨に仮寓していた家と、先生のお宅が近かったので、たびたびお邪魔してお話を伺った。敗戦直後の窮乏時代で食べものにも困っているときだったので、適当な勤め口はないかと友人に相談していたところ、本田先生から「特別研究生にならないか」といっていただいたので喜んで志望した。そんなことで十月に、特別研究生に採用された。月々手当をもらうことになったが足らないので、大谷高校の非常勤講師や立命館大学の非常勤講師をしていた。

矢田部先生はスケールの大きな人だった。学生時代に教育学を全然といっていいほど勉強しなかった私が、「しばらくの間は、続けてカントをやりたい」というと、あっさり、「よかろう」と承知して下さった。「しかし、カント学者になるなら別だが、カントのような大物にとりつくと一生カントから出られなくなる。ほどほどにして、教育心理学をやってみてはどうか、心理学から教育心理学をやる人間は多いが、教育学から教育心理学をやるものがいてもよいと思う」といわれた。そんなことで、特別研究生の前期は『第二批判』について、後期は『第三批判』について研究した。先生の考えも尤もと思ったが、今から心理学をやることには全く自信が持てないので相談に行くと、英文の発達心理の本を渡され、「これでも読んで、やりたい問題を実証的にやれ。自分が後についていてやるから、安心してやれ。そうだな佐藤君（佐藤幸治教授）に相談してみるのもよいだろう」と佐藤先生に紹介して下さった。百万遍の塔頭に居られた佐藤先生を訪問して相談した。佐藤先生は、「手はじめに読んでみては」と *Helping Teacher's Understand children* という本をあげられて、「これはアメリカ図書館にあるから」と教えて下さった。そこで暇を見つけてアメリカ図書館に出かけて丁寧に読んだ。この本は、〝逸話記録〟と〝ソシオメトリック・テスト〟について、教育の実際に即して極めて具体的に書いていた。このことが、私のその後の研究に大きな方向を与えた。

大学の方は、これから教育学の研究というわけで、新しく来られた下程（勇吉）先生の講義・演習に出席した。復員服に軍隊靴という姿で聴講した。四年半の軍隊生活で脳はカラカラに干からびていた。乾いた海綿が水を吸収するように学習したといいたいところだが現実はそうはいかなかった。大学の講義とはこんなに良いものか、と感激して聞いているのだがその中に睡くなってくる。どうしても睡魔を追い払うことができない。ついに鼾までかきはじめる始末、三回生だった筧田君（教養部の筧田知義教授）に突っつかれることもしばしばだった。その頃、第二回か第三回の日本教育学会の大会を京大で開催することになった。大会委員長は下程先生であるが、事務は、大学院の小田（香川大の小田武教授）、鈴木（関西大の鈴木祥蔵教授）の諸兄と私、それに学部学生であった筧田、宇野、その他の諸君とで何とか学会をやった。第一日の夜、全国から集ってこられた先輩と会食痛飲し、ついに下宿に帰れなくなり、烏丸車庫の近くのおでん屋の二階で寝てしまった。翌朝、一番電車の音に眼をさまして、部屋の様子が違っているので、一瞬、メチル・アルコールで眼がつぶれたのではないかと肝をつぶした。二日酔で第二日の事務局を何とかつとめた。全く下程先生にはご迷惑ばかりかけていた。

そんなことで、昭和二十六年に大阪市立大学に勤めることになってから二十二年間、教育学を担当しながら、教職専門科目の教育心理を講義する破目になってしまった。

奈良女子大学文学部から京都大学教育学部に移ったのは昭和五十年である。この四月の定年退官まで、はじめは教育学講座を担当し、その後教育人間学講座に移った。京大に来てみると旧知の方々が教官としておられ、年を取っているので先輩として扱って下さったのでまことに楽しく過した。といっても、教育学部長三年、評議員を前後で三年やり、その間に竹本問題、教育実習問題にぶつかった。京大へ来て二年目に学部長にされたときは、学生運動の火が京大では少しも衰えず燃えているのに驚くとともに感心した。学生諸君には申訳ないと思いながら、立場上、管理職的対応に終始した。細かいことは、まだ問題が生々しすぎて書けないが、当時文学部長をしておられた先生方とはよく話し合い、自分がまだ文学部であるような錯覚をもったこともあった。何といっても、活動家と称される学生諸君が、純粋で良識の持主であり、人間として清潔であったことが印象に残っている。しかし、その頑張りにたびたび閉口したことも事実である。

京大の教官をしていて、何も仕事を残さないのも少し残念なので、これまでの研究をまとめて小さな本にすることを計画した。退官に間に合わず現在ゲラの校正が済んだ段階であるが、校正していて気づいたことは、教育に対するとらえ方の基本は、学生時代に諸先生から教えていただいたものを少しも超えていないことである。超えていないどころか、むしろ、大きく下まわっているのに気づいて恥かしく、また、申訳なく思っている。以文会では、二年ほど前から学内理事となった。数千の会員をもちながら、毎年恒例の総会の出席者数十人という事実に、それまで自分自身が出席してみようとも思わなかったことを想い、文学部の同窓会なるかなの感を深くした。以文会には、何のお役にも立てなかった次第である。退官して数ケ月経ったこの頃、退官までを、〝いかに生くべきか〟の課題を背負った表とすれば、これからは〝いかに死すべきか〟を自分に問いかけつつ、人生を豊かに生きることに努力すべき裏の階段に入ったことを折にふれて感じている。

（『以文』第二六号／一九八三年一〇月）

文学部哲学科心理学

本吉良治

昭和二十年、文学部哲学科心理学卒業。さらに正確にいえば、その上に、京都帝国大学という何か気がひける重々しい名を冠しなければならない。

しかし、自己紹介などのときには、哲学科の三字は、おおむね省略させていただくことにしている。これは、単に簡略化のためではない。相手が、哲学と聞いて驚きの色を示したり、ときには不審の念をあらわにしたりすると、その対応がわずらわしい。その上心身関係の問題になるとこちらもあやしくなるからである。

この三字を省略しなければならないのも、そう遠い将来でもなさそうな気がする。わたくしが、心理学教室に勤めたとき、すでに学生達は哲学を余分なものと心得ていたようである。単位を取る必要があって、哲学概論だとか、哲学史などの試験をうけると、いちはやく答案を出すのはきまってわが心理学の学生達であり、その答案もよくないものが多かったとか聞いている。早かろう悪かろうでは当の先生がひんしゅくされるのも当然である。わたくしのみるところによれば、心理学の学生達の哲学への反応は、いまも変ることはないらしい。むしろ、心理学の教科内容が科学技術の進歩とともに増加するにつれて、ますますこの離脱への方向は高まるばかりのようでもある。

ところで、かつて哲学科に学んだわたくし自身はどのようであったのか。西田幾多郎先生の長靴の着物姿を遠く拝すのみであったり、哲学は死の修練であると戦に赴く学徒へのはなむけの田辺先生の講義を拝聴したり、黒板一ぱいのラテン語を写すひまなく、つぎつぎと消しては書いていかれた山内先生を見て、ギリシャ語とラテン語は相性が悪いとばかりに近世哲学しか学ぼうとしなかった。長年つきあって下さった哲学科の先生方にはまことに申しわけがない不勉強な学生であった。

一つの学問が進歩すればするほどそれ自身の独立性、完結性が求められる。他の学問の歴史にもみられるように、心理学が哲学と別れていくのは止むを得ないことであろう。

学問の世界では哲学とは別の道を歩んで行きながら、他方、周りの先生方からは人間性という、学問以上、知識以上のものが与えられてきたことは嬉しいことであった。

わたくしがこの哲学科を志望するに至ったのは、木村素衞教授にお会いできたからである。法学部を中退し、さてどうしようと迷っているとき、知人のすすめで、小松原のお宅を訪れることにした。辞するにあたって、どんな偉大な仕事も情熱なしでなされたものはないというヘーゲルの言葉が先生の口から発せられた。それによってわたくしの迷いはふっつりと消え、文学部哲学科に入学することを決心した。そして一年後、心理学を専攻することになった。

卒業論文などの試問はいつも専門外の先生方にもお願いすることが多い。論文は、実験的な仕事がほとんどである。したがって、論文中の数値の解釈など馴れない者には理解するのが難しい。それにもかかわらず、数の示す意味を理解し、論文のうちの不用なものを除き、透明なものにしてから鋭い批判をし、さらに将来への示唆をして下さった先生方に対して改めて感謝したい。と同時に哲学者のもつ洞察力に驚きを感じている。哲学は無用なもの、役に立つとすれば、頭をみがく砥石のようなものといった人がいるらしい。この誤りはともかくとして、哲学が嫌いでも、心理学者は是非この砥石でみがく必要があろう。

現在、言語が心理学では重要な課題の一つになっている。チンパンジーがしゃべることができるだろうか、言語の発生を問う意味で大切な問題である。いまから三十年以前、すでに、泉井〔久之助、言語学〕先生はこのチンパンジーの言語に大へん興味をもち、独自の意見をもっておられたらしい。らしいというのはあいまいで、申し訳ないが、しかし、らしいというよりほか仕方がない。街に、市電が走っていた時代である。大学からの帰途、よく先生とご一緒にこの市電に乗ることがあった。そのとき、きまって、シンボルなどの話をされるのである。たまたま、霊長類の話に及んだとき、先生は、チンパンジーが言語を話すとしても人間の言語と比較するためには三点から考えることが必要であるといわれた。ところがである。先生を知る人ならすぐわかっていただけるが、その声のききとりにくいこと、まして市電のガタンゴトンのノイズに加うるに先生の話の内容の高さ、受ける方の知識の低さ、ついにその内容をうかがい知ることができなかった。機会をつかまえて、お聞きしたこともあったが、先生の声をついに私の耳によってつかまえるのは不可能であった。あれから、チンパンジーの言語研究は長足の進歩をした。チンパンジーは発声が困難であるが、書かれた記号の使用によって、ヒトの言語に近いものを獲得することが可能になっている。先生の声のみにたよらず、勇気を出して先生のお考えを書いていただいておればと残念でならない。

井島先生には、よく学生の論文の試問に立ち合っていただいた。先生は論文の内容に立ち入るまえに、しばしばその表紙の文字の批評をされた。たまたま先生の目に入ったわたくしの文字にも及んで、踊っているようで元気があるねといって、悪筆をからかわれるのである。後年、わたくしは素人の展覧会に絵を出品したことがあった。当時、京都市立美術館長であった先生が、わざわざ見て下さって、これ「は」いいよとおっしゃって下さった。この「は」のひびきに往年のわたくしの踊った文字が二重写しにあらわれてきた。ともあれ、文学部哲学科を卒業したことをしみじみ嬉しく思った。(哲学を語るとき恩師矢田部先生の業績にふれるべきであろう。先生の哲学と心理学の関係はあまりに広範囲で、今回ふれる余裕のなかったことを許していただきたい。)

(『以文』第二八号／一九八五年一〇月)

哲学の演習

辻村 公一

学生時代から現在に至るまで私は十人の先生のなされた哲学の演習に参加した。そのうちから特に感銘を受けた演習を思い出として書かせていただく。

先ず第一に田辺元先生である。先生は長年ヘーゲルの『精神の現象学』をテクストとした演習を続けられた。当時私は二回生であったので、正規の参加者としてではなく、傍聴者として出席した。先生は最初に学生にテクストの和訳だけを発表させられ、誤まった箇所を指摘される。次に先生ご自身が流暢な発音でその箇所のドイツ文を読まれる。読み違えるとか発音に詰まるということは全くない。それから先生は一語一語の解釈に入られるだけではなく、何故ヘーゲルはこの箇所をプンクトで切らず、セミコーロンで半ば切るとともに半ば続けるような書き方をしたのかということにまで立ち入って解釈される。これには私は全く驚嘆した。仮にヘーゲルがこの演習に出席していたとすれば、ヘーゲルは田辺先生に向って「君は私より私の思想をよく理解している」と言うに違いないと、私は思った。

しかも先生のヘーゲル解釈は、単なる解釈ではなく、先生ご自身の思想の展開であった。例えば、『精神の現象学』の終りの箇所で「啓示宗教」（キリスト教）と「絶対知」（哲学）との関係について、通常の見解は啓示宗教より哲学を上位に置くのであるが、先生は真理という点では啓示宗教が絶頂であり、哲学はその絶頂から世界の方へ降りる還相であると言っておられたことが、私の所持本に書き記されている。先生のこの見解には色々と異論があるであろうが、色々な点を考え併せてこの見解は今の私にとっても正しいと思われる。この演習から私は哲学書の読み方を学んだ。

第二は西谷啓治先生である。先生はカントの『単なる理性の限界内に於ける宗教』をテクストにして演習をやられた。この演習は宗教学専攻の学生がそれほど多くなかったために、私も正規の参加者として加えられた。先生の演習のやり方は、田辺先生のように一字一句をも穿鑿されるというのではなく、学生にドイツ語を読ませて要点を質問するという行き方であった。私も当てられて覚えているが、"So" という箇所で先生は、「"So" とは何だ」と質問される。「この "So" は、これこれしかじかであります」と私は答える。しかし、先生はそれでは承知されない、「それで」とか「それから」とさらに追及される。そうなると私は二の句がつげず、窮地に陥ってしまう。つまり自分の理解が通り一遍の浅薄な正しさに過ぎないことが曝露される。そうして学生を窮地に追い込んだ上で、今度は先生が "So" の指し示している事態を実に深く長々と説明されて、その箇所は終る。

先生の演習のこのようなやり方は、ずっと後になって気が付いたことであるが、先生の経験された「禅問答」に由来している点が含まれているのではないかと思われる。それは勿論、先生が禅問答を哲学の演習の場に持ち込んだということではない。禅問答では問に対する答が要求される。仮にその答が正しくても、しばしばその正しさをさらに深く吟味するために、第二の問が突きつけられる。そこで学人は大抵参ってしまい、自分の未透徹が曝露されて、さらに工夫をしなければならなくなる。西谷先生の「それで」とか「それから」は、さらに理解の徹底を要求する恐るべき問であった。卒業論文の試問の際、山内先生から多くの問が出され、それらにはすべて答え得たが、最後に西谷先生から「君はオントロギーということが本当に解るか」と唯一問を浴せられて、胸をグサッと一突きにされた。その問に何とか答え得る論文を書くのに八年を必要とした。

第三はマルティン・ハイデッガー教授である。ハイデッガーはヘーゲルの『論理の学』いわゆる「大論理学」について演習をしていた。これは彼がフライブルク大学で行なった正規の演習の最後のものである。それにはオイゲン・フィンク、マクス・ミュラーといった当時の現役正教授も常に参加しており、参加者は二十数名に制限されていた。ハイデッガーは背表紙の取れたボロボロになったラッソン版の「大論理学」を持って来たが、どの頁にも赤や青の色鉛筆で線が引かれていた。彼の演習のやり方は全く独自なものであった。彼はヘーゲルの哲学全体の理解を前提とした上で、一回の演習に数行、場合によっては一つの命題を取り上げて、参加者の一人もしくは二、三人に質問を連発する。彼は正解を決して自分からは言わず、参加者の答えがいわば右に逸れたときには、それを左の方へ向けるような問を提起して、参加者自身に正解を言わせようとして倦くことを知らないがために、質問の連発となるのである。そういう場合の彼の口癖は「それは正しい、しかしまだ真ではない」(Das ist richtig, aber noch nicht wahr.) であった。これは、西谷先生の「それで」とか「それから」と同じである。

しかし、演習中にハイデッガー自身が解らない箇所に逢着することが何回かあった。そうなると彼は決してごまかさず、起ち上って黒板の前を右に行ったり左へ行ったりして歩きながら考え込む。私はどうなることかと固唾を呑んで見ている。彼は十分でも十五分でも歩き続ける。それで考えが定まると、右手の人差指を急に前に突き出して、「これだ」と言って見解を述べる。このようにして彼は難場を切抜けるのであるが、右手の人差指が出なかったことは一度もなかった。「大論理学」の演習を、数行または一句に集中してやるという彼の行き方には、ここが解らなければ「大論理学」は決して本当には解らないが、ここが解れば全体を理解し得る眼が開けるといういわば鍵語を取り出して、それを徹底的に究明するということが、根本に存していた。それ故、彼は演習には毎回、参加者のうちから一名を指名してプロトコルを作らせ、要点を記録させた。

田辺先生の演習は厳粛な雰囲気の中でヘーゲルのテクストを通して醇々とご自分の哲学を展開されるというういわば独演であった。先生もドイツ留学からお帰りになった直後には、参加者と討論されるような演習を試みられたとのことであるが、言葉の壁のためか、うまく行かないので独演になったのであろう。西谷先生の演習は静かな穏やかな口調でなされたが、底に恐るべき問を潜めており、参加者に徹底的な理解を要求するという性格のものであった。ハイデッガー教授の演習は激しいものであり、参加者の眼を開かせるとともに、自分自身で難問を見出しその解決に苦闘されるというものであった。

最後に私はどういう演習をやったかと問われるならば、答に窮する。私のなした演習は、上記の三人の先生の演習の影響を受けたためか、それらの折衷に過ぎなかったと言えよう。若い頃はハイデッガー流の質問の連発を試みたが、参加者から正解を釣り出すまでには到底到らず、自分の見解を言わざるを得なくなり、そのため歳を取るにつれて田辺先生風の独演調になって行った、しかし、先生のような独自な哲学は私にはまだ実現されていないが故に、演習が講読に流れる傾向を免れなかった。その傾向から多少とも私の演習を免れしめたのは、西谷先生的な「そして」「それから」であった。講読と違って思索の種を蒔くことである演習を演習らしく行うことの難しさを、今は沁々と感じている。

（『以文』第二八号／一九八五年一〇月）

二十五年の春と秋

藤澤令夫

昭和三八年に九州大学から京大に着任して今年の停年退官まで、ざっと二五年間、文学部でお世話になったことになる。いろいろのことがあった。

この松かげに宿りして　二十五年の春と秋

昔よく歌った三高の「紀念祭歌」という歌の一節にそういう文句があって、退官の日が近づいた多少の感慨のなかで、しきりと口をついて出た。若き日々、共にこの歌を歌った同窓の清水純一〔イタリア文学〕は、文学部の同僚としても二〇年間助け合ってきた友だったが、昨年一一月一日、ちょうど以文会の総会の日に、急に逝ってしまった。

中国流に言えば定年「退休」したものの、いっこうに暇にならない。委員会と名のつく雑務のための東奔西走は依然、いくつも続いているし、文責は溜りに溜り、神戸の新しい勤め先への慣れない通勤も加わって、物理的に身動きがとれないような感じがむしろ強まった。

そこへ、『以文』に何か書けという吉岡〔健二郎、美学〕理事長からの電話である。事情を訴えて固辞したが、耳を貸してくれない。定年までの二年間、私は以文会の理事長をつとめたが、やめるとき吉岡さんを口説いて、後任を引き受けていただいた。その手前、この人から命令されると、気の弱い私は断わり通すことができないのである。仕方がない。まとまったことはとても書ける状態にないから、怠惰であることを決意して勝手気ままに、「二十五年の春と秋」の幾齣かを、記録に頼って回顧してみることにする。

昭和三九年。

「五月一六日（土）晴　ようやく新館四階南向きの部屋に移ることができた。思えば不自由な一年間ではあった。荷物をかかえて田中教授室と助教授室とを往復。散々であった。窓からは、左手に吉田山から大文字を望んで緑一色。正面に花山天文台。右手には時計台越しに京の街」

これは京大に来て一年後、初めて気持ちが明るくなった日の記録である。

着任してみると研究個室がなく、梶山〔雄一、仏教学〕さん、清水茂〔中国文学〕さん、棚瀬〔襄爾、社会学〕さんなど六人の助教授が同居する大部屋の一隅に席を与えられたが、何人もの相部屋はどうしても何かと落ち着かない。清水茂さんはここで授業もしていた。貧乏だったし、自宅も狭くて勉強部屋はとれない。とにかく他に仕事する場所がないので、教授の田中美知太郎先生が不在のときはその部屋を使わしていただき、先生が現われると仕事の道具をかかえて「助教授室」に戻るという毎日になった。私は鬱々として楽しまず、当時西側一棟だけの三階建てだった東館が、現在の四階建て四辺形のかたちに拡大増築される工事の完成を、ひたすらに待ちわびた。そして、一年余りたってようやく、出来上がった東館に自分の部屋をもつことができたのである。停年までこの部屋にいた。

窓からの眺望の記述に注意されたい。そのころは、四階からの視界を遮るものは何もなかったのである！　その後、軒並みに大増築された近くの工学部の建物によって、すっかり目隠しされてしまった。

昭和四四年。

一月一六日、当初「三派」と通称されていた学生集団によって学生部が「封鎖」され、大学の動乱が始まった。

「一月二一日（火）曇　封鎖と呼応して京大で開かれる三派学生の関西総決起集会に集まる〝外人部隊〟を構内に入れないための警備体制。四時過ぎごろ、ゲバ棒をもった外人部隊が正門を攻撃開始（それまで教養部前で羽仁五郎のアジ演説）。みるみる内側からバリケードが築かれ、大混乱になる。夕刻文学部の教授会で、佐藤長さんを助ける学生部委員に選出される。大へんな役目を与えられた。以後、本部時計台二階に詰める。夜を徹して〝防衛戦〟がつづく。午前三時半から六時過ぎまで文学部の研究室で仮眠」

「五者会議」による学生部総攻撃によって二三日に封鎖が武力で解除されるまで続いた、いわゆる〝逆封鎖・狂気の三日間〟の第一日目である。

文学部（井島勉学部長）では、先に一月一九日、学生部封鎖に反対し非難する教授会声明を発表。これが封鎖派の勢力の強い文学部学生の反撥を招き、やがて二月一日と三日の学生大会で「無期限スト」が決議される。二月二五日、教授会の行なわれていた会議室に、赤ヘル・ゲバ棒の〝スト実委〟を先頭に一〇〇名ほどの学生が乱入。教官一人ひとりを「一・一九声明」をめぐって追及する〝カン詰団交〟が、二度の休憩を挟んで三月一日まで続いた。文学部外の情勢も、入試が近づいて緊迫する。

「二月二六日（水）曇・雪　昨日からの徹夜の〝団交〟夜一〇時半までつづく。一たん休憩、明日午後一時から再開と決まる。その前にしかし、九時半ごろ本部時計台が封鎖。一一時に帰宅して二時まで眠り、学生部委員として再登学。おびただしい火炎びんが乱れ飛ぶ本部攻防戦をただ見守るのみ。朝七時から一一時まで研究室で仮眠」

「三月一日（土）晴　〝団交〟は重澤（俊郎、中国哲学史）教授への猛烈な追及と井島学部長を最後に、午後一時に終る。疲労はなはだし。三日からの入試を前に、〝外人〟のゲバ部隊が大勢やってきて学内をデモ。帰宅できず学生部に詰める。七時過ぎ、正門から機動隊が突入。混乱。学生部と文学部を往復して情勢を見守る。午前一時、発熱気味で、佐藤長さんと交替して帰宅」

このあと井島教授がダウンして、三月五日、長尾雅人教授（仏教学）が学部長となる。「文学部長所信」

なる文書がまたもや、そのころまでに「L共闘」と名のるようになっていた集団を刺戟する。

「三月一二日（水）雨　午後五時過ぎ、谷〔友幸、独文学〕、辻村と三人でL共闘代表と会う。占拠中の学部長室へ連れこまれ、すぐこの場に長尾学部長を呼べと強要される。九時ごろ長尾さん出席。その責任追及団交（主として「所信」に対する）となり、朝の六時までつづく」

外へ出ると、雪が舞っていた。近くの武藤一雄〔キリスト教学〕教授邸で、善後策を相談することにする。門を乗り越えて、まだ就寝中の武藤家を起こしたことを忘れない。結局、長尾学部長の辞任を要求するL共闘との関係は決裂し、文学部は翌一四日までに、全面的に封鎖された。

息つく間もなく、四月九日、一〇日の大学院入試である。これについての私の交渉相手は「院対協」と名のる受験者集団だったが、折衝の甲斐なく、近畿予備校で行なわれた九日当日の試験に乱入妨害され、学生数名が逮捕されて、威力業務妨害などで起訴されたことは大へん残念だった。

いろいろの学生グループが、接触を求めて私の自宅に来るようになった。「四月四日（金）曇のち雨夜、寛ろごうと思っているところへ、〝インド学闘争委〟の中谷、矢野、徳永、井狩らが今林に案内されて来。〝教授会解体宣言〟を出せと言う。一一時半去る」「四月一二日（土）晴　午前中、〝DC進学グループ〟の矢野、愛宕（東洋史）、案本（美学）、多屋（心理）、片柳（キリスト教）、塩出（倫理）、今林がやって来て面談」といった工合である。

以後も事が多くて詳細は省略するほかないが、秋になって九月二一日、機動隊要請によって文学部など学内の封鎖箇所がすべて解除され、文学部では一一月七日に授業が再開された。私は学生部委員会、文学部の第一委から第四委までの委員会などに忙しく兼けもち出席し、両派の学生と会い、そして最終段階では、「最近の事態について」とか「L共闘諸君へ」といった学部長名義の文章を「文学部弘報」に書きながら、主としてF君やK君を相手に、L共闘とのいわば〝思想的〟な折衝に集中して、依然授業妨害が続く事態の収束に全力を尽くした。文学部の何人かの先生のほうから多少足を引張られて、半月か一月くらい後れたけれども、とにかく終結まで漕ぎつけることができた。

「一二月二三日（火）晴　午後一時半から問題のL共闘大会が第一講義室で開かれる。五時半までかかって終り、Kがその内容と結果を報せに研究室に来る。〝運動体としてのL共闘は本日をもって解散する〟ことが宣言された由。学部長室に行って長尾さんにそのことを報告し、弘報の取扱いについてしばらく相談。七時半帰宅」

やれやれ、である。すさまじい一年だった。

昭和四九年―五一年。

四六年一月から一年間在外研究を許され、ロンドン、オクスフォード、ケンブリッジ、プリンストン高等研究所で研究に集中できたのも束の間、昭和四九年一月から文学部長を仰せつかって、またまた〝団交〟やら対策会議やらで息の抜けない日々となった。京大は「竹本問題」で揺れ、文学部では「西洋史教室女性差別糾弾共闘会議」なる女性中心の集団の活動で、殺伐とした状勢になっていたからである。

西洋史教室の問題は前年の大学院入試のことから始まったためもあって、解決までは本年度の院入試全体を延期せよ、というような要求にまでエスカレートしていた。二月一四日には午後一時から午前一時まで、同一六日には午後六時から午前二時までと、二回の〝団交〟の効もなく、院入試は妨害された。

「二月一八日（月）晴　九時過ぎ登学。〝女共闘〟と熊野寮生黒ヘルがビラまき演説中。一〇時、哲学系と文学系は無事試験が始まったが、阻止部隊は史学系の第六講義室の入口を固めて、試験開始不可能となる。急遽、かねてひそかに手配していた京都予備校へ試験場を移すことにする。第六講義室の現場に行き、取囲まれて押問答の間に、山田晶さん（評議員）が中に入って説明し、第一委員が手分けして、場所・時刻を指示したビラを一せいに配る。阻止部隊大いに怒り、こづきまわされ罵しられる。そのまま正門まで引張って行かれ、赤ヘル女性と共にタクシーに乗せられて、京都予備校へ連れて行かれる。閉ざされた門をあけて一緒に入れと強要されたが、頑張り通す。そうこうしている間に、受験生は全員（一名を除いて）移動を完了し、予備校の中で正午から試験が開始される。ついに〝女共闘〟たち諦め、デモ行進をして去る。この間、山田さんと共に京都予備校の前に立って応酬すること三時間近く。やっと中に入って休む。史学科の試験はそのまま無事終了。作戦は、偶然の幸運も重なって成功した」

全学的な〝事件〟は相変らず続出したが、文学部内では一応事無きを得ていたので、紛争以来の前例を破って何となく学部長の二期目を引受けたところ、昭和四九年の暮から埋蔵文化財調査室で始まった訳の分らない〝臨職闘争〟――発掘調査のアルバイトの雇用期限切れを「不当解雇」と騒ぎ立てたもの――の矢面に立たされて、一年間散々てこずることになった。「全臨闘」だの「T戦線」だのがこの〝闘争〟を支援して、もともと何ら当事者でもない私を責任者に仕立てあげ、度重なる〝団交〟のほか、二月には研究室を数日間占拠されるし、三月には地労委に告訴されるやら、連日のように藤澤がどうしたこうしたという立看板を時計台正面に出されるやらで、憤懣やるかたない毎日だった。三月から四月にかけて二週間、吉川幸次郎先生を団長とする中国への学術文化使節団に加えていただいて、中国各地を見学できたことは気持ちの救いであり、貴重な体験であったが、このときも「藤澤の中国逃亡を許すな」とタテ看を出された。

夏以後は、調査室長になっていただいた小野山節講師（当時）がターゲットとされ、大へんな迷惑をおかけした。しかし、さすがにこの理不尽な〝闘争〟は学内でしだいに孤立化して、最後は一一月、小野山さんと出た〝団交〟で、全面拒否回答を高らかに宣言することで終結した。

昭和五一年以降の、委員会の時代とも称すべき一三年間がまだ残っているが、紙数が尽きた。「二十五年の春と秋」をふり返ろうとして、春秋ならぬ「戦国」の記のようなことになってしまった。学部長在任中はとくに、歴代の第一委員長（今津晃、清水純一、大山喬平、清水善三、清水茂の諸先生）と第一委員を始め同僚の諸先生、また事務職員の方々に一方ならぬお世話になった。厚く御礼申し上げたい。

ただ、わが名誉のために付記するが、私とてもこのような〝戦争〟ばかりしていたわけではない。文学部の「学統」に励まされて、研究生活も私なりに充実していたと、顧みて悔いなく言うことができる。優秀な学生諸君を相手に、どんな難しい細かい内容のことでも、遠慮なく講義することができたのも、ほんとうに幸せであった。その意味では、何よりもわが文学部そのものに感謝したい気持ちで一ぱいである。

（『以文』第三二号／一九八九年一〇月）

遠くなりにけり

上田閑照

「停年になって様子はどうか」とある知人から尋ねられたことがあった。そのとき何と答えたか思い出せないが、自分でも自分の様子をほんとうに確かめたいという気持ちが残っていたのであろう。それからしばらくたって思いがけず面白い経験をした。それは、乗っていた比叡平からのバスが（文学部在職中からこのバスで大学に通っていた）、百万遍の十字路で左に折れ、熊野神社の方向に向かって東山通りを下り始めたときのことである。旧知と言うもおろかなほど知り抜いた通りであり、右手に大学の体育館が見え、左手には文学部の博物館が見えているにもかかわらず、私は突然、どこか外国の街の初めての通りをバスで通っているような感じがした。正確に言えば、そういう感じがしている自分に突然気がついた。それは一つの驚きであった。と同時にほとんど反射的に、在職中は百万遍でバスを降りる降りないにかかわらず、大学を横に見て通り過ぎるときでも、私の身はいつもすでに大学のなかにあったということに気がつき、さらに再び反射的に、今、大学に沿ってバスで通りつつある私と大学との間を或る「遠さ」として――「明治は遠くなりにけり」という言葉も思い出しながら――経験した。そのとき感じた「遠くなりにけり」とは疎遠ということではなくて、離れたことによって却ってそこに一種の淡白な近さが感じられるような遠さ、むしろ、遠さという一種の静かな近さとでもいうような感じであった。そして、バスが熊野神社に着く頃――そこで私は降りた――この世全体に対して「遠くなりにけり」ということになったらどういう気持ちだろうかなどと考えていた。

私は一九四五年、すなわち、昭和二十年、敗戦間近の三月末、京都に来た。東京で生まれ、小学校、中学校は横浜、旧制高等学校は東京で過ごした私にとって初めての関西であった（実は小学校の途中三年間は高野山の小学校にいたのであるが、高野山は子どもの私にとって関西ではなく山の中であった）。関西に来て私は、ずっと後になって初めて外国で過ごすようになったときに比べても、もっともっと外国に来たような不思議な感じがしたことをよく覚えている。手続きのために初めて文学部に来たとき、たまたま全くたまたま、ひどい食料難の当時本館と東館の間が掘り返されて野菜畑になっていたところで西谷啓治先生ともう一人の先生が畑仕事をしておられるのを見かけた。その前年東京で西谷先生の話を聞く機会があったので、すぐ先生とわかったのである。私は、先生のもとで勉強したいと思って京都に来た旨自己紹介と挨拶をした。先生はちょっと待つようにと言われて、研究室からレクラム版カントの『第一批判』を持って来られ、それを私にくださった。もう一人の先生は梵文学の足利惇氏先生であった。両先生が親しい碁友達であることを後になって知った。また、これもずっと後になって西谷先生から直接にお聞きした話がある。戦時中薪も不自由になっていた頃、文学部東館の北端にほとんど接するようにして今も楠の大木があるが、両先生はその大きな一枝を切り、葉のついたままの重たいその大枝を二人でひきずって正門を出ようとされた。それを見とがめた門衛さんに対して足利先生が「足利、楠を切る」と大きな声で悠然と堂々と正門を通り抜けたという話である。

そのようにして昭和二十年三月末京都に来た私は、その四月末には召集令状を受け一兵卒として和歌山の連隊に入った。やがて敗戦。そして翌二十一年四月から形ばかりは再び大学に戻った。当時の食料難は今からは想像を絶するものであった。西部構内にあった旧学生食堂での配給制の一日分（すなわち三食分）の食事はドンブリ一杯の雑炊であった。そうこうするうちについに、西谷先生からいただいたレクラム版『第一批判』を古本屋に売って、町角で闇売していたゲンコツパン一個を買って食べるということが起こった。いわれのある大切な書物を文字通り一個のパンにかえたわけだが、このことはその後長く、自分がしたことでありながら何か我が身に起こった何とも言えぬ出来事として残った。その出来事は、私はいったい何をしたのであろうかという問として今に至るまで残っている。生きるというぎりぎりのところで起こった何事かであると自分に一応は言ってみても、あのゲンコツパン一個を食べなかったら私が死んでしまったというほどのことでは決してない。停年間近の頃、あるとき、私は中央食堂でコーヒーを飲んでいた。隣の空いた席に一学生が一汁四菜ものせた盆を置いて坐り無造作に食べ始めた。見るともなく見えていたその大御馳走に私は胸がきゅうとなった。不意を襲われて私はとまどったが、それは言葉で言えば悲しみとしか言いようのないものであった。どういう悲しみか自分にも説明し難いのであるが、ただ、ご馳走がうらやましくなかったことは確かであり、饑餓時代の私を憐んだのではなかったことも確かである。

それでも——それゆえにと言うべきか、しかしてと言うべきか——私はカントについて卒業論文を書き昭和二十四（一九四九）年三月卒業した。それからちょうど四十年たって私は停年退職することになる。卒業してから四十年だが、今から思うとほとんど一瞬という感じがする。古人の言葉で言えば、「回首四十年」。首《こうべ》を回《めぐ》らせばというのは、過ぎ去った年月を振り返ればというような散文的な意味よりも、その語調から「首を回らす」その一瞬と四十年の歳月との同時性を感じさせる。四十年の歳月もまことに一瞬のうちに過ぎ去る。と同時に、今首を回らす一瞬、その動きの現在が四十年の歳月を現在化する。四十年という現在において過ぎ去ったものは何もない。すべては四十年という現在のうちでのこと、そこではすべてが「継続中」（漱石）の生生流転である。そしてこの方向で言えば、四十年と限ることもできない茫漠とした時間が現在になり、「日月《じつげつ》長し」という感じがしてくる。時の不思議さをあらためて思う。

一九八九年三月末私は六十三歳停年の制度によって退職した。それは、私が一九二六年に生まれたから——それも早生まれだったからである。学部卒業後リルケにひかれていた頃、リルケが亡くなったのが一九二六年（ある女性のためにバラの花を手折ったときにささった棘の傷がもと）であることを知り、急に一九二六年という年が私にとって意味を持つようになった。やがてハイデガーの勉強をするようになると、彼が一九二六年師フッサールの誕生日に花束に添えて刊行前の『存在と時間』(『有と時間』)の校正刷を献呈したことを知り(刊行は翌二七年)、また西田幾多郎の思索に関心をひかれるようになると、いわゆる西田哲学という名称のきっかけになった「場所」という論文(これは西田の論文の内で最も晦渋なものの一つ)が『哲学研究』に発表されたのが一九二六年であることを知り、さらにまた、ドイツ神秘主義の研究をするようになると、その主峰マイスター・エックハルトについての最も重要な研究書の一つであり、ことに私にとって直接の導きになったルードルフ・オットー(『聖なるもの』の著者)の『西東神秘主義』(エックハルトとシャンカラについての現在でも古典的意義を持っている研究書)が出版されたのが一九二六年であることを知り、このようにして次第次第に一九二六年という年の意義が私にとってますます濃くなってきた。私が生まれた年だからではない。もちろん私はそのようなことを知って一九二六年に生まれたわけではない。またもちろんそのようなことを知ってハイデガーや西田やエックハルトの勉強を始めたのではない。いずれの年にも人は生まれ、人は死ぬ。いずれの年にもたくさんの大きな出来事が起こる。ただ私にとって、私がたまたま勉強し始めたもの、そして停年を過ぎた今、それ以外にはなかった私の職業とも結びついた研究の三つの柱とはっきり言えるものが、いずれも私が生まれた一九二六年に結ばれていることを次々に知ったとき、やはりなんとなく不思議でもあり、面白くもあり、ときにはまた少しく真面目な気持ちを起こさせた。求めて生まれたのではないこの人間としての生涯ということを思い、このコンステレーションに感謝した。

私が京都大学に勤務するようになったのは昭和三十九年からであるが、停年まで、どういう風の吹きまわしか——確かに何かの風が吹いたに違いない——学内で三つの学部を転々とした。初めは教養部でドイツ語担当、次に、これは思いがけないことであったが教育学部で教育人間学、そして最後に文学部で宗教学。学内の二つの学部ないし研究所でということは珍しくはないが、三つというのは稀なことであろう。そのうえ教養部から教育学部の場合も、教育学部から文学部の場合も、いずれも単純な「配置換」ではなく、「併任」という仕方である期間二つの学部で専任を勤めなければならなかった。これは一種独特な事態であり、それについては独立のテーマとして他の機会にゆずりたい。

その代わりに、教師として実にさまざまなことを経験したなかから、各学部一つずつ書いてみたい。

教養部で私はドイツ語を担当していた。ある授業のときである。教室に入り教壇に立ち授業を始めようとして、最後列の右端の一学生が目に入った。彼はギターかマンドリンを弾いている手つきの運動でいかにも楽しく気持ちよく空想音楽にひたっている。私はいつもより少し声を大きくして授業を始めた。授業が始まっても彼はやめない。十分たってもやめない。二十分たってもやめない。やめないどころか彼はますます佳境に入ってゆく。とうとう授業が終わるまで彼は空想ギターを弾き続け、私は、聞こえない——そして聞こえないためにより強く響いている彼の空想音楽に送られて、教室を出た。彼がその時間の後どうしたか私は知らない。五年後、十年後どうなったか知らない。彼の名前も知らず、彼の顔も全く思い出せない。しかし彼は、私において、非聴講的、理想的空想音楽家として完成している。

次に、教育学部で大学院の「哲学的人間学」の演習のある時間のこと、使っていたかなり難解なドイツ語テクストのことに複雑な連関を含んだ箇所にぶつかり、読み方や解釈の議論がしばらく続いた後、私がまとめて説明し始めた。説明しながら考え、考えながら自分でもこれでいいかなと不安になり、また説明をし直してゆく。一人の学生が首をかしげる。いかにも一所懸命に自分でも考えている様子で、文字通り首をかしげる。それを見て私は言葉を足して説明をくりかえす。彼はさらに首をかしげる。肩まで斜めにして。私はもう一度言い換え言い直して説明を試みる。しかし彼はさらに首をかしげてゆく、ほとんど体も倒さんばかりに。私に対して疑問をというよりも、事柄を何とか理解しようとしてますますわからないところに深く落ち込んでいくようだ。彼を救い出そうとするかのように私は別の角度から新しく説明を始める。彼の椅子が傾き、スチール製の椅子の脚が床を滑ってステーンと倒れ、彼は床の上にころげ落ちる。そのとき初めて気がついた学生たちの間から軽い笑声が起こったが、私はむしろほとんど泣き出したいくらいであった。その後長く、彼に納得してもらえるようなものを書くことが私の一つの願いであった。

ところで私の聴講者は人間の学生だけではなかった。文学部を停年になる前年の十二月初め、毎週木曜第一限にしていたいわゆる「研究」の講義の際、話し始めてどれくらいだった頃か、講義室（二講）の重たいドアがすうっと僅かに開き、そのすき間の下の方に——たまたま私はそれを目撃した——猫の手が現れた。私は頭の一方ではすぐにそれが猫の手であることを認識したが、しかしそのときは感情的には驚かなかった。猫はすき間からそのまま教室に入り、何の躊躇もなく教壇と最前列の聴講机との間を斜めに、速からず遅からず、歩いて行って東側の窓枠の僅かな幅のあるところに、すっと跳び上がり、そこでおもむろに例の猫坐りに坐って、そして私を見た。猫が部屋に入って来てからは私も気を奪われて話をやめていたのであろう。このように猫と目があって何ともいい気持ちがしたが、我に返り、教室内の軽い動揺に気がついた。聴講の学生たちも窓枠に坐った猫を見ていた。私は再び講義を始めた。猫は眼をつむってねむり、そしてときどき眼をあけては私を見（あるいは、私の話を聞き）、そしてまた眼をつむってねむる。私は学生たちに話していたのか、猫に話していたのか。

不思議なことに、この講義の「時間」がどのようにして終わったのかどうしても思い出せない。あたかもこの「時間」が無限に終わらなかったかのように。終わったことは間違いない。しかしこの「時間」は私にとって非常に気持ちのいい、永続的なそして大切な経験となった。わたくしたちの存在が営まれ遂行される特定の意味空間（今の場合ならば、教室、教師と学生、しかしどれほど拡げられても、また重層的であっても意味空間としては限られている枠内）を異質の一直線が横切って、それがいわば無限の開けからの風通しになるというようなことと言えるであろうか。

停年の年（一九八九）の一月「昭和」時代が終わった（私が生まれた一九二六年は十二月から昭和）。六月には中国の天安門事件、秋からは東欧ソ連の激変。私が京都に来た年は近代日本の破綻の年であった。停年の年には現代世界史の急激な変動が始まった。またその間、親しい一人一人に生老病死の人間として運命的に起こったことは、言葉を失うほどのことも少なくない。それでも私は「見るべきほどのことは見つ」と、まだ、言えない。

停年後のことであるがもう一つつけ加えておきたい。或る大学で集中講義をしたときのことである。一日に三回、そして三日連続で半年分に相当する授業をするのであるが、相変わらずメモだけで話をする私には工夫もいり努力もいり緊張もする連続講義である。四十二歳のときに患った腎炎の名残もあり、一時間以上の話は水分をとらないと口が乾いて声が出なくなるので、その集中講義のときにも、一回の授業ごとに水をもって教室に入った。当時はまだボトルの水はなかったので大きめのコップに水をたっぷりいれて持参し、教壇において、ときどき口を潤し、話をした。二日目になると、時間ごとに、誰か学生がサービスしてくれたに違いない缶入りのジュースや缶コーヒーなどが教壇に置かれており、私は「知られざる」その学生の気持ちに感謝しながら、それも飲み、しかし味のあるものは話をするには重たいので、ますます、持参した水も全部飲むというようにして、その授業の時間を終えた。そのようにして三日目の最後の時間も終わり、最後の質問を聞いて答え、「では、さようなら」と挨拶して教壇を離れようとしたときに、一番後ろにいた二人の男子学生が立って、急いで私のところにやってきた。なにか大切な質問でもあるのかと思ったが、そのうちの一人が「先生が飲んでおられたのは、水ですか酒ですか」と聞き、答や如何にと二人の目がぐっと私を見た。これには私はほんとうにびっくりした。驚きの表現が、答える前に、「どうして」という問になった。二人の言うには、一方が、どうもあれは酒らしい、しまいには酒に相違ないと判断するようになった、と。他方は、そんなはずはない、水にきまっているといい、二人の間で決着がつかず、最後に賭をすることになり直接聞きにきたというのである。私はほんとうに驚いたが、答えは簡単であり、簡単に答えて、教室を出た。驚いたが、実に面白いことに思えた。三日間私の授業に出席して、私がコップから水をのむ様子、そして講義をする様子、その内容、私の存在の様子、その全体から判断して、一人が酒に相違ないと思ったということは、私の様子にそう思わせるところがあったからであり、私の講義が酒を飲みながらしている講義でもあり得たということである。酒の事はまた別のテーマ、私の生涯の大テーマの一つであるが、このときの集中講義は、一滴も飲まなくなってすでに十数年も経っていたときのことである。

（『以文』第三三号／一九九〇年一〇月）

Ⅱ　史学の律動

昭和初期の陳列館全景
（京都大学大学文書館提供）

わたくしの東大時代の思い出

矢野仁一

わたくしが東京帝大文科大学の西洋史学科に入学したのは明治二十九年で、いまから六十年余も前だから、ずいぶんふるい話で、以文会の諸君などには夢物語のようだろう。当時は東大にもまだ東洋史学科はなかった。わたくしの同級生は学年制の時のこととて及落があったので増減はあったが卒業の時は十三人だった。シンガーミシンの秦敏之君、金沢の名物の一つといわれた四高校長の小松優一君、朝鮮李王職の小田省吾君は同級生だった。数年前森田鉄三郎君が亡くなったのが最後でみな亡くなってしまい、わたくしひとり孤影蕭然と残っている有様でうたた暗然たらざるをえない。三学年の間に聴講した諸先生の講義はずいぶん多いが、その内容などはほとんどおぼえていない。

卒業証書には諸先生は一々自筆で署名して捺印されておるが、卒業試験の後にずいぶんお骨がおれたこととおもう。小泉八雲先生も署名捺印されておる。先生の講義はゴールドスミスであったかとおもうが、ひどい近視で近眼鏡の外もう一つの眼鏡を手にしながら講義された先生の風貌は眼前に髣髴するようだ。

ルドヴィヒ・リース先生の講義はヨーロッパ近世史だったが、実に立派なよい講義だったようにおもう。その概要はプリントにして後から配布されたが、それだけでも先生の学殖はうかがわれる。先生の講義にプロシア王ウィリアム一世の話だったようだが、他日かならず普仏戦争あるべきを期し、その時にそなえて無利子の金を軍資金として鉄製の庫に秘密に貯蔵したという話があったことをおぼえている。わたくしは一高時代大学時代を通じ牛込若宮町の当時大審院判事だった伯父の家から通学していたが、この伯父は毎晩のように晩酌の折わたくしや伯父の息子たちを相手に、自分でも打ち興じている風にいろいろ思い出話を語ってくれた中に、毛利家の支藩から入って宗家を継いだ中興の名君某は他日一日関ガ原の復讐戦あるときにそなえた無利息の金を軍用金として貯えたのが御維新のときに大いに役に立ったという話があったので、ウィリアム一世の話をおもい出し、なんと明君とか英主とかいわれる人はその深謀遠猷こんなにも東西揆を一にするものか、伯父の話は耳学問によったものだろうが、もし真実ならばまことにおもしろい話だとおもい、毛利家の支藩から宗家を継いだものといえば重就だろうが、重就はそんな英明君だったろうか。渡辺世祐君は毛利藩だから知っていたかも知れない。きいてみたいとおもいながら、はたさないうちに亡くなってしまった。以文会の諸君にしらべていただければ数十年の宿願をいやすことができ、まことにありがたい。

リース先生からフォルモサ史の研究というドイツの学術雑誌に載せられた論文の別刷をいただいたこと

がある。わたくしは辞書とくびっぴきで精読した。実に立派な研究で吉岡藤吉君の翻訳はあるが、これでは先生の精緻な研究の面目を万一も彷彿することはできないようにおもう。

わたくしの卒業証書には文部大臣に就任された外山正一先生にかわって社会学をうけもたれた建部遯吾先生も署名されている。外山先生の人類学風な平明な講義とはおよそ対蹠的な哲学史風な、それも漢文調の講義で、研究といってすむところわざわざ考覈闡明といい、そうしてコウカクタンメイと発音されたことで印象的だった。

東洋哲学史の井上哲次郎先生も署名されている。那珂通世先生と釈迦塞種にあらざる論をめぐっての論争だったかとおもうが、はげしい口調で演壇にたち上って駁論を試みられた時の先生の面目はいまも目に見ゆるようだ。

一年生の時国史の田中義成先生から試験がわりにいくつかの問題を提示され、どれか一つをえらび論文を書けといわれ、毎日のように史料編纂局で史料綱文や編年史料やその原本を渉猟し、生れてはじめて考証のおもしろさを感じ、どうやら期限いっぱいにまとめて提出したところ、先生は朱筆でほとんど各ページ劈頭《へき》に短評やこの論これこれの史料に確証ありというような注意を記され、終末に史論精深優に史眼を具うという過褒の評語を加えて返していただいたときのうれしさはいまもわすれがたい。先生は史料採訪のためわたくしの郷里に出張されたとき、わたくしの留守宅に母や祖母を訪問していただいたことを聞いたときもうれしかった。わたくしはたびたび先生の四ツ谷のお宅にうかがったが、先生の濃厚な謦咳に接するのがたのしみだった。北京赴任のとき先生の陸軍大学の教え子本庄繁少佐（後陸軍大将）へのご伝言をうけたが、いまはかなしい思い出だ。

星野恒先生も史料採訪のため米沢に出張されしときわたくしの留守宅をたずねられ、母や祖母にわたくしの結婚問題など当分おかんがえにならないようにといわれたということで、母や祖母はいつまでもそのことをおぼえていて話していた。

わたくしは坪井九馬三先生には格別の恩顧をこうぶったので思い出は多い。先生の講義はヨーロッパ最近世史、中央アジアの歴史地理、歴史研究法などだった。先生ほど実際に下情に通じない人はないとおもうがいかにも下情に通じたような、下品ではなくあくまで大学の先生の品位を保ちつつ、世話にくだけた江戸児調の講義ぶりは、一高で諄々かんでふくめるような箕作元八先生の講義を聴きなれたわたくしには驚奇でなければならなかった。先生の最近世史の内容は先生はたしかコンスタンツだとおもうが、それによって当時書かれた『西洋最近世史』の一斑を彷彿することができるようにおもわれるが、わたくしにはひじょうにおもしろかった。わたくしは先生の法科大学の特別講義も聴講した。ナポレオン三世の宮廷生活の内部の有様など、過去は現在に、第三人称は第一人称におきかえらるるような錯覚を起さしむる講談もどきの講義は学生を魅了したようだ。和田垣謙三先生の世界経済史の講義とならんで法科学生の人気をあつめ、いつも法科の大講堂は聴講学生でいっぱいだった。

和田垣先生の講義にも興味をひかれわたくしは欠かさず聴講した。フェニキア商人の当時の世界に雄飛した話など実に心躍るをおぼえた。坪井先生の歴史研究法の講義もおもしろかったが、わたくしはベルンハイムの何ページから何ページまで読んで報告するようにいわれ、小田省吾君も毎週一度往来してベルンハイムを会読したこともおもい出される。先生は人の好き嫌いはひどかったようで、よく門前ばらいをくわせられたという人の話も聞いた。わたくしは大学院学生時代おたずねしたときちょうど先客としてきておられた内田銀蔵先生の座前にビスケットがおかれたので、わたくしの前にもおかるるだろうとおもっていたところついおかれずじまいだった。わたくしは一介の学生で、内田先生は早稲田大学の先生だったからであろう。

先生の文科大学長時代わたくしが夏休みで米沢に帰省していたとき、先生より「すぐあいたし」との電報をうけ、いそいで上京しおたずねすると、いま松永書記（後、菊池大麓京大総長時代の京大書記官）は家族づれで諏訪湖畔に避暑しているが、学習院長の菊池大麓先生は松永君を学習院に引っぱろうとしている。松永君は二つ返事で承諾するにちがいないから、君はその後任になれというお話しだった。事もあろうにわたくしに書記とはとてもそんな柄でないことは知っていたから、とても松永さんの後任などはつとまりませんとおことわりしたが、先生は耳にも入れない風で、ビジネスは人生のワン・ハーフだ、君はいまどこかつとめているかといわれたので、早稲田と日本大学につとめていますとお答えしたところ、そんなところはみなやめてしまえと、否応いわさずきめてしまわれそうな有様なので、わたくしはこまってしまい、伯父に相談したいといって一旦は辞去したものの、どうおことわりすべきか途方にくれていたところ、また「すぐあいたし」という先生の電報でこわごわうかがうと、松永君は諏訪湖から帰ってきたが、文科大学は長い間お世話になり居心地はよいから、菊池先生の方はおことわりしたという。バカな話だがしかたがない。先日の話はやめだというお話でわたくしはおかげでたすかったおもいでほっとした。あの時やめてしまえといった早稲田や日本大学はどうしたと聞かれそうなものだが、そこは先生で聞こうともされなかった。

これはわたくしの想像だがそんなことが先生の気になっていたのでないか、わたくしを二度も外国留学生候補に推薦さるるとか、助教授に任命さるるとか、清朝政府が進士館を開設するについて山川総長を経て教習の人選方依頼してきたとき推薦さるるとか、ひとえに先生のお蔭であった。先生が晩年あの浩瀚な『世界最近史』を著述されしとき、いやしくも事中国に関するかぎり大小となくわたくしの意見を徴された。当時、北京にありしわたくしに封書やはがきで幾たびとなく諮問された。わたくしも先生の知遇に感激し、わたくしの知るかぎり調べうるかぎり力をつくしてお答えした。そのことは先生も序文の中に記し感謝の意を表されている。

那珂通世先生には一高時代大学時代を通じて親炙し教を請ける機会は多く、小石川のお宅にもたびたびうかがった。一高時代は先生自著の『支那通史』の講談だった。『支那通史』は羅振玉が中国で重刊し序文を書き、「吾が国の政治風俗学術の流遷を究め、簡にして賅、質にして雅、いわゆる今世の識を持して古書を読むものか、これを吾が国の作者に校するに吾未だその比を見ず、良史といわざるべけんや、吾が国の史でありながら吾が国人は作ること能わず他人が作ることすでに恥ずべきに、作ること能わざるを恥じずして他人作るところの書を読むことを恥ずるに至っては、その恥ずべきこれより過ぐるものあらんや」と激賞して中国人に読むことを勧めているほどの名著で、先生も自信をもっておられたことはこれをテクストとして用いられたことでもわかる。宋末でおしまいになっておるのは、先生は元史は中国側の史料だけではだめだ、蒙古文の史料と参互対証しなければ真実を把握しがたしと信ぜられたためであろう。元史を究めた後おもむろに明清におよび続支那通史を編述さるるのが、先生の宿志であったとおもう。わたくしは先生より『元秘史』の蒙音漢字旁註本を訳してみよといわれて秘蔵されていた五冊本を付託されたので、このご付託にこたえなければならなくなり、蒙古語の研究に着手せんとしたばかりのときに北京に赴任することとなり、おことわりしなければならなくなったことは先生に対しまことに相すまないおもいをした。先生の甥藤村操君が人生不可解に苦しみ華厳瀑で投瀑死をとげたとき、先生が死体の収容に日光に赴かれたのもこのころのことだった。

先生の大学での講義は支那史籍解題だったが、先生の随処に加えられた註釈や機慧な犀利な批評は古今東西にわたる知識のいかに博洽で、古今の学説や政論や時事問題にさえそれに対する判断のいかに適切公正であり識見のすぐれていることを示しひじょうに有益であったようにおもう。清の康熙帝が台湾平定の後鄭成功の延平郡王という明の封号を認め台湾府すなわちいまの台北にその祠廟を建てしめ台湾の民心を慰撫したことを述べ、わが政府の台湾政策の拙劣を非難されたことはいまも記憶に残っている。

大学院学生時代のもう一つの思い出は文部省実務局長岡田良平先生（後、京大総長）よりコンラードの実業教育という独文書の翻訳を委託され、ドイツ語の勉強にもなるとお引きうけしたことである。一高時代岡田先生のティンダルのベルファスト・アドレスの講義で主観客観の説明を聴きひじょうにおもしろかったことをおぼえている。コンラードをお引きうけはしたものの、工業や器械に関する専門語が頻出し、こまって先生の紹介で蔵前高工の寺田校長の門をたたいて質問したりしてやっと数カ月かかって完訳することができ、実業局より七十ページそこそこの本として出版していただいた。この本はわたくしにとってわすれがたい紀念の本であるが、惜しいかな紛失してしまった。この本でいまもおぼえていることは、実業学校は実業の花であって根でないという文句である。

（『以文』第五号／一九六〇年五月）

人間嫌い

原　随園

あの滝川事件が起ったのは、わたしが教授になった年のことであった。先輩がたの意見を神妙にきいているると、血の気の多いわたしには、論理的より経験的な方向に話がすすんでいくのがもどかしかった。

こうした時代のある日、国史の西田〔直二郎〕さんにいった。「教授会は怠屈なもんですネ」と。西田さんは、「あんたもそう思いますか。わたしも、若いころ先輩の意見が、まどろっこしくて、自分が年をとったら、こんなふうには絶対やるまいと考えていました。だが、年をとるとやっぱり駄目ですネ。あんたがたからみると、まどろっこしく感ぜられるんだから」といった話をしたことでした。

若いときは、ひたむきに前方をみつめて突進するのだが、年をとるにつれて、経験が判断のなかに入りこんでくる。経験というと、もっともらしいが、後ろむきに考えがとまどっていくことなのです。

ですから年をとると、とかく話が昔のことになり、話す方では、陶然と過去にひたるのだが、聞かされる方にとっては、これほど怠屈なことはない。そう思うから、わたしはあんまり古いことを話したくない。話すまいと思案しているのです。

先日、越智〔武臣、西洋史〕君から、『以文』に何か書くようにということでしたが、いまいったようなわけで、婉曲に断ったつもりで、ひきうけたとは言わなかったのです。わたくしは断ったつもりだが、越智君は承諾させたと思ったらしい。旅に出て十二日に帰ったら、西洋史の研究室から原稿の督促の手紙が来てました。けれども五日が〆切だと書いてありましたから、一週間もすぎている今は、もう書いても間にあわぬことでもあり、自分がなまけたわけではなし、これで、双方の諒解のくいちがいも、どちらにも傷がつかず、偶然が解決してくれたと喜んでいました。

ところが事務長から原稿を催促され、その分があけてあるということでした。これではどうしても書かざるをえないところに、おいつめられてしまったわけです。きぎくるしい点があったら、年寄りの通有性のしわざだと考えて下さい。

西田さんが主唱した「京大倶楽部《クラブ》」が「以文会」の前身です。文学部の同窓会的な組織をつくろうということは、文学部の古い卒業生諸君の要望であったのだが、西田さんが音頭をとったときには、意外にも教授会で京大出の人をはじめ反対が出て、結局、同窓会とならずに、有志の集まりとなり、「文学部」の名をつけずに「京大」の名をつけたのではなかったかと思う。わたしは京大の卒業生でないから、どちらでも好いと考えていたし、この組織企画に参加させてもらえなかったから、詳しいことは知らない。

全国的に呼びかけたと思うが、わたしは、愛知、滋賀に度々出かけたことがある。三重、大阪なども、よく会合がもたれたようである。島根では、その頃、毎年行われた文学部の旅行会の世話をしてもらったことが二度ある。こうした会合は戦後にもつづいていた。「京大倶楽部」といったために、名古屋大学で会合のあったとき、物理の坂田〔昌一〕さんも出席されたが、文学部関係者ばかりで、戸まどわれたこともあった。

逆に、山形へいったとき、医学部や法科の方々などで結成されていた「京大倶楽部」で歓待をうけたことがある。京大の教官は、めったに来ないということであった。これは「京大」の卒業生全体の同窓会であった。

以文会になって、純粋の同窓会的性格がはっきりしてきた。しかし厳密にいうと、同窓会としての性格が主であるならば、卒業生で教官である場合と、卒業生でなくて教官である場合とは区別される規定が必要だと思う。

以文会ができてから、京都と地方との関係が密接になってきた。この夏も秋田にいったら、秋田高校長の岡田さんから、いろいろご厚配をうけました。ここで深くお礼を申しのべます。

さて戦争は嫌なものだが、戦争のある度ごとに文明が進歩したことは皮肉な事実である。タタカイが「叩き合い」だとすれば、一対一の擲りあいが原始的な戦争であったと予想される。その効果を大きくするために戦う道具をつかい、人数を増すようになった。刀剣銃砲から原爆に及び、多人数を有効につかうために戦術の展開となり、ついに戦略となり総力戦にまでなった。

たえまのない戦争は次第に激しく大規模になってきているが、何しろ生命のかけられる争いだから、人間も考えざるをえない。歴史の方でも戦争を契機として、いろいろの反省が行われた。

例えばヘロドトスはペルシア戦争を契機として、ギリシア人の民族としての意識を高め、東西民族の衝突としてこの戦をとらえている。ツキジデスはペロポンネソス戦争の歴史をかいているが、これもギリシアの二大陣営の対立を書いて、人間の分析にいたった。

無名の師は敗ると中国人がいったように、戦争ともなると自分の方が正しいと理屈をつけるのは東西ともに変りはない。さきに侵入したのはパキスタンだとか、戦争をしかけたのはインドだとか、今も昔も同じです。

ツキジデスは、戦争の当事者はいずれも、自分の方が正義だと主張しているが、それは戦争の表向の口実にすぎない。ほんとうは、嫉妬とか憎悪とか恐怖とか、そういった人間の本性にねざしているのだというのです。ポリスも個人と同様に自己保存の醜い本能をもっていると考えたのです。

このように戦争によって人間は民族について考え、人間について考えるようになったが、近年になると、文明それ自身について考えるようになった。東西文明の対比から、西洋の文明批判が第一次戦争後に起ったが、第二次大戦では人類の文明そのものの危機が反省されてきたのである。けれども、人間は科学や機械文明の進歩に酔いつぶれて、さすがに人類だと讃嘆することはあるが、人類滅亡の種がわれわれの心に宿っていることを軽視するのです。

わたしは、さきに京大倶楽部の発足のさい、教授会で反対があったことをのべましたが、同窓の卒業生たる教授から反対の口火がきられました。それは一つの理論ではあったが、その底には論理以外の非合理なものが存在したように感じました。

元来、人間嫌いのわたしは、こんなことにも、人間をうとましく考えさせられたことでした。

シェクスピアの「人間嫌いタイモン」というのがあります。それはプルターク英雄伝のキモン伝であったか（調べるのが面倒なので、間違っていたらお許し下さい〔「アントニウス伝」であろう〕）、人間嫌いティモンの話があり、それをシェクスピアは粉本にしたのでしょう。

ティモンの人間嫌いには、一寸、ユモラスな匂いがある。死後も人がよりつかないように、墓場を孤島につくったとか、あるいは、近々自分の無花果（あるいはオリーブだったか）、それを全部切りたおすから、首をつりたい人は、切るまでに来なさいと広告したといわれています。なかなか皮肉な男です。

わたしの人間嫌いは、そんなユモラスなものではありません。他人のイヤーな心情が頭に来て、あいつはイヤーな奴だと思うだけでなく、自分の気持のなかにも、そうした、イヤーな心性のあることが、たまらなくなるのです。自己嫌悪から、人間である自分がいやになるのです。これがわたしの人間嫌いの本性です。

わたしはツキジデスが好きです。それは立派な実証的方法をうちたてたことにもよるのであるが、それよりも、人間というものが、どんなに醜悪なものであるかを、ズバリといい出しているところに心をひかれるからです。それでいて人間嫌いになるかというと、ツキジデスはそうではない。将軍として失脚しながら、不遇の地位にありながら、限りない愛着を祖国にそそいでいるのです。人間にはそういう一面もあるのです。

自己嫌悪を催おすような醜悪な人間も、あけてもくれても憎み怒っているのではありません。案外、すなおで、純真な半面ももっているのです。事によると、純真な面が強いのかもしれません。純真であるだけに、醜悪な面がひとしお、気にかかるのでしょう。正直者ほど人間嫌いなのかもしれません。

ツキジデスは、戦争のまっただなかで、戦をみつめて、人間の非合理な性格のうちに争いの原因をとらえたのです。しかし、恩讐をこえて祖国愛を内に秘めていましたけれども、どうしてそうなりうるかを示しませんでした。

その点で悲劇詩人は自分の考えを率直にうち出しました。「王がきめた国境などに、何の意味があるか」といい、「人間が此の世に生れたのは、お互いに憎みあうためではない。愛しあうためだ」とアンチゴネに言わせています。

詩人はもちろん人間の非合理な性格をよくつかんでいる。むしろ、それが劇作家たちのもたねばならぬ性格であるともいえましょう。

歴史はそうした人間の作り出した足跡なんだから、出来事のあれこれを扱うだけでは不十分なのであり、出来事の底に流れる人間の姿をつかみとることが、詩人のようにビビッドにつかみとることが必要条件といえましょう。将来の文明をどんな方向にむけなければならないかも、歴史家のもつべき大切な役割でしょう。人間嫌いでは、とても歴史は眺められません。

悲劇詩人はいいました。永い幾多の艱難をのりこえた老人は、「凡てをよし」とみることができるようになったと。これは諦観の境地でしょう。

ツキジデスが人間の醜悪な面を理解しながら、祖国愛にみちた立派な歴史をかきあげたのは、こうした諦観の域に達したからでしょう。

「千載の恩讐二つながら存せず」と誰かの詩にありましたが、人間嫌いのわたしも、「凡てをよし」とする諦観の生活に入りたいと望んでいます。

（『以文』第一〇号／一九六五年一二月）

一つの記録

宮崎市定

昭和三十四年の秋、これまで教授の定年が満六十三歳の誕生日当日であったのを改めて、その学年末まで延ばそうという議案が、はじめて評議会にかけられた。ところが賛成派の一評議員が欠席したため、予想に反してそれが否決になったということだった。その結果、教養部長の井上吉之教授が従来の制度に従って十一月二十日付で退官され、思いがけなく私が替って教養部長に任命された。

するとこの直後、私はアメリカのハーバード大学から客員教授にやってこないかという交渉を受けた。教養部長の任期は二年だから三十六年十一月までであるが、向うは三十五年の十月から来いという。私は教養部長というものは全く柄でなく、その上、精神的にも物理的にも重荷に感じていた時ではあったが、折角選ばれた以上は任期いっぱいやってみたかった。そこで総長の平沢〔興〕さん（と呼ばして貰う）が丁度渡米前であったので、その方からも口添えをお願いし、ハーバードからの招待を一年のばして貰うように交渉した。ところがやっとその同意を取付けたすぐあと、今度はパリ大学のバラジ、ジェルネ両教授から、同じように昭和三十五年十一月から一年間、客員教授によぶことに定めたぞ、という手紙を受取った。バラジ教授とは前年来日されて以来旧知の間柄であり、私を招待するについては随分と蔭で努力されたらしく、その好意は今だに忘れることができない。（教授は惜しくも其後、昭和三十八年十一月、心臓病で急逝された。）

私は大へん困って、再び総長室へ相談に行った。平沢さんは、もし期間が三個月位ですむならば部長代理をおくことで済まされるから、そんな条件で行ってきてはどうかと提案され、私もその気になってフランスへ手紙を書いたのであった。

その夏、私は日本学術会議から派遣され、ストックホルムの国際歴史学会議第十一回大会に出席し、そこでバラジ教授と再会した。教授は、三個月ぐらいでは物足りない、部長などは人に代って貰えばいいではないか、と甚だ不満な様子であった。私はこの会議のあと、帰りがけにパリへも立寄ったが、二十数年前の留学時代の思い出も新たに、この古都のもつ魅力を今更ながら強く感じさせられたのであった。

私はこの短期出張の間、教養部長代理を木村作治郎教授にお頼みしておいたのであるが、帰ってみると、休暇中のこととはいえ、なみなみならぬ面倒をおかけしていたことが分った。どうもこの上さらに長期の代理を、とは到底お願いできない。パリ行きをあきらめるか、あるいは教養部長の方をやめさせて貰うか、二つに一つよりないと考えざるを得なくなった。無論本心はパリへ行きたかったのである。そこで三たび総長室へ相談をもちかけに行った。

するとと平沢さんは頗る気前よく、「それはパリへ行きなさい。こちらからはパリ大学へ留学にはよく行くが、教えに行くのははじめてだ。これからはしかしどんどん行って貰わねばならぬがその先陣だ。あなた一人のことではない。日本の学界のためだ。もっと大きくいえば世界のためだ」と、かえってこちらがハッパをかけられた恰好になり、面喰って引き下がった。そのとき「教養部長のことは心配はいらぬ。あんなことは誰でもできます」と、ちょうどバラジ教授が言ったようなことを付け加えられた。

確かに教養部長には私などより、ずっと適任者がいくらもあることは、私自身が一番よく知っている。ただこの選任にはずい分面倒な手続きをふまなければならぬので、間違ってでもあれ、一度定まったものに途中でやめられるのは、総長として迷惑千万なことであったに違いない。こういう際、日本の学校というところは、えてして本物の官僚以上に形式的な大義名分論をふりかざしたがる空気の強いものだが、平沢さんは流石に純粋な学者である。平心に考えればパリ大学は何といってもヨーロッパ学界での重鎮、そこから招かれて、ことわる手はないのである。私が心の中で思っても口に出しかねていたことを、平沢さんはずばりとおっしゃった。私が平沢さんを総長としてよりも、学者として、より多く尊敬しているのは正にこの点である。ただし平沢さんが総長である間は、教養部長問題の微妙な折から、私は少しでも誤解が及んでは困ると思って、この話は誰にも一切口外しなかった。そしてなるべく目立たないように京都を出発した。しかし今はもう時効にかかっていることだし、また総長決裁は記録に残す価値ある話だと思って書き記すのである。

家族と共に、パリ第十六区のアパートに落付いたとき、なんだかはじめて国士をもって待遇されたような気がした。それだけに今度は日本へ帰ってきてから暫くの間、一種の違和感に悩まされた。この違和感は次にアメリカから帰ってきた時も同様であった。私は日本のどこかに、また大学の内部にも、すでに世界に共通な常識になっているもので、まだ欠けているものがあるのではないか、というような気がしてならない。

（『以文』第一〇号／一九六五年一二月）

史学科陳列館時代の終り

前川　貞次郎

昭和四〇年は文学部史学科の歴史の上で、一つの時期を画する年となるかもしれない。三九年春の文学部東館の増築の完成によって、考古学関係を除く史学科の教官室、研究室、教室、書庫などが、永年住みなれた陳列館からこの新館に移転したからである。良きにつけ悪しきにつけ一カ所にまとまっていた史学科が、新館の各階に分散したことは、いままでの史学科の「在り方」とは異なった性格をもつようになるであろう。

史学科の授業が開始されたのは明治四〇年（一九〇七）九月であるが、陳列館の新築第一期工事が完成して全史学科研究室がここに移転したのは、大正三年（一九一四）四月である。昭和十年に公刊された『京都帝国大学文学部三十周年史』によると、この陳列館が新築されたのは、旧来の建物では「年々増加する図書、研究資料をおくに狭隘なるを免れず、就中史学科に属する各教室に於てはその蒐集せる標本や史料が逐年激増の勢にあり、それらには天下唯一の貴重資料やまたながく旧家に伝えられた秘蔵品も多かったので、木造研究室では万一の火災等も気遣われたところから」（五二頁）耐火建築の新築が要望されたためである。七万四千円の予算で建てられたこの煉瓦造りの陳列館（現在の建物の南半部）は、「設備の点に於て旧木造研究室に比し格段の相異があったのみならず、その建物の善美を尽せること当時学内第一の称があった」（五三頁）として、上掲『三十周年史』は、次のような一文を引用している。

「文科大学史学科陳列館兼研究室なる一大建築物は……流石に完備至らざるなく、貴賓室あり、教官室あり、陳列室あり、研究室あり、講義室あり、閲覧室及び之に附属せる広大なる書庫あり、果ては地下写真暗室の設備さへありて最上層より最下層に至る実に四階、その結構の壮大にして而も設備精緻に、加ふるに館内上下四壁輝かんばかりの美観人をして驚歎賞美禁ずる能はざらしむ」（五三～五四頁）

今日、陳列館に入ってみて、廃屋の感にうたれるわれわれには、『三十周年史』の筆者以上に「今昔の感に堪えない」ものがあり、史学科陳列館時代は終ったという実感が身にしみる。陳列館自体が、いまや考古学研究室の対象、陳列品化し、まさに「学内第一」の陳列品として保存すべき文化財となったといえよう。

ともかく、こうして新築された陳列館は、大正十二年（一九二三）に第二期工事、同十四年（一九二五）に第三期工事、昭和四年（一九二九）に第四期工事が完了して現在ある全館が完成した。その後昭和七年（一九三二）に、陳列館の北側にステンド・ガラスの入った木造平屋の教室が建てられたが、これは戦時中

（昭和十九年）に撤去された。陳列館内部の部屋割や壁の塗り直し（なにかの行事のときに通路が白く塗り直されたが、部屋の中までは及ばなかった）、中庭の整備など若干の変化はあったにしても、大正三年（一九一四）の新築いらい今日まで建物自体には大きな変化はなく、一九一四―一九六〇年の間は、史学科の陳列館時代ということができる。こんど史学科の大部分が移転してきた東館は、もと昭和十一年（一九三六）に、西側と北側の一部だけができた三階建鉄筋コンクリートの建物であるが、長い間未完成のままで放置され、ようやく一昨年（昭和三八年）から増築がはじまり、本年四月、四階建の建物として完成をみたものである。戦争を中にはさんだとはいえ、一つの建物の完成に三〇年近い年月を要したのは、京都大学の建築史上、あまり類をみないことだろう。

ところで、さきに引用した『三十周年史』の筆者は、陳列館の新設の意義をきわめて高く評価し、「わが文科大学が……新しき充実の時代として大正期を明治期より分つところのもの」（五二頁）と考え、「文科大学の発展にとって一の時期をなす出来事であったと謂える」（五七頁）と断定している。史学科の大部分が陳列館を去って新館に移転した本年のこの事実は、どのような歴史的意義をもつことになるだろうか。その評価をいま下すことはできないかもしれない。しかし、史学科の陳列館時代が終ったことだけは事実であり、この時代の卒業生にとっては、若き日の思い出の一コマをなしている陳列館が、廃屋化し、やがて近い将来改築されて、旧い姿を消し去ったとき、史学科陳列館時代の歴史的意義が、はっきりと浮びあがることになるであろう。古き良き時代として、懐しくのこるか、暗く陰気で冷やかな思い出としてのこるか、史学科陳列館時代の終りも、やはり文学部の発展の一つの時を画するもののようである。

（『以文』第一〇号／一九六五年一二月）

回想

小葉田　淳

「京大へ来てもらいたい」という原随園先生からの書信を、三鷹町の寄寓先で受取ったのは、昭和二三年八月下旬の頃であった。いささか驚きながら、早速吉祥寺の東京文理大学長務台理作博士の宅へ参り相談した。務台博士とは台北大学在職中から昵懇に願っていた。博士がいわれるには、いずれは君は母校京大へ帰り京大のためつくさねばならぬであろうが、文理大日本史教室の現状も見られるとおりである。いま少しく教室の前途の見極めがつくまで、去らないで欲しい、ということであった。このようなわけで実際に京大へ赴任したのはそれから一年余を経た翌二四年一一月のことで、しかも旧制大学の文理大が無くなる二八年三月まで文理大を併任した。このため国史研究室はもとより文学部に対して、計り知れぬ迷惑をかけることになり、いまあらためてお侘び申上げるしだいである。

この間に、京大文学部から倉石武四郎〔中国語学〕教授が東大へ転任されて、わたしに京都の家を提供するから、君の家と交換しようではないかという申し出があって、はなはだ恐縮したこともあった。わたしは台湾からの引揚者で、さる土建業者の義侠心から三鷹の手狭な自宅の一室を提供され、つづいてその令息の所沢の知人の家を娘が結婚し一家を持つまでという条件で借りることができたのである。

京大へ来て国史研究室のため、多くの為さねばならぬことがあることは、先輩同僚からも教えられたし、わたし自身も感じとったのであるが、消極的なわたしには、その日その日を追われる有様で格別のことも実現できずに終わったことは慚愧にたえない。

在職中の懐しくも感動のともなう思い出の一つは、昭和三四年秋に読史会創立五十年記念の数々の行事を営みえたことである。読史会が故三浦〔周行〕先生の指導で明治四三年暮に発足してから五十年を迎えたのである。第一回卒業生西田直二郎先生から最近の卒業生まで一一一編の論文を集めて「国史論集」二冊を刊行した。また、読史会五十年の歩みを顧み、それは同時に国史研究室の歴史ともいえるが、「回顧五十年」を編集した。例年のように史学研究会大会の一環として読史会大会を開催したが、特に記念大会として会場を二つに分け二六名の研究発表を行なったほか、一一月三日には京都の毎日新聞ホールで公開講演を開いた。しかし、わたしには以上の行事以上に忘れがたいのは、同じ三日に百万遍山内了蓮寺で物故会員の追悼会を営みえたことである。わたしは毎日ホールの講演が終わり直ちに駆けつけたのであるが、追悼会は卒業生でもある浄土宗善導寺法主江藤徴英師を導師として厳修され、多数の遺族が参列されて、その中には三浦・喜田〔貞吉〕両先生の遺族の方も見えた。物故会員には今次の大戦において戦没された方が少なくなかった。さらに附属図書館で図書館と共催で、貴重史料の特別展観を開き、また陳列館で古文書の特別展観と読史会回顧五十年史料展観を行なった。後者には約半世紀間の卒業論文なども展示し、物故会員の遺影・遺墨・遺著なども陳列されて、会員の家族遺族からも喜ばれた。

京大に勤めて二〇年近い歳月が流れた。歳月は過ぎ去ってみれば、実に早いものである。四四年一月一六日に学生部の建物が封鎖されてから学園は紛争の途を進んだ。わたしは、一月終りまでどうやら講義をすますことができたし、また退官記念の最終講義も急遽、場所を楽友会館へ変更してようやく行なうことができた。二月以来紛争はいよいよ激化して混乱のうちにわたしは京大を去った。親しい友人の中には、こんな時期に罷める君はむしろ幸いだなどといってくれる人もあったが、わたしは実に重苦しい気分であった。大学は新しい時代を迎えたようでもある。同僚の諸君が最も心労されているとき、わたしだけが逸脱してしまった感じであった。

退職後のこの一年余、わたしは月に二回ほど、少なくとも一回は必ず陳列館や国史研究室を訪れる。格別の用事があるわけでないが、つい足が向くのである。北門から構内に入ると、以前どおりわたしは京大とともにあるという気持になる。京大文学部が確乎としたあしどりでますます発展されるよう祈るしだいである。

（『以文』第一三号／一九七〇年一〇月）

思い出の一、二

井上智勇

一

私は昭和二年に史学科に入学し、四十五年三月で定年退官するまで、京大で過ごすこと満四十三年になる。今ふり返えると、第一次大戦後の不況時代から、昭和六年の満州事変を契機として発展した日本ファシズムの抬頭、日華事変から大東亜戦争、日本の敗戦、戦後の国家や大学の変革、激しい学生運動等、いわば日本の現代史の大きな波頭に翻弄された小舟にも似た私であった。今でも脳裡にあざやかに残る一・二の思い出を、筆にまかせて書いてみよう。

第一次世界大戦で、十六・七世紀以来ヨーロッパの政治的経済的勢力範囲にくりこまれていた南アジアや東南アジア、中国等が、ヨーロッパ経済との関係から切り離された。これらの地域はこうして日本の独占的市場となった。この情勢から日本経済は急激に膨張し、成金が毎日のように発生した。しかし一九一八年十一月に大戦が終わると、ヨーロッパ諸国は戦争の痛手をいやすとともに、かつての勢力範囲であった南方アジアへ再びじりじりと、その力をおしかえして来た。「安かろう悪かろう」といわれた日本製品は次第にその販路を失い、日本の内部では成金はたちまち変じて成貧となり、工場は倒産し、失業者は巷にあふれた。この混迷した社会を土壌として、マルキシズムの研究が、大学や高等学校の学生・生徒の中へ、しだいに根をおろしていった。このような情勢をみた政府は昭和二年二月、全国一斉に、いわゆる左翼学生の主だったものを学園から放逐した。いわゆる第一次学生事件である。私が京大に入学したのはこの事件の直後にあたっている。

京都の様子を知らない私は、とりあえず、寺町二条に雑貨商を営んでいた知人の家に下宿した。四月の初めの夕方、食後の散歩と、寺町を下って三条通りにでたが、毎日新聞社の支局の前に、「学生事件批判大演説会」という立て札をみいだした。何をいっているのか、と思って中へ入ってみた。高校時代、マルキシズム研究のグループに入っていた中学時代の同窓生H君が、左腕に赤の腕章をつけて会場内の整理にあたっていた。かれも昭和三年に追放されたが、残っていればいい学者になっていただろうと思う。それだけの頭の持ち主であったから。

会場は熱気をはらんでいた。演壇には制服の警官が左右二人づつ椅子に腰をおろし、場内あちこちには、制服私服の警官が見張っていた。どの弁士も一人として最後まで意見を発表し得た者はなかった。必ず途中で「中止」を命ぜられるからである。弁士の一人はいう「ここにいる警官諸君も、『君たちのいう通りだ』といいたいのだがそれがいえない。それは警察署長がいるからだ。しかし警察署長もほんとうは『君たちのいう通りだ』といいたいのだが、いえない。県知事がいるからだ。だが県知事も実は『君たちのいう通り』といいたいのだがいえない。内務大臣がいるからだ。いや内務大臣も『その通り』といいたいがいえない。それは……」ここで「中止」の命令がおりた。私はいろいろなことを考えながら外へ出た。

二

昭和八年の四月、いわゆる京大事件が起った。法学部は教官と学生とが一体となって反文部省の運動を起した。私の下宿にいたO君は三高出身で法学部三回生、高文の試験準備をしていたが、「井上さん、僕は今年は高文の受験をやめます。この運動は僕個人の問題以上の意味があると思うから」と私に語ったことがある。経済学部の学生は大会を開いて「謹んで授業を辞退する」と声明してストライキに入った。文学部の学生も高代会議（高等学校代表者会議）を連日開いて、授業を事実上拒否して、法学部支持の運動をつづけた。

五月ごろであったか、美学の大学院生の中井正一君が、法学部助教授の小早川欣吾氏を伴って陳列館にやって来、たまたまいた私をつかまえて「法学部助教授の方が文学部の大学院の応援を求めて来られた。が大学院学生は何といっても史学科が多いのだから、史学科の大学院の学生に話してみる必要があるといって、おつれした」という。私一人では困るといって、たしか東洋史の助手をしていた内田吟風君だったと記憶するが、二人で楽友会館へ行き、小早川助教授から法学部を応援してほしい旨を申し込まれた。しかし私たちは史学科大学院学生の代表ではないので、史学科大学院大会を開いた上で返事しましょう、といって別れ、陳列館に帰って翌日の大会開催のビラを作った。翌日陳列館の第二教室で大会を開き、私は古参大学院学生の故で議長に選ばれた。いろいろ論じたあげく、法学部支持を決定し、その声明文を作成し発表した。このときの大会をリードした諸君は松井武敏君（現名古屋大学教授）西井克巳君（現金沢大学教授）前田一良君（現橘女子大学教授）の三君であり、書記は時野谷勝君（現大阪大学教授）であった。

当時文学部の教授会がどのような態度をとっていたのか今だにわからない。七十年史編集のとき何とかしらべたいと思って、重澤教授に高知の小島先生宅まで行ってもらったが、結局明らかにすることができなかった。ただ学生は授業停止を望んだが教授会はそれを認めず、両者の間に険悪な空気が流れていたことは確かだった。われわれ大学院の学生は、その中間的な地位にあることを自覚して両者の仲介的な役割を演じるべきである、と大会できめられた。私は当時西洋史主任教授を兼ねていられた考古学の濱田耕作先生を研究室に訪ね、史学科大学院学生大会の模様を報告し、法学部支持の運動をやることの了解を求めた。先生はずりおちた眼鏡の上から私をみつめ、「そんなことをしても、あかんぞ」と一ことといわれただけであった。

京大事件は濱田先生の予言通り敗北に終った。滝川教授免官の電報がとどいたとき、最後の学生大会が法経第一教室で開かれた。暑い夏の西陽がさし込む中で千名以上の学生が集まった。やがて法学部長宮本英雄教授を先頭に法学部全教官があらわれ、法学部全教官の辞表を手にした宮本部長の最後の挨拶が行われた。宮本部長が演壇に立つと、大体の情勢を知っていた学生はせき一つせず宮本部長の声を待った。「今日までわれわれはノートを通して諸君を教育して来た。しかし本日は最後の授業であるが、それはノートを通した授業ではなしに、われわれの行動をもって行うものである」。日夜をわかたず整然たる運動をつづけて来た学生の中には声をだして泣くものが少くなかった。あの西陽の中の光景と宮本部長の挨拶は、今なお忘れがたい印象として残っている。思えば日本ファシズム抬頭期における弱いインテリゲンチァの結果的にはみじめな最後の抵抗であった。

戦時中や戦後の変化の中で体験したことも忘れがたいが、またの機会にゆずりたいと思う。

（『以文』第一三号／一九七〇年一〇月）

回想

織田武雄

「以文」の編集の方から、京大在任中の何か「回想」を求められたのであるが、二〇年あまりの間、京大地理学教室のために、多くの為すべきことも怠って、その日その日を過してきた私には、人に語るほどの格別な想い出もない。それでも、終戦の翌年から、私が京大文学部にはじめて非常勤講師として勤めたころは、終戦後の混乱期を迎え、物資の欠乏していたときだったので、私にとっては、やはり忘れ難いものがある。

一、卒業論文

昭和二一年の二月に宮崎市定先生からお手紙を戴いたが、今学年前期に戦後最初の卒業生を送り出すことになったので、ついては卒業論文作成のための地理実習を持ってもらいたいということであった。私は戦後、交通事情の悪化もあって、それまで勤務していた関西学院高商から立命館大学に転任したところで、授業時間も多く、それに自信もなかったが、実習ならばなんとかやれそうなので、先生のお言葉に従って地理実習を担当することになった。

ところが、卒業論文の提出が終ると、宮崎先生から論文の口頭試問にも立合うようにと承った。非常勤講師として試問に加わることさえ異例なことであり、また私自身それを果し得るか心もとなかったのであるが、教室の再出発の一助にもなればという気持もあって、結局お引受けすることにした。

学生諸君の多くは学業なかばで応召になり、専攻の地理の授業も殆んど受けていない上に、卒論作成の期間も少なかったので、私は必ずしも高い水準の論文を期待していたわけではなかったが、読んで行くうちに、論旨のとくにすぐれたものがあった。しかし一読してみると、何か以前読んだことのある論文と似ている気がしたので、念のためこの論文と比較してみると、一字一句に至るまで同じであった。参考文献の入手も困難なときであったから、卒論に孫引が多くても已むを得ないことではあったが、全くの剽窃は敗戦の後とはいえ、黙認し難いことに思われた。そこで私は、この学生を呼び出して論文の撤回を求めるとともに、当時は半年毎の繰上げ卒業であったので、簡単なものでよいから、ともかく自分の手で書き上げて六カ月後に再提出して、堂々と卒業することを勧めた。しかし彼は友人とズルチンか何か闇ブローカーで大きな収入を得ていて、生活も荒んでいたのか、私の言葉など一笑に付して、さっさと退学してしまった。この学生が誰であったか、学生名簿から早く名前も消えてしまったが、あのときもう少し話し合うべきではなかったかと、何となく悔まれるのである。

二、教室旅行

卒業論文の試問もすみ、今年の三月に亡くなられた吉田敬市氏が長崎から無人であった研究室に助手として赴任され、外地に応召になっていた学生諸君も帰還してきて、地理学教室も今までにない学生数となったので、見学と親睦を兼ねて、教室旅行を復活することにした。といっても、米はすべて持参しなければならなかったし、少し多人数ならば宿屋を確保することもできなかったから、教室旅行とは名のみで、私の学生時代や、今のように、東北とか九州とかへ、一週間以上も旅行することなどは考えも及ばなかった。

しかし幸い吉田さんが『近江八幡町史』をかつて編纂された縁故もあって、近江八幡に宿屋がとれたので、宮崎先生も参加され、吉田さんの案内で、近江八幡の町割や江戸時代の水道などを見学して一泊、翌日は長命寺や安土城址を訪れた。まるで小学校の遠足のようなものであったが、往復の汽車以外は、もちろんバスもなく、空腹をかかえながら、すべて徒歩であった。しかし戦時中の行軍や演習のことを考えれば、自由で楽しかった。それに、この旅行では意外な収穫があった。近江八幡付近は江州米の本場であったが、闇米商人の縄張りであり、私たちの乏しい資力では、とても闇米を買うまでには至らなかった。しかし、ちょうど豌豆の収穫期で、これなら私たちでも購入することができたので、財布の底をはたいて豆を買い入れた。翌朝、見学に出発する前に、宿屋の縁側で、皆んなで豌豆の莢むきに従事し、持参した米の袋や風呂敷に豆をつめ込んで帰ったが、思いがけない土産に家や下宿で喜ばれ、翌日は豆ご飯で、久振りに満腹できたことは、これまでの教室旅行のうちでも忘れがたい想い出の一つである。

（『以文』第一四号／一九七一年一〇月）

陳列館追想

赤松　俊秀

昭和三年に史学科に入学してから今年の三月に定年で退官するまでの四十三年間、わたくしは陳列館でその多くを過してきた。学部・大学院の学生時代と、昭和二十六年以来の教官時代は、当然のことであるが、京都府庁専任職員の十五年間も、嘱託・講師を命ぜられたこともあって、よく出入した。昭和四十年に東館増築が完成し、史学科は研究室・書庫ともに移転したが、国史は古文書室と陳列室をそのままに陳列館に残したので、わたくしは陳列館にいることが多かった。一昨年の春から秋にかけての紛争で本館・東館は封鎖されたが、わたくしは陳列館に教官室を持っていたために、封鎖中も登学することが多かった。その間に体験したこともあるが、その思い出は別の機会に譲り、主として学生時代の陳列館に関するものを思い出すままにくりひろげることにする。

わたくしらが入学した当時の陳列館は、北部の鉄筋コンクリート部分の増築部分がなく、考古学陳列室などは南方の一階左右両室に設けられていた。まもなく増築が行なわれたのであるが、国史関係の研究室・教官室・陳列室は、それによって影響はなかったようにおぼえている。当時で目だったのは禁煙が厳重に励行されたことで、教室内は絶対禁煙、喫煙は廊下の片隅に置かれていた火鉢で行なうことになっていた。わたくしは煙草をのまないので問題はなかったが、ほかの諸君はそういかなかったらしい。ある日講師の喜田貞吉先生が講壇に登られると、やにわに煙がたちこめていると注意され、みながぎょっとすると、先生は手提袋から煙草を出され、それを飲み飲み、滔々と講義を始められ、文字どおりにわれわれを煙に巻かれたことがあった。昭和三年のことである。あとからうかがった話であるが、国史研究室創設者の内田銀蔵先生が喫煙をきらわれ、教官室内の喫煙も禁止された。陳列館名物の地下室は、この禁煙のために繁昌した、とのことである。三浦周行・西田直二郎両先生も喫煙されなかった。西田先生が研究室や教室内での喫煙をきらわれたのは、先生のお話によると、お若いときの大阪の大学病院火事の原因が煙草の火であったことに基づいていたようである。木造二階建の床の裂け目に入った煙草の火があの大火をひき起した、というのである。

国史で厳重に禁止されたのは教室・研究室内の喫煙だけではなく、古文書の影写本や陳列棚が置かれていた古文書室に入るときには靴を脱ぎ用意の草履をはかなければならなかったことである。東洋史以下の研究室でそのようなことが行なわれた、とは聞いていない。国史でそれが厳重に行なわれたのは、古文書室が三浦先生の教官室を兼ねており、先生は京大にお出でになる前に奉職されていた東大の史料編纂掛での習慣を守られて、登学すると脱靴、スリッパとおはきかえになったためである。したがって先生の教官室に入るときは必ず靴を脱がなければならず、それが古文書室への学生の自由な出入を妨げていたことは否定できない。わたくしらの同期で、学部学生時代に古文書室で影写本を閲覧して勉強したのは清水三男君だけといってもよいのではないか、と思っている。わたくしなども脱靴を苦にした一人で、学部学生時代に古文書室で影写本を勉強した記憶は、ほとんどない。

そのような国史研究室の雰囲気が徐々にであるが決定的に変化したのは、わたくしが卒業するとまもなく定年で退官された三浦先生が入院三ケ月でなくなられる、という思いも寄らぬことが生じたことが転機であった。先生は厳格そのものと申してよいご性格であって、退官記念事業をお断りになったが、逆に先生自身がまず大金をお出しになって、国史研究室所属の読史会の研究基金を作られた。退官の当日、最後の演習をして古文書室にひきあげて行かれた。翌日に京大病院に入院された。文字どおり先生最後のご登学であった。そのときに副手をしていたわたくしは、今でも四十年前の先生をありありと思い浮べることができる。古文書室の内部はすっかり変わったが、天井のみは昔そのままに残っている。

さて三浦先生がおなくなりになったことがきっかけとなって、研究室の雰囲気が変わったというのは、先生ご在職当時、教官室兼用の古文書室に置かれていた古文書の影写本を古文書室外に持ち出し、隣りの国史研究室の東半分を影写本の棚で仕切り、机・椅子を置いて、古文書影写本を自由に閲覧するように改めたのと密接に関係がある。それによって古文書の研究が次第に盛んになったことはいうまでもない。閲覧室出入の扉は研究室のとは別であり、影写本の閲覧を世話するのは、図書室係員でも研究室助手でもなく、大学院学生のうちから任期一年または二年で任命される副手である。この措置を決定されたのは西田先生であった。わたくしは同期卒業で同じく副手となった故吉田三郎君といっしょに古文書閲覧室の最初の世話役を勤めた。当時このような設備がほかにあったかどうかは、はっきり知らない。考古学・地理学では、北部の部分に移ったときに研究室内に関係図書が一括書庫から移置されていたようである。古文書閲覧室の創設は、それにならったのかもしれない。しかし大学院・学部学生の研究の場として、この閲覧室が果した役割は大きい。清水三男君の業績がまとめられたのも主としてこの室であったし、わたくしより二年あとの田井啓吾君の精緻な研究も同じくここで仕上げられたのである。今ではほとんどの専攻に設けられている「研究室」の源流は、この古文書閲覧室でなかったろうか、と思っている。

教官としてわたくしが二十年近く坐り続けた場所は、四十年前にも古文書閲覧室の世話係として腰かけていたところと同じである。そこにいま坐って眼をつぶると、過去のことが走馬燈のように浮び上がってくる。測り知れないほど多くの恩恵を受けたことを思い、将来学問研究の場所のあるべき姿を考えると、感慨無量なものがある。

（『以文』第一四号／一九七一年一〇月）

開館当初の文科大学陳列館の思い出

梅原末治

現在の高大な各科の建築物が並び立つ大学の本部構内では、文学部の博物館などは見る影もない存在である。しかしこの文科大学の陳列館は、当時の菊池大麓総長の特別な配慮で——そしてそれは京都大学創設の当初にまで遡るということであるが——、なお松並木の間の木造建築ばかりの中に最初に建設されたものである。その開館は、大正三年七月一日のことであった。そして私が文科大学の雇いとなったのも、実はその日のことであったのである。

南河内の片田舎の七男で、歩く他に運動神経のほとんど欠けた至って虚弱な生れで、母違いの若い長兄宗作の下で、その同年の四月にやっと、番外で同志社普通学校を卒業したのである。たまたま明治四十三年八月開催の日本歴史地理学会の山口県長府の「海の歴史」主題の隔地の講演会に出席した。そこで歴史に興味を覚え、壇の浦見学の小舟で偶然会の主幹の喜田貞吉博士にも面識を得た。博士は翌年の南北朝正閏問題で文部編修官をやめて、京都の文科大学に講師として古代史の講義の為に入洛されることになった。他方、京都大学に史学科の開設と同時に師範学校の増沢長吉氏の骨折りでできていた史学研究会の書記で考古学に熱心な若い岩井甕南氏が、当時掘り出された東山将軍塚の年代のことで博士と論戦していたので、自然に親しくなり、同志社に会の支部を作ることをすすめられ、また山城・大和の遺跡の調査にも随従することになった。そんな関係で、四十四年二月十一日のことであるが、前年の敦煌出土品等の調査に中国に出掛けられた狩野〔直喜、支那文学〕・内藤〔湖南、東洋史〕・小川〔琢治、地理〕・富岡〔謙蔵、東洋史〕・濱田諸先生の将来品の展観と東京の滝博士も加わられた講演会が京都大学文学部で開催されたのに出席した。それからわからずながらも毎会出席したことである。

あたかもこの年に郷里の西の羽曳野山で横口式の珍らしい石棺が見出された。それが機縁となって博士のすすめで郷里の関係遺跡を見て廻ることになり、博士と岩井氏とが調査せられ、東京で宣伝せられた。ところが四十五年の三月に、郷里に近い小山の城山の大きな前方後円墳が偶然発掘され、日本一の大きな長持形石棺が見出された。坪井正五郎博士が東京からわざわざ出張され大騒ぎになり、私も春休みのことで早速出掛けて、喜田博士をはじめいろんな方を案内した。

その結果でもあろう。この年はじめて奈良県に史蹟保存の為の調査会が設けられ、関野貞博士・高橋健自の両先生はじめ、水木要太郎・佐藤小吉・天沼俊一等の諸委員に、別に京都大学の文科大学ができた際、後の羽田〔亨、東洋史〕・野上両博士とともに最初の大学院学生となって将来考古学へと志向、当時関野博士とともに朝鮮半島の古蹟調査に従事されていた若い谷井済一氏も加わって、河内の諸遺跡を案内して呉れるようにとの懇書が郷里に届いたので、七月廿七日の早朝関西線の柏原駅に出迎えて津堂の城山を振り出しに遺跡巡りの案内をした。

そしてここではじめて、考古学の遺物をどう見るか、また遺跡をどう測って図を描くかの実際を、高橋・関野の両先生等から一々教えられたのであった。ところが四日目の朝、明治大帝の崩御で中断されたが、八月になると郷里の和歌山で諒闇を過されていた谷井氏から招かれ、二週間に亙って、今度は同地の有名な岩橋千塚とその出土品について懇切な指導に浴した。ここで私は、そのうち開設せられる筈の京都大学の考古学への途に進むことを決意した。そして健康のことや、当時既にあった無試験入学のことなど考えて、翌年の七月に鹿児島の七高への入学を思い定めたのであった。

ところがやっと卒業した頃には、明治大帝の山陵が古制にのっとって桃山に営造されていたので、古代の山陵への世間の関心が高まった。歴史地理学会では早速喜田博士の山陵めぐりの企画となった。その案内記として昔の名所図会式のものを出すことにきまり、絵が書けるというので、当時無職の岩井甕南氏がそのことに当り、私に博士から介添として同行の指命があり、卒業と同時に洛北の大原野を振り出しに近畿所在の御陵墓巡りに一ケ月を費した。五月末に郷里で徴兵検査を受けたが、不具者と同様な丁種不合格で、試験官から高等学校の入学などとても思いもよらないとの話で全く落胆した。

この際長兄の心くばりと、喜田博士からは御陵めぐりの始末もあるし、自分の宅で宿泊してよいから東京に来るようにとの話で、はじめて東京に出掛けた。ここで高橋・谷井の両氏から帝室博物館の夥しい考古学の遺品を見ることができ、当時大学の山上御殿で開かれていた諸会合にも伴われて出席、谷井氏からは関係の書籍など与えられて志業をつづけるように激励せられた上、濱田博士の外遊中、京大の考古学の処理を受持っていられる考古学に詳しい今西龍先生〔東洋史〕の許に出掛けるように取計っていただいた。よって早速下宿住いの先生の許に出掛けて、たまたま北白川乗願寺の墓地の拡張工事で見出された古陶窯の実地調査にお伴した。

その夏は奈良で開かれた歴史地理学会の奈良時代史の講演会に会の幹部のような役目で出京したが、その後は山城から摂津の遺跡巡りを同好の弱い一中出の田坂謙一君と二人で歩き廻って日を過した。ところが当時明治の末年に大和の都介野でたまたま見出された小治田安磨呂の墓誌を陳列館の資料として購入したことが、地下の埋蔵品公収の法律にふれるというので問題となっていたことから、その拓本をつくる為に学校に出掛けることになって、小川・内藤先生に近づいた。翌年の始めに洛北の高野のおかいらの森が平安京の瓦を焼いた小野の窯址であることや、古く慶長十八年に同じ高野で有名な小野毛人の墓誌が見出されて近くの宝幢寺に保存されていたのが明治の中頃に盗難にかかり幸いにもとに戻ったが、再難をおそれて本来の塚に埋め戻したということを聞き出してきた。二月にこの墓誌を再掘することになり、小川・今西両先生はじめ学生達も加わってその塚の発掘となった。幸にも石室がもとのままで、その中から墓誌が出てきて、内藤先生の特別の計らいで京都大学に保管することになったし、別に史学研究会がこの頃では京大史学科の会になって、今西先生の許で岩井氏に代ってその書記になっていたことなどで、手拓などの外、ほとんど毎日大学へ出入することになった。

ところが大学の規定上新館に何の関係もないものがこのように自由に出入することはよくない。さればとて、選科の試験など受けられそうにもないので、諸先生の好意で新たな陳列館もできたことでもあるのを機会に、例のない無給雇いとして学校の雑事を手伝うて勉学する便宜を与えられることになった。そして考古学の助手としては、前々から高等工芸在学中の能勢丑三氏が博士の留学出発の際に卒業したら助手にとのことであった。しかしさて卒業すると同君はじめ、後に大学の仕事で九州の壁画の模写に尽力した池上年君などみな他に就職して、島田貞彦君一人がのこっていた。同家の祖先は円山応挙の弟子で、代々宮中の絵所につとめていたので、私と同時に考古学の助手に任官したのであった。

私事のまえ書が大変ながくなったが、さて完成した陳列館は、現在すでに三分の二もでき上った隣の綜合図書館とは較べるべくもない二階建で、小川琢治先生がその主任であった。正面の玄関を入った左右は日本と西洋の陳列室、東南の大きい室が中国関係の陳列室、その北に同じく広い標本室を兼ねた主任の小川教授の地理学研究室があり、また反対の西側の西北室には東洋史の諸教授の室につづく北に一部三階になった史学科関係の書庫があって、三階は各部の貴重資料の保蔵室になっている。西の出入口の北の大きな室が美学研究室と考古学教室とに区別され、後者はまだ講座もないので室が小さい。二階ではこの室の上に大きい講義室、書庫につづく西南隅の大きい室は学生、大学院学生達の閲覧兼研学室で、書物出納の係の他に監督兼指導役として西洋史出身の植村清之助氏が常勤。次の階段の左が、原〔勝郎〕・坂口両教授の西洋史の部屋、左が内田博士の国史の室。この室では助手の他に先生の特別な計らいでもあろうか特に喜田講師の席がある。次が古文書類の保管室を兼ねての三浦周行先生の部屋。その北が貴賓室で、防火扉が設けられてある。なおこの外に西の出入口の地下には洋式の便所と学生職員の倉庫や茶をのむなどの畳敷の部屋と、陳列館でただ一ケ所の火床があって、喫煙はここですることになっていた。午後の八時になるとその火を消し、洛北岩倉の小使いが各室を巡視して事なきを確め、九時に外から鍵をかけ無人にして翌朝の八時までに開館することが規定とされていた。

しかし当時の大学では、単に学問は物を覚えるものではないという一部先生の識見で本科に入学の許されていた高等師範の出身者に、史学科では風当りが強い。各科の本科生は二人、選科生や大学院学生を加えても実は教授諸先生の方が多いという有様で、届出て出入を許された他科の学生達を加えても人数は限られていた。開館は午前八時から夜の八時過ぎまで而も夕は暖房の設備もあるから、多くの諸教授は毎日陳列館の自室で研究せられる。原教授のごときは時々各室を廻って研学を巡視して八時までも居られた。今では思いもよらない攻学のよい場所であったのである。

既に暑中休暇であったが、私はその日から早速教室に出掛けた。前から顔見知りの植田さんが文学部の機関雑誌の『芸文』の編纂に当っていられたし、諸先生もご出勤なので、今西先生の許でもとの地理学教室から搬入せられた日本出土品の陳列の手伝いや標本台帳の作製の手伝いをし、また、内藤先生の配慮で八月初のその前年からはじまった文科大学の夏期講座の「漢文研究法」を聴講して、始めて尨大な中国の古典籍に接し、そこで富岡先生の知遇をも得た。

ところで考古学の方では、明治の末年に、宮崎県の知事に就任の有吉忠一氏が、皇祖発祥の聖地である史蹟顕彰の為に同地の古墳墓の学術発掘を企図して、もとの同窓の東大の黒板・京大の坂口両博士其他の方々と協議の上、面倒な宮内省の諒解をもとりつけた。昭和元年冬から翌年一月に亙って、東西大学の諸学者に宮内省の係官も加わった児湯郡西都原古墳群の学術発掘が始めて行なわれ、大きな成果をあげた。その調査を継続する為に、特に県営で研究所が建設され、それがよくでき上ったというので、開所式とともに発掘調査が再開された。陳列館主任の小川博士の許で今西博士を主に、以前から小川博士が大分、臼杵その他の北九州の古石仏に興味を持たれているので、その調査をも併せた当時として大がかりな調査隊が編成された。そして学生でも興味のあるものは参加してもよいというので、国史の二回生の神浦万十郎君が郷里の長崎から参加、私ももちろん参加、地理の内田・考古学の島田氏等もまた参加した。ところで当時県庁のある宮崎町へ行くのには汽車ではまる三昼夜かかった。今西先生にお伴しての私は、海路神戸から二日がかりの船旅で日向の細島に上陸する行程によったが、折からの台風で佐伯港に一昼夜仮泊、翌日乗継ぎの馬車で、やっと四日目の夜、その十日程前に始めて開通した県営の軽鉄で大水の妻町にようやく辿り着き、翌日研究所入りをした。そして研究者の宿泊設備は固より、滞在して研究する為の設備の完備していたのには驚いた。小川先生の一行が到着され、有吉知事も臨席しての開所式が盛大に行なわれて、いよいよ明日から発掘調査というその夕刻に、小川博士の母堂が亡くなったとの電報が届いた。先生はもとより地理関係の人等がみな宮崎から急に引き上げたのに、島田助手は到着せず、研究所在宿舎の者はたちまち今西博士と神浦と梅原の三人になってしまった。

第一回の発掘調査の際、一本松塚はじめ重要な遺跡発掘の経験者である今西博士は、これでは固より大きな遺跡の発掘などできないというので、台地の各地にある小円墳の四、五を撰定の上調査したが、どれも封土の表面近くに素焼の土器片が散在するのみで、一向目立つ副葬品とてはなかった。そこで博士は新たに西都原ばかりでなく附近の古墳群の一般調査の要を知事に進言された。梅原・神浦の二人は引続き研究所に滞在して調査に当る為に、それから二週間毎日弁当持ちで、小丸川流域を主とした児湯郡各地一帯を地図をたよりに見て廻った。到る処に大きな古墳があって、殊に高鍋町に近い西別府や持田における堂々たる古墳群、茶臼原の古墳などの多いのにはよろこんだ。それが有吉知事の満足を買うて私には特に金壱封を贈って、帰りに他の遺跡を見学せよとのことに、今西先生とわかれて宮崎町から馬車で一日がかりで小林町に出て、当時熊本市の西方で新たに見出された千金甲の装飾古墳や、山口県の石城山で新たに見出されて喜田博士と東大の白鳥博士との間に当時その性質についてはげしい論戦の行なわれていた筑後高良山の神籠石の列石の全体を巡りなどした。

新学期は九月のことである。大谷光瑞師の命で長い間中央亜細亜の探険をしていた橘瑞超師が、迎えに行った吉川小一郎氏と一緒に沢山な蒐集品を持って神戸に近い大谷家の二楽荘に帰着した。ところでこの探険については京都大学の諸先生が主になって、国華社から『西域考古図譜』の編修が進められていたので、新資料として早速東京からは絵画の滝精一博士が西下されたが、京大では羽田・濱田両博士が在外中の上に助手役の植田さんが多忙の為に、内藤先生が主になってそのことに当られた。私は拓本がとれるというので手伝として二楽荘に通うこととなったが、夥しい雑多な将来品類を手早く処理して拓本をとるものなど指定された先生には、実に敬服した。そして大谷師にも度々お目にかかった。東大の滝先生の知遇に浴して、有名な樹下美人図の裏張りの唐開元の文書などの写真の焼付などもらいなどして、植田さんに代って『西域考古図譜』出版の用務に新たに関係することになった。

十月になると、今度は明治の末年に香取・山田両氏が増補刊行の『古京遺文』が上記の墓誌のことなどから所収の拓影が精でなく、実物そのものの記述も不備であるというので、その補正に内藤先生と内田銀蔵先生が関心を示された。それを実施する為に当時文部省の古社寺保存会委員であった中川忠順氏と奈良・京都両帝室博物館長の久保田鼎氏等が協議され、法隆寺金堂の諸仏を初め薬師寺其他の古金石文類をすべて手拓の上、実物を調査することがはじまった。

当時は詣でる人など稀な法隆寺の金堂で一週間を費し、佐伯管長のお許しで台座に上って本尊の光背はじめ、すべての諸仏の拓本を数枚宛——これは資料は大切であるから、この好機に他にもわかつようにとの先生の配慮から出たもの――丹念に手拓して、実物の知識を確かにした。また薬師寺三重塔上に半日を費して有名な檫の銘を五枚作りなどしたが、二重からは心柱の木組を登って、屋根の一部にある出口から外に出た時は流石に足が震えた。奈良女高師の水木要太郎翁が拓本に要する水を入れた大きなバケツを持って登られたのに勇気づけられて、下など一切見ないで、拓本の作製に執心し、塔上からその日奈良で行なわれたカーチス氏の游覧飛行を見たのは、いまもその印象が鮮かである。かくて奈良博に出陳中の唐招提寺の大きな勅額その他の金石文の手拓を終え、久保田館長からは同館所陳の古瓦の全拓本一帖をもろうた。

陳列館では今西先生が通溝から間島への調査に出張されたので、学校では主任の小川博士の室に出掛けて、早速講義を聴いた。それは全くわからなかったが、雑談が上手で毎日新しいことを教えられるし、休日には畿内の石仏石塔の調査に出掛けられるので、それにお伴して実地の指導を受け、新たにはじめられた八瀬大原の土俗調査にもお伴した。河内山田の鹿谷寺の十三重塔に近い浅い洞窟壁で、いまは全く見えなくなっているが線刻の仏像を手拓できた時などは大満悦であった。また内藤先生の特別なお口添での内田先生の国史総論の講義は、喜田先生のそれとは大違いであった。その外に、この年法科大学を出て経済史専攻の後に特に文科大学の内田先生の特別指導を受けた本庄栄治郎博士の講席にも陪し、明治二十七年に出た三宅米吉博士の『日本史学提要』の第一巻を貸与されるなど、特別な指導を得て自宅へも参上した。

そして富岡講師の支那金石学を聴講して、その古鏡研究のお手伝をして、九時になると百万遍山内了蓮寺の喜田博士止宿の地蔵堂で夜を過したのであった。しかるに助手の島田君が十二月に一年志願兵として入営したので、諸先生の特別な配慮で、その不在中助手と一足飛びの任官に面喰いながら、自からその秋の大正天皇即位の大典が京都で行なわれるおりの陳列館の開館式の準備をすることになった。

さて助手になってすぐ、史学科開学以来隔年に国史の副科の朝鮮史の講義に京城の河合弘民博士が来学されたが、聴講のはずの神浦・今村の二氏が坂口教授の普通講義の臨時試験で出席できなくなり、わざわざのご来講に一人も出ないというのではと事務所から二週間の連続講義を聴くように通達があり、全く何も知らない朝鮮李朝の概説に加えて朝鮮の家族制度など中食抜きの三時間に亙るながい講義を終始一人で聴講した。つぎにその前年に寺本婉雅師が河口慧海師についで長い秘境の西城での教学を終え、多くの資料を持ち帰って、それらを榊亮三郎教授を頼って京大に保管研究して欲しいとの申出があった。今西博士が通溝の調査から帰られると、すぐ谷井済一氏と三人で師の郷里の滋賀県蒲生郡鏡山の雲鑑寺に出掛けて、いろいろな関係資料を授受して大学の陳列館の三階に移した。

ところがこの地方の山には古墳が沢山あって、環頭太刀の龍鳳頭や飾附の陶器片などの出土品が蒐集されており、横穴式石室の暴露した大きな石室などもあって、その方は陳列館に寄附しようとのことで大いによろこんだが、石室の方は土地の関係で面倒なので、ついそのままになった。そして全く何もわからない私が、人がないというので榊先生の許でその目録の作製の手伝をすることになったが、もちろん何もできずに先生のお叱りを受けつづけながら、むつかしい梵語の高説を聴くことがつづいた。

これとほとんど同じ頃、岡山県の笠岡在の神島・大阪藤田家の製煉所が新たにできて、小川先生はもと地質調査所におられた関係で招かれて開所式に参列された。その際近くの浅口郡の津雲の貝塚から石器や土器とともに屈葬の人骨の出ることを知って、これは重要なことであるから陳列館で発掘調査したらということになった。助手の私ではどうにもならないというので、地理の内田助手が早速発掘調査に出掛けて、遺物と共に二躰の屈葬の人骨を掘り出す成果を挙げた。そこで史学研究会で特に例会を開いて諸先生の前ではじめてその報告の発表があった。何ごとにも異論の多い喜田博士から直ちにその骨は乞食の骨だと手厳しい反論が出たのには驚いた。出席されていた同窓の原勝郎教授が一言の下に喜田はよくないとのことでその場はおさまったものの、内田さんは青くなってそのまま報告など書かないで終った――この時の出土の人骨や遺物はいまもそのままに陳列館の二階の物置の隅にあるはずである――。原博士はその直後厳粛な面持ちで、論戦は真の学問をすすめる途でないと強く訓戒されたのであった。

春になって三浦博士その他の主唱で、これまで四冊出ている史学研究会講演集に代って、東京の『史学雑誌』と別に史学科の季刊雑誌として新たに『史林』を刊行することがきまった。会員の募集など書記の仕事が多くなり、三浦博士からは考古学関係の記事をも書けとのことなどあり、やがて第一号が刊行された。

三浦博士の下で京洛の禅寺の古文書其他の資料調査中で、四十三年以来国史の副手であった西田直二郎氏が、この夏休みの初から始めて講師になられたが、チブスに罹って入院重態という突発事件が起った。卒業式の御名代宮のご休憩所になる陳列館に発病の前まで執務していたというので、早速厳重な消毒作業が行なわれた。陳列館では助手の私と小使が二人で事務所の助力を得て終日に亙る作業をやっとおえたものの、助手になってからの緊張の日々の疲れに神経質も手伝って、その晩三十七度八分の熱で寝込んだ。先生方も心配して下さった。

前年末に敦賀の原にある西福寺なる古刹から横穴が見出されて、了蓮寺和尚の依頼で調査に出むいた際、内藤教授の指図で同地に近い常宮にある大和の銘のある最古の朝鮮鐘の拓影をとったおり、同村に月小屋・産小屋の古い習慣ののこっているのを見て来たのが、先生や小川教授のほか、当時新たに出た『郷土研究』の主幹の柳田国男先生の興味を惹いていたので、それを調査するという名義で八月一ぱい敦賀で休養するようにとの恩命があり、同地の松原海岸に出掛けた。しかし水泳などはできないので、部屋で安静するかたわら敦賀湾の西海岸の各村にのこる漁村を巡って、同じ古俗のなお一円にあることを確めたばかりでなく、元気になって、時の史学研究会の庶務主任であった桑原隲蔵先生〔東洋史〕が、郷里の同じ敦賀の大きな屋敷に帰省中であったので、よく出掛けて明快そのもののお説を拝聴したり、また織田神社の奈良朝の古い鐘の銘の拓本をとったりした。

九月に帰学するといよいよ開館式の準備である。西田氏はなお入院中とのことで、二階は国史の三浦教授が主になって、新村出先生〔言語学〕といっしょに清原貞雄氏の手で準備が着々進んでいたが、主要な階下の三室は人手不足で、西洋室は坂口先生、日本考古学は今西先生、一番大きい中国の古物の陳列室は、内藤先生に小川先生が加わって、諸先生自身が陳列から説明の札書きまでも一切せられ、朝から夜の八時までそれがつづくという状況である。私は内藤先生の下で関係資料の最も少ない中国関係の遺物を一々先生の指図のまま毎日借用に出掛けた。当時東山の宸翰楼に閑居して尨大な資料裡で甲骨文等の研究をつづけられていた羅振玉先生をはじめ、京阪各地の収蔵家からの出品を黙々と陳列される先生から、中国古物についての真の実習を受けたのである。

それとは別に、明治廿七年に奈良への鉄道工事の為の採土で宇治に近い久津川村の車塚で見出されてからそのままになっていた大きな長持石棺を、地主の斯波紋治郎氏が大学へ寄贈してもよいという申出があった。この機会に陳列館の中庭に移すことにして、九月の下旬今西先生に御伴して石棺解躰を行うた。棺内からは既に出ている七面の鏡の他に、大きな硬玉の勾玉をはじめ、多数の遺留品があって、その一部をもらい受けてよろこんだが、凝灰岩組合せの石棺の重量は底石だけで二千貫もあろうという大きなものので、二頭立の牛車でそれを運ぶに六日かかった上、当時の伏見の観月橋では夜間でなければ通行まかりならぬとのこと、為に午前六時に大学の正門をあけてやっと搬入した。

さて完全に中庭に組立てる為に先ず地固めに百円、組立てに同額の当時としては高額な費用を要したが、それも完成した。工科大学の専門家の尽力もあり、諸先生の手で立派な目録もでき上った。御大典と同時に開館。その期間は一般に公開され、京都帝室博物館で開催の日本古美術の大展観とともに世の注意を惹いて、御大典に参列の高官はじめ多数の観覧者があった。ところが御大典中のことなので国の諸警備が厳重で、大学内も火の用心の為に夜間は二時間置きに巡回するので、陳列館も規定の無人というわけにはいかず、図書館のそれと応答する為に今西先生が階下で、また二階は清原貞雄氏が籐椅子を持ち込んで宿直することになった。今西先生は昼間の案内で疲れられたので助手の私が交代し、後半美学の深田先生が室に持ち込んでおられた寝台でこの宿直に当った。

内藤先生はこの多忙のうちに、古社寺保存会委員として帝室博物館の古美術展にも関係され、折角これだけの名品が全国から集ったことであるので久保田館長に働きかけ、会が終って返却の荷造の三日間、大学の研究者などに実物を詳しく観る機会を作ってくれた。それで私は早朝から夜まで、荷造のはじまっている法隆寺の橘夫人の厨子の背光や台座をはじめ、香取神宮の海獣葡萄鏡や大山祇神社の唐の大鏡などの精拓本の作製に夢中になって、当時の唯一の私のレジャーをたのしみ、先生たちにもよろこんでもらった。大学の陳列館へは、十二月に露西亜から文化使節としてモギリアンスキー氏が来訪、そのため一部返却した大阪の上野家の中国の古玉などを再び借り出して再陳列したのであった。

こうして大正四年は陳列館にとってのまさに記念すべき一年であった。十二月には島田君が除隊となって帰って来て助手に復帰、私は諸先生の特別な計らいで今度は教務嘱託という名義で、副手と同じ手当を支給され、従来通りの仕事をして諸先生の講義を聴ける一層仕合せな身分になった。はじめて小さな家を借りて母と同居、毎夜岩倉まで帰る小使さんが私の家で寝て翌朝出勤することが始まった。

そんなことでこの十二月末から翌年に亙る西都原古墳の発掘調査は、内藤・今西両先生が二人で出掛けた。正月になって規模の大きい西都原第二号墳を発掘して大きな三神三獣々帯鏡や硬玉の勾玉をはじめ多くの珠玉を発見、当時としては稀な粘土槨の内部の構造が明らかになった。そして、帰途肥後の江田古墳を調査して、新たに武装の石人の胴部の遺存を確かめ、また山口県柳井津在の茶臼山古墳から出た径五〇糎を超える最大の仿製鏡の出土遺蹟も調査して、現地になお出土品ののこっていることなどが明らかになり、富岡先生の古鏡の研究が促進された。早速その整理のお手伝をしたことは言うまでもない。

第一次世界大戦で大半を英国で過し、伊太利・希臘などの巡游に三年の留学を終えた濱田博士が、この年の三月にアフリカ喜望岬廻りで帰朝、陳列館が立派にでき上っているのに大変満足の様子で、ここでいよいよ文学部に考古学講座が開設された。そして日本で始めてのその考古学通論なる普通講義は、早速三浦博士の意向で「考古学の栞」として『史林』に連載されることになった。ところが案外なことに、近代考古学の発達は主として写真技術の発達に負うものであるというミハエリスの見解を執って、中国の拓本のごときは旧式でまさに改むべきであると言われたので、直ちに小川先生の許に出掛けてその手ほどきを受けた。博士は専攻の学生を置くことなく、ペトリー教授の方式で冬季の一ケ月に一つの題目で調査を行うてこれを夏までに報告書として公刊する方針であった。

予定の冬の宮崎県西都原古墳の発掘に出掛ける機会に、不在中著しく発見の増加した北九州の銅剣銅鉾や弥生式土器関係の遺跡を一巡の上、アイルランドのニューグレンジの史前の装飾古墳をヒントとして、北九州の装飾古墳の綜合調査をその対象とすることを決意された。その準備等一切を、助手の島田君でなく私に指命されたには、これまでそんな経験の皆無なので当惑する他なかった。しかし好きな道なので、未知の中山平次郎先生その他の方々に手紙を書いたり、博物館の高橋先生などから装飾古墳で新たに知られたものなど教えられなどし、事務に所用の品々を注文して持参したが、結局は原先生の注意で持って行った太い西洋蠟燭と拓本用具とが一番役に立った。

十二月十八日かと思うが、夜行の二等の軽便寝台で先生と二人で出発、昼少し前博多駅に着くと、旅装した中山博士がちゃんと駅へ迎えにみえていた。荷物をすべて宿の栄屋の番頭に渡し、駅の軽便食堂で軽い中食をして、すぐ隣の竹の下駅構内に半ば露呈している甕棺墓や雑諸隈の遺跡を見た。有名な須玖岡本の遺跡をはじめ次から次へと案内され、須玖では明治三十二年に夥しい遺物の出た大石下の遺跡の略図を作り、土地の人から鎔笵片をもらいなどしたが、濱田博士はこの強行軍に全く困られたとみえ、草履を求めて靴を枝の先に結びつけてついて歩かれる始末。宿に帰ると早速、明朝久留米へ行って、旧知の黒岩万次郎氏の世話になって、ゆっくりと装飾古墳の仕事をすることにきまり、翌朝迎えにみえた中山博士を驚かせたが、それでは私も同行見学するとの執心さ。久留米では前年見出された市内日輪寺の古墳の槨壁に彫刻があるので早速全部の拓本をとる仕事がはじまり、古くから有名な吉井の日の岡古墳の壁画の模写などは石室の実測とともに容易とわかり、それらは中山博士の配慮で後日池上年君にゆっくりと模写してもらうことになり、今年は熊本県の井寺の槨室はじめ彫刻を主とした全部の拓本作製となって、朝から晩まで西洋蠟燭をたよりに、それに没頭。その間に馬車で江田古墳其他の古墳等を巡って元旦の四日前に熊本の研屋に着いた。

ここでは東大東洋史出身の若い古賀徳義氏が県の文化財の係として、考古学への興味から一両日前に宇土郡不知火村で直弧紋のある彩色石棺を見出されたというので、早速そこへかけつけた。しかし正月三日には先生は五高の友人と謡の会などで過され、私は古賀君の広い家でお世話になって県の明麗館に陳列の出土品や前年阿高の貝塚で多数出土した屈葬の人骨等を見て知見を広めた上、十日頃に宮崎の西都原の研究所に中山博士と古賀君に東京大学の原田淑人氏も集まって、原勝郎博士主査で西都原古墳の此の年の発掘調査が行なわれた。

「怒りたまうことなく、祟りたまうことなく、よき宝得させたまえと祈る」という都万神社神官の虫のよい祝詞に一同玉串を奉奠して、発掘がはじまった。西都原古墳群の北麓に近い前方後円の船塚からは、掘ること僅かに一時間で、後円の上部から十字形文様の珍らしい仿製鏡に鉄剣・鏃などが出土して、調査は一日で終了した。これは簡単だから報告の方は京都で引請けるということになった。ここで博士は西都原古墳の発掘調査に見切をつけられたように見受けられ、すぐ熊本県に引き返して、今度は玖磨郡の人吉の在に多い横穴の外壁にある彫刻画の調査に古賀君の写真撮影の労を煩わして所期の目的を遂げた。帰ると直ちにその調査報告書の作製に着手、しかもそれを京都で印刷するというのが当時としては一苦労であった。三月になると報告の正確を期する為にとの博士の要望で、三十円の旅費で一週間に亙る関係遺跡の再検討に出掛け、備中千足の装飾古墳をも見てまわった。

報告書の忙しい校正中に、濱田博士が国華社の講演に東京へ出掛けられた日の午后小川博士が来室、明日東京へ中国の石仏類の調査に出掛ける、同行の手続をすませたので即刻準備するように、との突然な話である。事情を申立てたが、「濱田には助手の島田がいる。君は教務嘱託ではないか」とのことで、お伴して東上、翌日は小川家の縁故で築地の劇場で始めて北条時頼の芝居を見せてもらった。夕刻出京の挨拶に濱田博士の宿をたずねたところ、厳しいお叱りで、こんなことでは君の今後の身分のことも考えなければならぬ、明後日帰るからその沙汰を待つように、との話に困惑した。ともかく高橋健自先生のお宅にお世話になってその沙汰を待ったが、何のこともないので問合せたところ帰るには及ばぬとのことであった。そこでそれから一ケ月余も滞京して、岡倉茂さんと中国旅行を共にした有名な早崎硬吉氏が西安その他から持ち帰られて広い邸宅にある石仏はじめ夥しいいろいろな中国の古物に親しみ見聞を広めた上、考古学会の上野地方の見学旅行にも参加、上野の有名な三碑をはじめ同地の諸遺跡をも見学して、帰って見ると既に報告書第一冊の三百部ができ上っていた。

この間に博士の考古学の講義を聴講した喜田博士によると、神戸史談会の福原潜次郎氏の手許には河内国府の石器時代遺跡から蒐集したサヌカイトの旧石器によく似た多数の大形石器があった。前年の津雲の話もあるので、次の研究報告書の題目として同地をこの夏に発掘調査することが、もうきまっていたのであるが、今度は問題が問題だけに、小川博士はじめ内田銀蔵先生もご熱心で、準備の調査に出掛けられた。肥後の阿高の人骨を調査して来られた医学部解剖学の大御所の鈴木文太郎・足立文太郎両博士からも人骨が出たら参加するとの申出があって、本格的な調査となった。

道明寺土師神社の前の小学の時の同窓だった梅の家を調査隊の宿舎に、教室員の他に東京から帰っていた田沢金吾氏も加わって、いよいよ発掘となったが、問題の石器類の他に古い爪形紋土器などとともに屈葬の人骨が二躰出てきた。早速迎えの使となって解剖の両先生の出馬を請うと、鈴木先生は大満足で、自からその調査研究に当るとのことなので、私はその手伝に、いまもとのままの解剖学の教室に通った。諸骨の断面などをモデリング・コンポジションを使っていとも手ぎわの鮮かな鈴木先生のお仕事振りには推服した。先生からは、文科などやめてここで人類学をやらないかなどのお話まであったが、一方で解剖の行なわれている実験室の臭気には全く困った。やがて立派な報告書ができ上った。

この春、十余年も京都府の知事だった大森氏がやめて、新たに東京から俊敏な木内重四郎氏が着任。早速各地で盛んになっていた府の史蹟調査の開始に当って、友人の東西両大学諸教授に諜って、事務は府で一切やるが、府下の全地域の調査と年度毎のその調査報告の刊行は京大陳列館の専門家にまかせるとのことになった。病気が回復してすっかり禿頭になった若い国史の西田講師が諸教授の指導の許に、神浦君と私が助手でその七月から葛野郡の小野郷・中川両村を手初めにこの新たな仕事が始まった。ところが三日に亙る調査で神浦君はやめてしまったので、その後は忙しい西田氏が主で、私と二人で全府下の村々を調べることで、自から府下の関係資料が陳列館に集まる新たな道が開けた。

そして私自身は大学の夏期講演での濱田博士の考古学の公開講演の手伝をすませてから、歴史地理学会の京都在住幹事ということで八月はじめに米子で開催の夏期講演会に喜田博士の指令で会側の一人として出席し、会が終ってからの見学旅行の隠岐の島行に参加した。東大の辻善之助博士の山陰各地の史料採訪行にもお伴して大山に登り、同時に史蹟見学にも博士にご同道を請い、それが終ってからまた出雲に引き返し、同地に多い横口石室類や当時鳥居博士がやかましく言われていた伯耆湖山池に近い松崎のドルメンなる暴露石室の実測などして知見を拡めた。

その前から陳列館には一大事変が起っていた。というのは、小川先生は、明治四十三年にいち早く若い濱田博士を連れて洛陽に出掛け、また帰りに南満州をも廻って中国の古文物を集め、爾来引続いて内藤先生といっしょに陳列館の主任として熱心に関係の資料の蒐集に執心されていたが、せっかく濱田が帰ったというので、新たに神戸の岡崎藤吉氏より多額の購入資金を受けて、自から中国に出掛けることにされた。私に同道せよとのことであったが、支那語の全くできない弱虫では問題にならないので、東洋史出身の有高巌氏のお伴で出発された。先生は北京で病気に罹られたが、おりから琉璃廠の古物市場で当時新たに河南省で出ていた押型紋のある大きな空塼類をはじめ、石仏・古陶器など沢山な古物を手に入れて大満悦で帰られた。しかるにこの種の中国古物に免れ得ないもののあることを濱田博士が早速口にされ、それが有高氏から小川博士の耳に入ったので、生意気だと博士が激怒して、教室にどなり込まれた。濱田博士は幸いに留守で、室には私が一人いたので、原教授にお越しを願うて、どうにかその場は収まったものの、当分濱田博士は小川先生に出会わないようにとのことになった。

しかし小川先生は、陳列館の主任をやめる、将来した古物は考古学教室へは引き渡さぬ、との強態度を堅持せられたのには諸先生もさすがに困られたが、この年に濱田博士の教授昇任で、自から陳列館の経営が博士に移ることになった。小川先生はこれよりさき大正四年の春第一次世界大戦で、日本の統治下に入ったもとドイツ領の南洋諸島に調査隊を派遣して集められていた南洋諸島の土俗品に、その後の国内での土俗・民俗調査の資料を加えて、別に地理学の標本室の経営をはじめ、神戸から出講の人文地理の石橋〔五郎〕助教授の休講の多い分まで毎日登校して学生を世話せられた。私はもちろん先生の部屋に出掛けてそのお手伝をしたことである。

さて専攻の学生は、この年国史の中村直勝、東洋史の那波利貞という三高出身の俊才で、いずれも卒論にはげみ、つづく国史の三回生は五人、その中の一人は考古学志望の辰馬悦蔵氏で、卒論は日本古代の王であった。諸先生の講義、ことに東洋史の内藤先生の講義などは三科共通で、支那学科の卒業生も聴講して第一講義室は満員の盛況で厳粛に講義が行なわれ、学生は所定の八時の刻限までに閲覧室にいのこった。

この年から坂口先生の史学研究法の講義を聴講した私に、テキストのドイツ語の「ベルンハイム」を読むようにとの指命には面食うた。ただ国史の講師で国史地理と上代史の特殊講義を受持の喜田貞吉博士は、法隆寺再建論以来の有名な論客で、ほとんどすべての問題に自説があって、それを固執主張して、当の関野先生はじめ東西の諸先生と論戦を展開された。謹厳な内田先生と机を並べては、議論もできないし、邪馬台国論はじめ神籠石、『平城宮大内裏攷』、銅鐸考、上古古墳の年代論などについて相手が欲しいが、内藤先生や原先生などは何も言われず、共に講義を聴いている富岡先生に対する鏡への反論など一向にとりあげられない為に手持不沙汰で、その上教室で私かに喫煙しては内田先生の懇切丁寧な訓戒に、よく今西先生の室に来られていた。

そこへ濱田博士が帰られたのである。元来、濱田先生は三高時代から考古学に興味を持って富岡先生の処へ出入、東大の学生時代に坪井正五郎博士にコロボックル説を批判され、法隆寺非再建の関野博士の説を強力に支持せられたのは、『史学雑誌』の編纂者だった時である。しかも博士はいつでも新しい説を即時に立てられる才能を持っていられるので、自から毎日朝からいろいろな論戦が美学と同居の室で展開された。そして喜田博士は聴講の考古学についても遠慮なく自説を主張するという有様で、この論戦の勇士には濱田博士も巧妙な戦法にまけて、あなたは百戦百勝で一敗もしたことはないですか、などというような場合が多い。それに濱田博士は当時一日に二十本入の敷島三個という愛煙家なので、責任は自分が負うと廊下の隅を区切って教官の自由な喫煙が始まった。喜田博士は大よろこびで、ほとんどこの美術考古学の協同室で過して新たに思いついた説を演説、これには哲学科の深田先生や植田さん始め静かに物を考えられる学生達は困られた。

あたかもこの年に哲学科で『哲学研究』が新たに創刊されることになって、植田さんが『芸文』をやめて専門の編集に当られることになった。その機会に、美学研究室が陳列館から出ることになり、考古学が広いこの研究室を独占、書物が持ちこまれて、ここで事実上文学部陳列館は史学科の陳列館になった。三十八歳の若い濱田教授が専らその経営に任じて、島田君と私の二人がその命に服して、何地への実地調査にも随従、一年一回の考古学研究報告の刊行がつづき、かくて博士の考古学と教室は後のいわゆるカフェー・アーケオロジアになっていったのである。

（『以文』第一五号／一九七二年一〇月）

大学と文化財

林屋 辰三郎

一

「ずさんな京大」、「大学がこれでは困ります」。このところ相次いで京都大学が新聞の話題に上っている。その内容は、紛争や学生のことではない。七月二十五日付の記事（京都ほか各紙）は、工学部関係の実験室の多い京大本部構内の排水路の泥から、大量の水銀が見つかり、実験に用いた毒劇物のたれ流しが問題になったものだ。同月二十八日付の記事（朝日）は、農学部構内の周知の石器時代遺跡に、無届で校舎建設工事を進めていたというのである。これらの報道が、現代の課題である開発にともなう公害、遺跡破壊の問題に対する、京大じしんの姿勢をきわめて端的に物語っているようだ。記事のなかでも語られているように、「大学こそ模範を」というべきところだし、大学の先生方も外部に対しては、強力な発言をされているのに、お膝元がこのありさまではまったく情けない。

大学も、ほんとうは社会から隔絶した存在ではないので、世間の公害や破壊の問題が学内に起っても、べつだん不思議でもないが、今までそのことが明るみに出なかったのは、大学の不可侵性を確信して、独善に陥っていた点が多かったのではあるまいか。それこそ、大いに反省すべき点である。水銀処理の問題は昨年あたりから大学院生らのつよい要望となっていたというし、遺跡破壊の問題は昭和四十五年からの新・改築工事であるという。もっと早く対応すべきであったのに、「装置の故障か何かのアクシデントではないか」「文化財保護法を知らなかった」といった責任者の談話をよむと、大学の先生方よ社会人になって下さいと言わざるを得ない。

二

『以文』に何か書けという注文で、つい最近の新聞報道からの感想を書き出してしまったのだが、この二つの話も決して文学部と無関係ではない。とくに後者の周知の遺跡の破壊ということになると、直接に国史や考古学との関係もでてくる。ついでにこの機会に、京都大学における文化財保護の問題を、積極的に全学によびかけてはいかがであろうか。

京大はいま、都会でいうと都心再開発の途上にあるようだ。中央部を占めていた、明治三十年代開学当時の赤煉瓦の建築物が逐次改築高層化されつつあることは、ごぞんじのとおりである。しかしこの再開発に当って、果してどれほど歴史的保存の問題について討議せられたであろうか。限られた地域のことであるから、その全部の保存をいうのではないが、少くとも開学を記念する建築の一棟ぐらいは、歴史的記念物として保存されてよかったのではなかろうか。この大量の明治の文化財は、写真その他による記録さえほとんどとどめることなく解体されたにちがいない。これはたいへん惜しいことである。

このような保存の主張をする場合、たいてい建築関係者から、その建築の芸術的価値、技術的価値が論ぜられて、せっかくの主張が葬り去られることが多い。大学などの建築はほとんど教学的機能を果せば充分なので、芸術や技術の上では保存の価値がないことも多い。しかしそこで営まれた七〇年の歴史は、この建築物を通して最も具体的に考えることができるのであり、歴史的記念物としての観点に立った保存が必要なのである。

大学には、建設に関しては全学的な審議機関があるらしいが、それとともに保存についても全学的な審議機関が必要であろう。そして建築物の改築に当っては、必ずその審議を経て大学史の一節一節に重要な遺構は、保存せられるように考えてほしい。国や自治体に文化財審議会があるように、大学でもこの機関によって遺構や遺物についての充分な配慮がなされるべきであろう。

三

大学の所有になれば、大学がどのようにしても勝手だというのは、きわめて卑俗な所有者の論理である。

　この文化財審議会において、最初に論議したいものは、京大の所有となった旧京都織物会社の建築である。川端通に面し荒神橋に向って立つ、明治十六年の建築である。これは京大に移る前から、京都市中の明治建築として保存の要望されていたものだが、これもまた工学関係者からは、芸術的・技術的価値がうすいと言われて、近年のうちには地上からその風姿を没する運命にあるらしいのだ。京都における産業近代化の過程で、この会社この建築の果した役割を考えると、これはやはり大学として保存を考えるべきものであろう。少くとも何時の間にか消え去ったということのないように論議をつくしてほしい。

　京大所有の明治建築としては、明治三十三年開学当時移築された尊攘堂があるが、これはさいきんようやく修理が加えられたものの、学生間にもほとんどその存在も知られていない。もうすこし文化財を活用して、説明標本なども行う必要があろう。大学も百年ちかい歴史がたてば、正しい意味の観光資源があってもよいのである。京大を訪れる人々に誇りをもって案内できる場所として、尊攘堂とともにさきの織物会社もまた重要な文化財である。

　古い建築だけではない。大学の歴史の一コマ一コマを物語る文化財を一堂に集める京大歴史資料館も必要である。わたくしたちの学んだ文学部陳列館もまた、改築の予定と聞いているが、これも果して保存の意味がないのかどうか充分審議してもらいたいが、いずれ新築されるという綜合陳列館とは別箇に、京大の歴史を物語る明治建築の一つをそれに当ててほしい。そして各学部・研究所の先生たちの業績を、一堂に集めてほしいと思う。それこそ無言の教育というものである。

二年前からわたくしの勤先になった人文科学研究所分館でも、いま改築案がすすめられている。ここはご承知のとおり旧独逸文化研究所である。わたくしにはさほどの感傷もないが、おそらく独逸文化関係者から見れば歴史的意味もある場所にちがいない。これもやはり一度は文化財審議会にかけて、現状保存(その時間的に無理なことは承知しているけれども)、移築あるいは部材の記念保存などの方途を考えてよいのではあるまいか。

それにしても、緊急に必要なことは、大学において文化財に対する姿勢をととのえ、一日も早く保存のための審議機関を設けることの提案と実現であろう。「以文会友」の方にご発言を期待したいものである。

(『以文』第一五号/一九七二年一〇月)

京都大学の漢詩作家

神田喜一郎

京都大学の教授の間には、昔から沢山の漢詩作家が出られている。必ずしも文学部だけではなく、法学部・理学部・医学部・工学部などという、こんにちから考えると、ちょっと不思議なように思われる自然科学系の学部の間からも、優れた漢詩作家が出られているのである。現にわたくしが京都大学に学んだ大正時代の総長荒木寅三郎先生は、もともと医学部で医化学講座を担任せられていた医学者であったが、平生から特に漢詩を好まれ、その方面でも大家であった。鳳岡と号され、その漢詩集「鳳岡存稿」も先生の在世中に出版されている。この荒木先生と並んで、漢詩を善くせられたのは法学部の織田萬先生で、先生は鶴陰と号し、荒木先生とよく漢詩の唱和をせられた。そうしてこの両先生と特別に懇意にせられ、いわゆる鼎足をなしていられたのが文学部の狩野直喜先生である。先生が君山と号し、漢詩を善くせられたことは、いまさら言うまでもあるまい。先生の御逝去後、「君山詩艸」が出版されている。

鳳岡・鶴陰・君山の三先生は、年歯もだいたい同じかった。鶴陰先生が慶応二年（一八六六）生れで、鳳岡・君山の両先生が共に明治元年（一八六八）の生れであった。しぜん、多少の前後はあっても、ほぼ同じころに東京大学に学ばれた仲で、何かにつけて話があったことは当然である。いま鳳岡先生にこんな作品が伝っている。

滬上客舎。与狩野学士話旧。
只期帰雁報平安。詎料天涯接旧歓。話別家山魂欲断。駅楼夜雨一灯寒。

滬上与君山学士同賦
駅舎蕭条酒醒時。始知身是在天涯。青灯一穂秋如水。写出巴山夜雨時。

いずれも鳳岡先生が明治三十五年（一九〇二）の秋、欧洲留学の途上、船が上海に碇泊している数日間、あたかも当時上海に留学されていた君山先生の東道で、あちこちを見物して廻られ、こんな詩を作られたものと思う。君山先生にも

滬上与荒木鳳岡話旧。
相逢未暇問平安。偏恨客途難久歓。明日一帆浮海去。満天風雨浪声寒。

という、鳳岡先生の作と同題同韻の一絶がある。当時の情景については、君山先生の書かれた「鳳岡存

稿」の序に、いきいきと写し出されている。因みに以上の三首は、みな当時野口寧斎が主宰刊行していた漢詩の専門雑誌「百花欄」から拾いあつめたのである。君山先生の作は、「君山詩艸」の闕を補うに足ろう。

なお「百花欄」というと、いまの鳳岡・君山両先生の唱和の詩を戴せた号に数年おくれて、今度は左のごとき鶴陰・鳳岡両先生の応酬の作が載っている。

　　甲辰早春。同荒木天谷二子。飲于鴨涯旗亭。席上賦此。
　遙寄土肥鶚軒。
四条橋下細寒流。雪圧川原一望悠。瑤瑟声声何処是。釵光鬢影水辺楼。
　席上同賦
賦帰猶未学淵明。澹与黄花了半生。風雪満城夜如水。青灯相対話巴京。

前首が鶴陰学人、後者が鳳岡仙史の作となっている。後首に「青灯・相い対して巴京を話す」とあるところから見て、おそらく欧洲留学から新しく帰られた鳳岡先生と、それより一足はやく欧洲留学から帰られた鶴陰先生とが、相携えて鴨川べりの料亭で一夕歓談された際の作と思われる。ただ天谷とあるのは、いまわたくしには誰のことかわからない。もちろん京大の教授で、当時の新帰朝者であったことは確かである。土肥鶚軒というのは、東京大学の医学部で皮膚科の講座を担任していた教授である。本名は慶蔵といった。東京大学にその人ありと一般に知られていた漢詩の大家で、当時の東京大学では、この土肥鶚軒、それに農学部の教授で獣医学博士の肩書をもっていた勝島仙坡（本名仙之介）とが雙璧をなしていたものである。鶴陰先生の詩の題に「遙かに寄す」とあるので、鶚軒は、当時欧洲に留学していたのかも知れぬ。鶚軒には、その漢詩集も出版されているから、他日もっと委しく当時の事情を取調べてみたいとも思っている。

この詩は「甲辰早春」とあるから、明治三十七年（一九〇四）の作であることが明らかであるが、その年には君山先生も禹域留学を終えて帰朝せられ、やがて織田先生の主宰される台湾旧慣調査会の有力メンバーの一人として、これに参加されるのである。当時鶴陰・君山両先生との間には、いろいろ詩の応酬が多かったことと思うが、その徴すべきものの無いのが遺憾である。鶴陰先生の漢詩集は出版されているか否かを知らない。もし未刊なら令嗣の織田武雄博士〔地理〕に是非その出版をお願いしたいし、すでに刊行せられているならば、何とか一部御恵与をお願いしたいものである。

少し余談になるが、荒木先生や織田先生の周囲には、いろんな漢詩作家があつまっていた。医学部の事務官に、当時中山親和という人があったが、白厓と号し、漢詩を作った。もともと医学部には漢詩の愛好者が多く、内科学の初代の講座の担任者笠原光興博士などもその一人で、桂舟と号し、ときどき自宅に医家の漢詩人をあつめて詩会を催したりせられている。その記録を見ると、鳳岡先生や白厓事務官はもとより、直接京大とは関係の無い開業医の木村択堂・遠藤舟渓などの諸家も招かれている。このうち択堂先生はわたくしもよく知っていたが、京都大学の医学部で長く微生物学の講座を担任された木村廉教授の厳父である。

そんなわけで医学部には早くから漢詩趣味が普及していたが、しかし何といってもその中心をなしたのは鳳岡先生で、先生が総長になられてから、その私設秘書みたいな役をつとめていた人に久保雅友という老漢学者があった。檜谷と号し、明治二十年代から三十年にかけて漢詩よりもむしろ漢文作家として一時盛名のあった人物であった。わたくしの学生時代、支那学会にもよく顔を見せられた。いま桑原隲蔵先生や内藤湖南先生の全集に載っている支那学会の写真の中に、この人の肖像が見えていて、これはいったい教官なのか卒業生なのかと、よくわたくしに問われることがあるが、そのいずれでもなく、京都大学としてはおそらく極く軽い嘱託か何かの身分で、いまいうように鳳岡先生の私設秘書みたいなことをされていた人物であることをお応えするのである。

この人も変った人物であったが、それよりもいっそう変った人物に内村邦蔵という人があった。この人もどちらかというと漢文作家であったが、久保さんが日本の古風な漢文作家であったのとはまったく異っていわゆる支那時文を善くせられ、日清日露の両役には、その方面の特技をもって従軍して、専ら彼土の人民に対する布告文を起草されたと聞いている。織田先生の台湾旧慣調査会がはじまると、清朝の制度にも精しいのでそれに招聘され、のちに鳳岡先生の私設秘書みたいなことを一時つとめられたのである。詩も巧みであったが、漢文は禹域の学者に見せても決して恥かしくない立派なものを書かれた。その一面、禅学に造詣が深く、名利に恬淡とした当世稀に見る人物であった。君山先生もこの人を重んぜられ、その没後、鶴陰先生と共に出資し、わざわざその遺稿「退掃遺稿」を出版されたことがある。

京都大学の漢詩作家として、文学部の内藤湖南先生・鈴木豹軒先生〔虎雄、支那文学〕のほか、あとで理学部に移られたが、当時文学部としては変り種であった理学博士小川如舟先生、それに工学部の近重物庵先生のことなど、いろいろわたくしの知るところを書いてみたいと思ったが、もはや与えられた紙面も尽きたので、今回はこれで筆を擱く。

（『以文』第一六号／一九七三年一〇月）

四十五年の思い出

日比野　丈夫

京大入学のころ

今春停年を迎え、卒業してから四十一年間よく同じ途を歩んでこれたものだと思ったが、数えてみると京大入学以来すでに四十五年目になる。昭和八年の入学式に新総長小西先生の訓示をきいてまもなく、滝川事件がおこって学内は騒然となり、京大の前途は暗雲に包まれた。しかし、昨今の学園騒動に比べると、あわただしい中にもさすがに大学らしい秩序と体面を保って抵抗は続けられ、新入の学生も身の引きしまる思いであった。結果は惨憺たる敗北、法学部の崩壊に終ったわけだが、その後の戦争期間にこうした抵抗運動の片鱗さえ学内に見られなかったのは不思議である。

ところで、わたくしは学校騒動には縁が深いとみえて、昭和五年に三高に入学したときにも大規模なストライキがあった。入学してまだ右も左もわからないうち、学校当局が在寮生徒を弾圧して自由を奪うなどいう演説が連日行われていたかと思うと、一夜のうちに形勢がきまった。各寮はもちろん校門はすべてかれら生徒に占拠され、教職員もかれらのチェックを受けて校内に入るという、当時としては考えられない事態となった。当然授業はなかったが、家庭から通学していたわたくしは、毎日のように寮に立てこもっている学友を慰問に行ったものである。約二週間ののち、ショボ降る雨の中を生徒たちは教授団に追い立てられて校庭を去って行った。後に残ったのは大量的な生徒処分と、責任をとった森校長ほか数名の教授の辞職だった。

そのとき何よりうれしかったのは、夏休み前の試験が中止されたことである。まことにたわいない話だが、学生にとって試験ほどいやなことはない。文学部へ授業の手伝いに行っていて、試験前になると学生大会の決議だといって何とか理窟をつけ、簡単にストライキをして受験拒否をするのに憤慨したものである。しかし、立場を変えてむかしの学生時代のことを思い返してみると、かれらの気持ちも全く理解できないわけではない。

在学中は朝の八時から夜九時近くまで、史学科陳列館の閲覧室が根拠であった。哲学科や文学科の授業もできるだけ聴講し、それがすむとすぐ根拠にもどって読書した。今から思うと、夜九時まで閲覧室が利用できたのはありがたい。どの先生の講義もおもしろく魅力があった。

いまの学生が講義に興味を感じなくなったのは、つぎのようなことも一つの理由だと思う。むかしは学術雑誌の数が少く、先生の専門的な研究は直接先生について聞くよりほかに方法がなかった。まして概説だとか、まとまった研究になると、大学において毎週少しずつ受けた講義のノートをいつまでも大切にして利用したものである。ところが、最近では何とか全集だの大系だのいう書物がつぎつぎに出て、先生のお得意の概説や研究成果がいつでも見られるようになった。授業時間数が少いので、講義以上の内容豊富なものが簡単に買えるとなれば、学生が講義離れしていくのも無理とはいえぬかも知れぬ。

東方文化学院京都研究所

昭和十一年に無事卒業。当時は三月三十日が卒業で、その翌三十一日から外務省の助成機関である東方文化学院京都研究所へ嘱託として採用された。恩師羽田先生や諸先輩のおかげである。月給六十円というのは、いまの二十万円くらいのねうちがあったろう。新築後数年の研究所は白堊の色もまぶしく、北白川の一角を圧して象牙の塔の象徴かのように思われた。所長は狩野先生であり、研究員は故倉石、吉川、塚本〔善隆〕、貝塚〔茂樹〕、故水野〔清一〕、長廣〔敏雄〕、藪内〔清〕、森〔鹿三〕といった諸先生、先輩で、いまではみな停年退官された人々ばかりである。そのうえ研究所の評議員として、研究指導に当っておられたのが名誉教授の高瀬〔武次郎、支那哲学〕、松本〔文三郎、印度哲学〕、小川、新城〔新蔵〕の諸先生、新村、石橋、鈴木、濱田、羽田、小島の現職諸教授であった。それで秋の開所記念日など諸先生が一堂に会されたときは、実に京大シナ学の偉観だったといってよい。

わたくしは東洋史の卒業だが、森研究員のもとで歴史地理研究に従事することとなり、小川先生が毎週足を運んでわれわれを指導して下さった。そのほか週に一度、狩野所長の指導による漢書の研究会があって、全所員が参加するのである。倉石、吉川両先生は中国語で読まれた。わたくしにも読む順番がくるのだが、何週目かに廻ってくる当番のときは全く試験を受けているようで、針のむしろに坐るというのはこんな気持かとやせる思いであった。

やがて日華事変が始まったのち、昭和十四年、研究所から外務省文化事業部の特別研究員に推薦されて、北京に留学することとなった。三高以来の友人で中国文学出身の高倉正三君は、同じく蘇州に留学した。戦争はますますきびしさを加えたが、一年余りの中国留学中に得た知識は、自分にとって生涯の財産となったのである。中国各地を旅行したとき、あちこちで三高・京大時代の軍事教官にお目にかかれたのも奇縁であった。高倉君と廬山へ行ったとき、九江駐屯の藤堂部隊長が京大の教官だったために非常なお世話になったことがある。その藤堂部隊長が湖北省の黄梅で戦死されたということを耳にしたのは、まだ二人の旅行最中であった。それ以上にいたましいのは、まもなく高倉君が病気にかかり蘇州で客死したことである。かれが今日まで生きていたら、どれだけ頼りになったかと思うと涙が出てとまらない。

京都大学人文科学研究所に合併

東方文化学院京都研究所はわたくしが入所してから二年後、東方文化研究所と改名された。自分の身分は嘱託から助手に、中国から帰ると副研究員と変っていた。戦後、東方文化研究所が京大に既設の人文科学研究所に合併されることとなり、わたくしは京大研究員という辞令をもらったが、それは助手相当の研究員ということである。一年後には本式の助手になり、東方文化時代と同じコースを二度繰り返す破目となる。皮肉をいうわけではないが、この期間がいちばん本をよく読むことができ、よい考えも浮んだように思う。やがて講師、助教授、教授の途を歩んで、停年退官とともに名誉教授の称号を授けられた。

三カ月の在外研究員に選ばれヨーロッパに出かけたのは、いわゆる学園騒動のまっただなかであった。イギリスでもフランスでも、日本の大学問題は大きく報道され、かつて京大にきたことのある学者たちは、わたくしの顔をみるとみな真剣にどうしたことかと尋ねてくれた。昨夜テレビで様子をみたとか、過激派の学生が全身火炎に包まれながら走っている写真が新聞に出ていたとかいうのである。しかし、自分にはかれらを納得させるだけの答えを考え出すことができなかった。十一月に帰国して、講義の遅れを取りもどそうと文学部の教壇に立ったとたん、わたくしは学生たちの罵声と怒号とにもみくちゃにされた。それも今となっては懐しい思い出である。

（『以文』第二〇号／一九七七年一〇月）

扁額「以文会友」

林屋辰三郎

一

昭和五十三年四月一日に、わたくしは京都大学人文科学研究所を停年制によって退官した。昭和十三年に京都大学文学部を卒業してから満四十年になる。以文会とのかかわりも決して善良な会員であったとはいえないが、同じ年数になるのである。その間に京都大学と直接に関係していた時期を数えてみると、予想以上に長いので、ちょっとおどろいた。

第一期は、大学院学生という身分の、昭和十三年四月から十八年三月まで五年間、その間のはじめの三年間は文学部副手ということで、学生と職員の二重籍であった。西田直二郎・中村直勝両先生のご指導をうけ、かつ研究室事務のお手つだいをした。途中で長期療養の時期もあって一向お役には立たなかったが、わたくし自身にとっては、最も思い出の多い研究室生活の時期であった。

第二期は、非常勤講師という身分の、昭和二十七年度から四十一年度までの連続十五年間、その間一週二時間、国史の〈研究〉を担当させていただいた。本務の立命館大学では、概説・演習の一・二部で時間一杯であったから、京大での特殊講義は文字どおり自分自身の新しい研究課題となり、有難いことであった。主任教授は小葉田淳先生。四十二年度からは本務の方で文学部長を仰せつかり、出講をおことわりしてしまった。京大の比較的若い方々を存じ上げているのは、この期間のおつきあいである。

第三期は、人文科学研究所教授という身分の、昭和四十五年五月から退官までの、八年足らずの期間である。ここでは日本文化部門新設にともなっての人事で、前年末の失職から拾ってもらったようなものであるが、わたくしとしては研究の新生面をひらくつもりで、「日本における市民文化の形成」をテーマに共同研究を組織し、『化政文化の研究』『幕末文化の研究』それに『文明開化の研究』（近刊）の三部の報告を出すことができた。たいへん有難く仕合わせなことだと思っている。

この三期を通算すると、二十八年近くということになるから、大学のずいぶん深い恩恵をうけたものである。

二

その間の思い出は、各時期ごとに尽きないものがある。もとよりその時期いがいにも、卒業後は終始京都市左京区内に生活していたのだから、京都大学の周辺をうろついていたようなものである。教養部の前身、第三高等学校にも、昭和十七・八両年度、嘱託講師として浅学の身で、中村先生の代わりに時間の穴埋めをしたこともあった。ながい教師生活の最初に体験した晴れがましさと緊張の思い出がある。

思い出というものはたいへん不思議で、三つの時期を通じていうと、最も古く遠いはずの研究室時代が最もなつかしくまた印象も鮮やかである。史学科出身であるからその場所はいうまでもなく陳列館である。陳列館といえば、やはり誰しも地下室の炉辺談話ということになろう。この間も同期の藤岡謙二郎君とそんなことを話合ったが、全く同感である。当時の国史・東洋史・西洋史・考古学・地理学の五専攻の人々が共通の場をもって、談論を風発させるのだから壮観だった。その炉辺の主の顔ぶれを思い浮べると、すでにお会いできなくなった人の数があまりに多いので、急に懐旧の情とともに暗然とした気持になった。それが停年という年齢の定めかも知れないが、たしかに陳列館は史学科の史跡というべきであろう。

わたくしは、人文科学研究所に入ってからは、幾つかの学内の委員会のなかで、とくに歴史的建造物と遺跡の二つの保存調整委員会というのに、かなり積極的に委員として参画した。すでに第三高等学校を含めると百年を十年もこえた歴史をもつ大学なのだから、その歴史と業績をもっと誇りとしてよいのではないかと考えていた。何時かも『以文』誌に大学観光をすすめる文章を書かせていただいたこともあったが、その具体的な場所として必要な建造物の保存を希望し、さらには構内再開発にともなって出土する埋蔵文化財の保護にも留意をおねがいしてきたのであった。これは最近に至って埋蔵文化財センターも発足して、まだ思い出というにはあまりに生々しいが、ひそかによろこびとしていることである。

三

そのようなわたくしは、しばしば保存屋のように見られるのだが、わたくしが入所したときすでに、人文科学研究所では当時分館として使用されていた旧独逸文化研究所の所屋を改築することに決定していた。この建築は歴史的というよりも、芸術的に優れた作品で、村野藤吾先生の初期の設計に成るものであった。そして偶然のめぐりあわせで、昭和五十一年五月、わたくしが所長として新築落成にのぞむことになってしまったのである。保存を主張する立場にある者が破壊の責任者となることになったのだ。しかも村野先生はこの改築には同意して下さり、新館落成式にもご臨席になったが、新館の設計者棚橋諒先生は落成をまたず逝去され、新館は最後の遺作ということになってしまった。この時は村野先生にも棚橋先生のご遺族にも、何とも申上げようがなくて困ったものである。

それはそれとして、温厚な村野先生とお話をしているうちに、ますます改築は惜しいことをしたという後悔の念が起ってきた。そのときのお話で旧分館の庭園は一木一石、先生の鑑識によって集められ、とくに石については自ら石狩りをなさったことを教えていただいた。すでにこれらはすべて廃棄処分されてしまっていたのである。わたくしはたいへん驚いて、早速に施設部と交渉して、ようやく庭石についてはその殆んど全部を取り戻すことができた。そしてせめての思い出として東一条西北角、現在の研究所玄関の南側に、この村野藤吾先生採集の庭石を石囲にして築山をつくり、その上に主なる二、三を配置することにした。あの一角には旧独逸文化研究所いらいの老樹とともに先生の作品の跡を記念したつもりである。折にふれてさまざまな石の顔を見て下されば、先生の作品へのご苦心がしのばれると思う。

最後に、戦後旧分館が旧独逸文化研究所からうけついだ建物には、直接附属した銅板記録などがあったので、これは後身の日独文化研究所へお渡ししたのだが、玄関に同研究所の創立に功のあった清浦奎吾伯筆の「以文会友」ともう一面「両鏡相照」という木製扁額がかかげられていた。これは奇しくも以文会と出典を同じくしており、戦後三十年間にわたって人文の先輩が相親しんできた記念の扁額でもあるので、旧所屋の思い出の一つとして新館の二階談話室および一階会議室に掲出することにした。新館にのこされた旧分館の模型とともに昔をしのぶ素材となるであろう。わたくしは、「以文」から寄稿を求められて、反射的にこの扁額の由来を書きのこして置こうと思った。人文研と文学部とを結ぶきずなのように思えたからである。

（『以文』第二一号／一九七八年一〇月）

陳列館時代の想い出

藤岡謙二郎

人間は短い一生であっても遠い時期の想い出ほどなつかしい。この四月一日付で退官した私には、近い時代の大学紛争時代の想い出が今もなお生ま生ましく、退官後三ケ月足らずの今日、なお母校の自分のいた研究室にさえ立寄ってはいない。顧れば昭和十年四月一日にあこがれの京大史学科に入学してから満四三年間、よくも京大に毎日通学通勤したものだと思う。しかも共に入学し、親しかった国史の林屋辰三郎、東洋史の佐藤長両君とともに、ともかく無事定年退職できたことはうれしいことである。その間三人とも途中のコースは異っていた。私の場合、戦前の十年間は立命に勤務したため、京大は多くの年は非常勤ではあったが、立命での授業が予科を除いては夜間勤務であったため、毎日陳列館に来ていた。冬は陳列館の地下室で、炭火にあたりながら国史にいた先輩の清水三男、田井啓吾氏等に上品な猥談をきかされた日がなつかしまれる。時々清水さんにもらった「日本中世の村落」をながめながら当時を回想するのである。

また学生時代の三ケ年間、私は同学年の史学科学生中、ただ一人の考古学専攻生であったことと、主任の濱田教授から、はじめから考古学では飯は喰えないとおどかされていたため、各種の免許状をとるため、地理、日・東史の授業は全部出席し試験をうけた。したがって学生時代から私には陳列館全体が壁のない一つの教室であった。それのみでなく、私は当時および卒業後も理学部の地質鉱物学教室にも中村新太郎先生その他の講義を受講に行き、合せて週三十何時間の講義をきいた。私自身、今日軽べつするタイプの学生であったのはこのためである。学生時代におでん屋の味を知らなかった私がこの反動として後年、学生に率先する酒のみの教師になったのであるが、自らのこのコースがよかったのか悪かったのか未だにわからない。それはともかく、私の学問は、いろいろの先生方からの広い指導によるところが多い。他に医学部の清野謙次先生にも一回生の人類学以後、濱田先生が総長就任後はドイツ語の原書講読を習ったし、さらに清野事件によって退職されて後もお宅をたずねた。また考古学教室での濱田先生を中心とした酒場ならぬカフェー・アーケオロジーの午後三時の会には、学生の身分でありながら、毎日お茶汲役を兼ねて、この時間に教室を訪ねてこられる色々の先生方の人生雑談をきいたことが、後年の教師生活にも役立ったと思う。〃学生の答案と女のスカートは短いほどよい〃といった種類の先生の偽悪者ぶりが私は好きであった。こんな京大三大喫煙家の一人といわれた濱田教授中心の雑談会をよそに、当時助教授であった梅原先生が部屋の片隅でせっせと土器か銅器かの実測をやっておられた姿も目に浮かぶ。この学問一徹の梅原先生によく叱られたことも後世たしかに役に立った。

不幸な太平洋戦争にかり出され、帰学すると、戦後の陳列館は変化しつつあった。国史および地理教室の先生方は、戦争責任によってそれぞれ職を退かれた。私の大学院での主なる指導教官であった小牧〔實繁〕先生が退職の後の地理教室は、立命時代でも同僚であった織田武雄氏が助教授として赴任、私は地理の非常勤講師、ついで昭和二四年夏からは、当時文学部長であった原先生のご推挙によって、新制の京都大学分校における人文地理学の初代の教官として赴任した。これからの私の仕事場は二十何年間、旧三高校舎のあった現教養部に移行、文学部へは授業担当の形で、多い年には週に六時間三コマの授業を行った。これは当時名目上の主任であった宮崎先生から、助教授ができるまでは専任並みに援助してくれといわれたからである。したがって地理教室がなお新館に移るまでの陳列館時代には、織田さんや学生諸君とよく調査や学会に出かけ、よくコンパと称して二次会にも出た頃が思い出され、私が一番京大で楽しく、はりきった時代であると思う。

また今から考えると、私は文学部に専任として残らず、かつて藤田元春先生が、よく勉強せられた旧三高の校舎で、多くの若い教養課程の学生を教えることができたことが何よりも幸福であり、もともと野人的性格の私には適していたと思う。しかもこのうち地理の専門課程に入った学生についていえば、十年近く教えた学生諸君も少くないのである。こんな諸君が今、地理学界の中堅となり、各地の大学教授になっている姿をみるとうれしい。こんな連中の中には離島調査に出かけた折、月あかき夜、船の桟橋で翌早朝の船を待って、私とともに呑んであかした人もいる。私の教養部教官としての信条は、かつて学生時代に教えられた濱田先生の偽悪者――これを織田さんは藤岡のは露出性だといったが――振りを発揮することであり、もう一つは大学紛争の原因たる教師と学生との〝人間疎外〟は、お互いに酒を飲み合いしないからだと考え、これを実行することであった。じっさいかえりみると、私の過去のフィルドワークの成果の一つも、やはり野外でのこれら学生諸君との心のふれ合いによる援助の賜である。

かくて私の陳列館への想い出は、主として戦前のよき師にめぐまれた濱田考古学教室時代と、戦後の織田教授を中心として再開された地理教室での自由な、学生諸君とともに野外に調査に出られた時代に区別される。この間私の京大での外見的履歴書をたどれば、戦争というカタストローフによって、実家の考古学教室から地理学または地理学教室へ養子に行ったことになる。しかしこれを内容的に自ら解説を加えるならば、もともと私の専攻分野は濱田考古学としては亜流の先史学部門、もっと具体的にいえば濱田門下でもあった小牧教授の本来の専門領域を継承したにすぎないのである。この場合梅原先生は私を考古学教室から地理学教室に誘導して下さったのである。

この四月退官最後の年の文学部の講義は、水津〔一朗、地理〕、樋口〔隆康、考古学〕両教授の計らいもあって、私は久し振りで地理、考古共通講義を想い出の陳列館の二階で行った。旧地理実習室の窓を開けて中庭を見下すと、久津川古墳出土の石棺があり、その横の芝生の上に、バケツをおいてひねもす土器洗いをした日が想い出された。あの頃の濱田先生は現在の私よりもずっと若く、その後定年を俟たずに粛学のぎせいとなって亡くなられた。そうして私等の学生時代には九州に療養に行かれた病弱だった梅原先生が、八十の坂をこえ、目下闘病生活で苦しんでおられる。濱田先生の場合、もしあのような総長職になられていなかったら、今日の梅原先生までは生きられたのにと思ってみたりするが、歴史の歯車を巻き直すことはできない。私はいまなつかしい陳列館時代を回想し、この梅原先生に負けず、師から学んだ考古学の道ではなく、自ら選んだ歴史地理学への道を第二の人生として歩んで行きたいと思う。

（『以文』第二一号／一九七八年一〇月）

京都大学への感謝

佐藤　長

昭和十四年に京都帝大を卒業し、二十九年からは助教授・教授として二十数年勤め、この四月にようやく定年退官となった。最近は退官すると、悠々自適の生活に入られるより、他大学の教授に転じられる方が多いが、それらの方がたは一様に皆気が楽になったことを言われる。こういう私も確かにほっとした気分でいるが、そこで編輯子が一筆何か書けと言われる。しかし往時茫々で考えがまとまらず、結局明瞭に心に残っていることは京都大学への感謝だけである。

卒論以来、チベットに興味をもち、敗戦前には二、三の論文も書いたが、戦後は惨澹たるものであった。生きることが第一であった時代に、学問の話など世間では受付けるはずはなく、ましてチベット史研究などは冷笑の対象にしかならなかった。しかし京大の、特に史学科の諸先生・諸先輩は、不思議と私を激励・援助して下さったし、私も真の学問は俗世間とは無関係なものだと思い込んでいた。その後、古代チベットに関して書いた原稿一五〇〇枚をいかにせんかと迷ったときも、先生方は、ハーヴァード燕京研究所へ多額の出版援助費を斡旋して下さり、忽ちのうちに上下二巻の書が完成した。幸にしてこの書は内外学界の好評を博したが、これも諸先生方の援助のおかげで、感激の至りであった。

本人は勢いに乗じて、次に中世チベット史の研究に突入した。チベット文献の調査・研究には、東洋文庫や大谷大学の稲葉教授の並々ならぬ援助があったが、対照さるべき漢文献はほとんど全部文学部・人文科学研究所の図書の閲覧で間に合った。また最近チベットの歴史地理に関する研究を出版したが、この際利用した地図も、重要なものは皆京大に所蔵されている地図集である。結局資料については京大図書館のご厄介になり、研究の継続ができたのは、先生方の配慮のおかげである。もし私が東洋史学の一角に幾分かの寄与をしたとするならば、それはなべて京都大学のおかげなのである。

或る人は私の研究に、京大東洋史の伝統が色濃く出ているという。自ら或る特定の先生のエピゴーネンたらんとしたことはないが、史料に対する丹念な読みと吟味、塞外言語についての注意深い検討は古くから先生方に教えられていたことであった。とすればこれもまた先生方の教育の賜物以外の何ものでもない。京大の優れた学問の伝統に育てられた私は幸福であり、もはや他にいうべき言葉はない。あらためて京都大学への深い感謝の念を献げたいと思う。

（『以文』第二一号／一九七八年一〇月）

回想

原　随園

暇になったこの頃は、自分の好きな本を毎日読んでいる。別に論文を書こうというつもりもなく、手当り次第の読書である。楽しい読書である。今までの半生とちがって、餘生が短いので、寸暇をおしんだ読書である。

隔週に病院にかよっているが、五分足らずの診察に、三、四時間待たねばならぬが、待合で書物もよめないし、この数時間が、身を切られるような思いである。座禅でもする気持で待つのだが、読書の時間が浪費となるのが、何よりもつらい。

そんな日々だから、物を書く元気はない。今度、理事長の今津〔晃、現代史〕君から頼まれたので、久しぶりに原稿をかくのだが、老の繰言になるのを、お許し下さい。

以文会というと、わたしは西田直二郎さんを想い出す。西田さんは以文会という同窓会の発起者であったのである。

教授会でも、滅多に発言されず、時には、鉛筆で習字をしていられた。意見がないわけではなく、それでいて、意見をたてられると、自己の主張は、なかなか枉げられなかった。それが一部の人々から、反対をうけられた。

西田さんが、京大同窓会をつくろうとされたのは、最初の史学科の卒業生として当然な計画であった。ところが、真先きに反対されたのが、京大の古い卒業生であった。

わたしは驚いた。わたしは、西田さんは、何故、打合せをしておかれなかったかとただした。西田さんは、前もって話をして、了解をとっておいたし、そのときには賛成していてくれたのに、ということでした。

同窓会は、そんなわけで否決されたが、西田さんはあきらめず、単独で卒業生と逢っていられた。わたしも、及ばずながら手助けしようと思った。大阪市、兵庫県、滋賀県、福井県、石川県、富山県、愛知県などにたびたび出向いたものである。三重県、熊本市などは、沢瀉〔久孝、国文学〕君が出張された。

当時、文学部に吉田良馬という人がいた。後に事務長になったが、当時は教務にあたっていた。卒業生の動向などに詳しい生字引であった。わたしは、出張しようとするさいには、吉田君に出張さきの同窓生の動向などを聞いて出かけたものである。

そのお蔭で、京大出でないわたしは、古い卒業生に接することができた。

或る年、吉田君と一緒に金沢にゆき、帰りに鯖江の女子師範に行った。大変寒い冬であったが宿に帰ると櫓コタツが準備されていて嬉しかった。酒の好きな吉田君を相手にして休んだ。朝になってみると庭の松に雪がつもっていた。楽しい思い出である。

第二次の世界戦争のころ、西田さんは、伏見稲荷、北野神社の宮司らから、寄附金を集めてこられて、文学部に神道講座を新設しようと提案されたが、時流に迎合するものという反対があってこの案は流れた。西田さんの意図は、単に時流にのろうとするのではなかった。神道と関連して、わが国の習俗を研究する意図があった。

西田さんの教室でも、池田源太君、肥後和男君、平山敏次郎君などが興味をもっていたから、この神道講座ができなかったことが残念である。

西田さんは、神社から集められた資金で、集中講義の形で、東大から宮地さんを招かれたばかりでなく、折口信夫さんも招かれていた。西田さんの意図がどんなに広いものであったかを知ることができる。わたしは、この講座が流産したことを今でも残念に思っている。

紀元二千六百年を祝うというころであった。西田さんは、文部省に頼まれて、精神文化研究所の運営の相談にのっていられた。そして研究所の教授として働いてほしいという文部省の意図であったらしい。

教授会にはかったときに、濱田さんは、教授として兼任するのでなく、責任のかるい講師に就任したらどうかと諌められた。一面では西田さんが多忙すぎたので、本務にもっと力をいれてほしかったからでもあった。

西田さんは、自説をまげず、精神文化研究所の教授を兼任された。これが後年追放される原因となった。それはさておき、西田さんの作品は、『史林』に出た論文をみても、よく考えた示唆にとむものであった。東京にいた頃から敬服していた方であった。

京大では、三浦周行さんが、古文書を中心として、立派な研究をしていられた。内田銀蔵さんが、入念な思索によって、解釈に卓抜な見識を示された。また桑原隲蔵さんという立派な考証をされた方もあり、原勝郎、坂口昂という見識の高い人、博識な内藤湖南さんなど、好い諸先生の長所を十分吸収された西田さんは、外国の文献を講義に引用されたとみえて、その頃の卒業論文には大抵洋書があげられたものである。〝ものがある〟という文体まで真似する人もあった。それほど、教授の影響力は大きかったのである。

（『以文』第二二号／一九七九年一〇月）

京都大学の想い出

冨本 健輔

『以文』に何か書けとのお話があった。どう考えてみても適任とは思えないので、お断りする心算でいた。そうこうしているうちに、原稿用紙が届いた。もう、どうにもならない破目におちてしまった。さァー、何を書こう。あれこれ考えあぐんだ末、学生時代の思い出が次々に浮んできた。私の心の中に生きている京大文学部の面影である。それを記すことにした。

京大の文学部は、その頃、われわれの憧れの的であった、土田杏村や務台理作といった先輩の名がよく話題にのぼった。わたしは、東京高等師範を卒業し、翌、昭和十三年、その京都大学へ入学することができた。普通の学生より数年の年長であった。それでも、弾む心を抑えることができない程であった。

総長は考古学の濱田耕作先生であった。学徳ともに傑出された方であると聞かされていたが、厳めしい尊容が印象に残っている。志望した史学科は陳列館にあった。教室は、ここに附設された木造平家の一棟教室であったが、窓がステインド・グラスで装われ、由緒を感じせしめた。西田直二郎先生の、理論的な、蘊蓄を傾けられた日本文化史、羽田亨先生の、スタインやペリオの話を織り交ぜられた立板に水の中央アジア史、原随園先生の、洗練され、味わい深く示唆にみちたギリシァ史、梅原末治先生の身を以て構築されつつある考古学その他、何れも燦然たる名講をここで拝聴した。那波利貞先生は同郷のご縁にて、よくお邪魔に参上し、ご風格に接することができた。阿波水軍のことや、敦煌文書を使用されての唐代のご研究のことなど、貴重なお話をうかがった。京都へ来てよかったと、しみじみ思ったのである。

濱田先生が亡くなられ、羽田先生が次の総長になられた。このころ、大学は慌しい雰囲気の中にあったようであるが、われわれの直接、知るところではなかった。わたしは西洋史を専攻することに決めた。これは前々からの希望であったが、自分の語学力からして、まことに冒険であった。しかし、やれるだけやってみよう、それでよいのだと考えた。原先生のギリシァ神話やアテーナイの国制の講義や『イリアッド』や『ポエティカ』の演習、時野谷常三郎先生のビスマルクの「クルツァー・カムプフ」の講義やランケの「エポッヘン」の講読など、何れも興味深く、西洋史学研究の悦びを喚起して下さった。中世史の鈴木成高先生や古代史の井上智勇先生が相次いで助教授になられ、西洋史教室は、ますます充実した。鈴木先生の、いとも明快に説かれるゲルマンの「人的結合国家」のお話など、まことに魅力的であった。わたしは、東洋史専攻の畏友S（島田虔次）君とともに、毎週のように先生をお訪ねし、ご示教を受けた。その頃、先生は名著『ランケと世界史学』を執筆されていた。井上先生からは「シュペト・アンティケ」の講義を拝聴した。アウグスチヌスの『神国論』を引用して話される論理的展開の巧妙さに耳を傾けたものである。史論をも明確に打出され、深い感銘が与えられた。

西洋史専攻の同学年は、復員者をも含めて八名ばかりであった。年齢が相前後する開きはあったが、つとめて交わった。講読や演習のあとなど、連れ立って銀閣寺や吉田山のあたりを歩いた。あの「哲学の道」をいつも通った。秋のころなど、夕陽に映えた赤松の膚が静かな美しさをみせていた。疲れたらお茶を飲んだ。われわれは、時局のこと、大学のこと、先生方の講義のことなど談論した。

そのころ、大学を取巻く空気は、はっきりと変わりつつあった。自由な学問の府が一つの曲がり角にきていたようである。このことを『以文』第六号で、小島祐馬先生が述べられている。「濱田さんの逝去と同時に、京都大学は一つの困難な問題にぶっつかった。それがいわゆる総長選任問題であった。……後には総長ばかりでなく、教授・助教授の選任問題にまで及び、したがって、ひとり京都大学だけの問題ではなく云々」と。その頃、既に、荒木貞夫陸軍大将が文部大臣に就任していた。そして、さらに先生が言われるごとく、「軍部が政治の実権を握り」、「挙国体制が強要され」、大学自治は「右翼政治家たちの関心の目標となっていた」のである。そのような状況の下で、軍事教練の強制は勿論のこと、「日本精神史」のごとき新講座も開設された。教育学の講義中、教授が、学生たちに筆を擱いてと念をおしてから、用心深く話されたことが想い出される。

そのころ、天野貞祐先生の『道理の感覚』が出された。われわれは貪るように読んだものである。先生は学生課長をされていた。真摯にして、リベラルなヒューマニスト哲学者として、学生たちの敬愛するところであった。この書は先生のご人格と精神が充分、窺われるものであった。また、先生は、「月曜講義」を開始された。ハイデルベルクに倣って、大学と市民の一体化を意図されたものである。毎週月曜日の夜、市民にも開放されて、法経の大講堂で行われた。これは、名誉教授西田幾多郎先生の「日本文化の問題」から始められたが、満堂立錐の余地のない盛況であった。京都大学のもつ、このような自由と文化の気風を、学生としてこの上ない誇りとした。これは、国家主義に急転回しつつあった時局に対する批判的防塁としての大学の姿でもあったであろう。しかし、不幸にして、『道理の感覚』も遂に絶版になった。

当時、鈴木・高山両先生の間で世界史の理念についての学問的論争があった。示唆されることも多く、われわれの関心を集めたものであった。また、他方、大東亜共栄圏の構想があり、『地政学宣言』が世に出た。しかし、自由に客観的に真理そのものを追究することが、京都大学本来の精神であることを疑わなかった。

その点、西洋史教室は有難かった。原先生は、観念的な理論ではなく、史実に則すべきことを常に諭された。当時、それは切実な緊要事であったであろう。このころ、先生の稀代の大作『ギリシァ史研究』が次々に出た。わたしは哲学関係の講義によく出席した。田辺元先生の哲学概論や九鬼周造先生の近代哲学史を聴講したことは懐しい想い出である。しかし、史学には史学の道があることが知らされた。

わたしは「ルネサンスの時代概念」を卒業論文とし、後、先生のご指示で宗教改革の研究をテーマとすることになった。そして、史学科や哲学科の書庫で、関係のありそうな書物を探した。しかし、ルターの『ワイマール全集』や『ツヴィングリ全集』を見て圧倒されて仕舞った。また、佐藤繁彦氏署名入りのカール・ホルのルター分冊本を幾つかみた。こうして、カルヴァー版『ルター選集』やホルの『ルター』、トレルチュの『プロテスタンティズム』などを読み始めた。幸い、井上先生が近くに引越されておられたので、いつもご指導を受けていた。玉稿『プラトンの国家論』を出されるころである。

大東亜戦争が始まった。学徒の出陣があった。大学も大戦の波に呑み込まれていった。勤めをもっていたわたしも応召、研究の緒にもつかぬうちに従軍した。

戦後、郷里に帰った。京都を離れたが、井上先生から、引続き薫陶を受けた。S君は力作『中国における近代的思惟の挫折』を世に問われた。寄贈されたが、慶祝して止まなかった。わたしにとっても励ましであった。わたくしには、僻遠の孤独の中にいる自分を常に鼓舞してくれる親友I君がいた。彼はアメリカ史の研究でパイオニアー的業績を挙げつつあった。この二人は、いま史学科の教授として活躍されている。想い出の結びとして、恩師と友に謝意を述べたい。

（『以文』第二三号／一九八〇年一〇月）

停年退官の弁

島田虔次

私は今年四月一日付をもって停年退官いたしました。文学部（東洋史）の教授としてはわずか五年半の短期間でありましたが、実はそれまで人文科学研究所にはざっと二十六年ばかり勤めておりましたので、年数には不足はなく規定によって名誉教授ということにしていただきました。

学年末のある日、あと数週間でやめるのかと思うと、うれしくてたまらない、と申しましたら、先生はイヤ味なことを言う、と学生が苦笑しました。これは学生の誤解です。私のつもりは、こんな学生どもを対手にするのもあとしばらくの辛抱、というのでは決してなかったのです。そうではなくて、授業の準備でこんなしんどい思いをせねばならぬのもやっと幕引きか、とそれが嬉しくてたまらなかったのであります。それは私の心底よりの実感でありました。

東洋史には以前からのしきたりで、週一回、教官と学生（主として大学院生）とが研究室で一緒に昼食をたべる、そういう会があります。私の退職を前にして、記念のための拡大昼食会とでもいうべきものを開いて頂きました。席上、最後に謝辞に立った私は井上靖の小説『僧行賀の涙』というのを引いて、心境を語りました。この小説は随分まえに読んだものでありますが、昨年の秋ごろ、退官を意識しだしたころから、しきりに思い出されて、身につまされていたのです。

行賀というのは天平勝宝四年、藤原清河を大使とする第十回遣唐使に随って入唐、延暦二年、渤海国の船に便乗して帰国した留学僧で、入唐のとき二十二歳、帰国のとき五十五歳、在唐三十一年間というのは私の京大在職年数とほぼ見合います。身をもち崩しもせず、さりとて果敢な理想主義に身を亡ぼすこともなく、ひたすら唯識・法華の教義の研究と日本の仏教界にもたらすための写経とに没頭したのでありましたが、帰朝ののち、東大寺における試問会の席で、何を訊かれても塞《つ》まって満足な答ができなかった、ということであります。そして遂に試問役の僧から「久しく歳月を経て学殖膚浅」と罵倒される。「突然行賀は眼の前が霞んでゆくのを感じた。……涙は行賀の眼に溢れ、滂沱として頬を流れ落ちた。行賀は長いこと涙が頬を伝わるに任せていた」。

私には此の行賀の涙は他人事とは思えません。昼食会の席でも申したことですが、学生生活のしめくくりに論文試問があるように、退官する教官にも試問というものがあるとする。文学部東館の中庭に全教官、全学生が集合し、私が引き出されて試問をうける。そんなとき私は満足に答えることができるでしょうか。学部長から「久しく官禄を食んで学殖膚浅」と叱責され、全教官学生の嘲笑憫笑にさらされ、恥しさと口惜しさでハラハラと落涙する、というのが落ちではないでしょうか。

小説での行賀の涙は、もちろん、こんな浅薄単純なものではありません。しかし今は敢えて浅薄単純に解釈するとして、私にはそんな自分の姿が目に見えるような気がするのです。そして、学殖膚浅で立派な授業ができるわけがありません。

小説にひかれて話がすこし深刻になりすぎました。本当は、問題はもっと簡単なことだったのかも知れません。つまり、ものをまとめるという能力が私には、どうやら、先天的に欠けているらしい、ということ、それと、自分でもあきれるほどの遅筆、そのために私はどうしても講義案をテキパキとまとめることができなかった、というだけの話かも知れない。四苦八苦の末、一回一回の講義案はともかく作ってゆきますが、時間割の一コマで終るべきものが三コマ四コマを費してもまだ終らない。業を煮やして大刀闊斧、いいかげんに結束して、次にうつる。いつも此のパターンのくりかえしです。こんなことで、やっている本人も聴いている学生も、面白かろうはずがありません。私はつくづく授業がいやになってしまいました。まとめる能力がないということは、要するにテーマの全容を十分把握していないということであり、結局、学問的能力の不足ということに他ならない。つまり、ふたたび学殖膚浅ということに帰着するのでありま す。

何と良心的な教師であることよ、と誰かほめてくれる人があるかも知れませんが、バカバカしい、ほめたい奴は勝手にほめるがいい。他に何ひとつ悪い印象のない文学部ですが、この授業という一事のゆえに、停年退官は私には、歓喜踊躍の至にたえぬ次第なのであります。

（ここまで書いて思い出しましたが、私はむかしはそうでもなかったようです。創設そうそうの東海大学で、私は予科の東洋史概説を受持ったことがあります（三十歳前後）。そのときの授業は、一年かかっても漢代までも到達しないという超スローモーでしたが、授業がいやどころではない、むしろ待ちどおしい位であったと記憶しています。そこでその時の講義案を引っぱり出して読みかえしてみても、当時の学界の水準に照らしてまずまずの出来と感じます。してみると問題は別のところにあるのかも知れません。エネルギーというか馬力というか、よくもわるくも覇気といったもの、それの問題に帰着するのかも知れません。そういえば私はよく、人間が丸くなった、とほめられる？ことがありますが、このことも無関係ではないかも知れません。人間が丸くなるとは、単なる怠惰ということ、即ち世故を経て猫かぶりが板についてくるということに過ぎない。授業への嫌悪も別に深刻な意味のあることではなく、単に老年性怠惰と学問的事なかれ主義、にすぎなかったのかも知れません。思うてここに到れば、憮然愴然たるを禁じえないのであります）。

永い京大文学部生活のうち、結局、一番よかったのは学生時代、ということになりそうです。授業をする側でなく、受ける側、なかでも一回生の時代です。入学試験などありませんでしたから、難関突破の喜びこそ味えなかったけれど、それだけにむしろ、喜びに気がぬけてしまってでなく、いわば満を持した状態で入って来たのです。その頃の学生の風で、いろんな先生の講義を聴いて、当時のことばでいえば「ひやかして」まわりました。史学科の学生のくせに落合太郎先生の文学概論を面白がったり、西洋史などやる気はなかったのに、田中秀央先生のラテン語までのぞいたものでした。そして、そのどれもがいかに魅力的であったことか！——というところで、ちょうど紙幅が尽きました。ご静読を感謝いたします。

（『以文』第二四号／一九八一年一〇月）

三十年前のこと

宮下 美智子

編集委員の方から「当時の女子学生のみた文学部」ということで一文をというお話である。『以文』にと聞いて、まずああ私もそんなに年取ったのかなあとショックを受け、つぎに記憶力に自信がないので躊躇したが、とにかく思い出すままに書き並べてお許しいただくことにする。

私が入学したのは一九五〇年（昭二五）で新制第二回である。敗戦によって女子も入学を許されるようになり、女子の卒業生がはじめて出たのが一九四九年だから、私も女子学生としては古い方に入ることになる。同期入学の女子学生二十五名のうち、文学部が最も多く十二名であった。

当時はまだ旧制、新制が入りまじり、雑然としていたが、新しい社会に向っていくという活気があった。私ははっきりした目的意識をもって入学したわけではなかったが、戦後の民主々義思潮の中で、男子と対等に勉強して名実ともに男女平等を実現したいという気持はつよく持っていた。

教養一回生は開校されたばかりの宇治分校であった。鳥養〔利三郎〕学長はノースカロライナ大学を目ざされたということであったが、広い敷地にバラックのような校舎がバラバラと建っていて、メタセコイアの並木道からはずれた草むらからはまむしが出るという話さえ生れた。吉田本町の京大キャンパスから遠く離れ、先生方は吉田からスクールバスで来られたようで、講義以外にはお目にかかることも少なかった。そのかわり学生間ではのびのびと勉強会やサークルをもち、他学部の人たちとも広くつきあうことができた。勉強会では社会科学の入門書などを読むことが多かった。周りは私より大人びた感じで、むつかしいことを議論されるので、感心したり劣等感を味ったりした。そんなサークルの一つとして婦人問題研究会を作り、文学作品を素材にして女の生き方をとりあげたが、女子学生よりも男子学生が積極的に集まり、活発に話し合った。

二回生になって吉田分校へ移ると、上級生の呼びかけがあって、女子学生懇談会に参加した。トイレや更衣室など女子学生のための設備は何もなかった。私たちはまず女子寮を作ってほしいと学生課へ申入れた。そのとき学生課長が「(この大学はしんどいから) 自分も女子大にでも行きたいと思っている」ともらされたので、女を軽くあしらわれたようで憤慨した。

私たちが学生時代を過した一九五〇年代の政治情勢はかなり緊迫していた。一九五〇年に朝鮮戦争が始まり、レッドパージがつづき五一年にはサンフランシスコ講和条約、日米安保条約、五二年には破防法など、急激に動いて行った。私たちの世代にとっての原点は「きけ、わだつみの声」であり、戦争否定であったので、当時の政治情勢には不安と反発を感じ、平和問題と民族の独立がつよく意識されたのである。その度に学生大会が開かれ、ストが行なわれた。単純だったかもしれないが、いま自分たちが何らかの意志表示をしないと「わだつみの声」と同じような悔を残すのではないかという気持であった。しかしどことなくのんびりした面もあった。私が三回生になり史学科国史に進んだ一九五二年、破防法反対の時だったと思うが、「明日、学生はストをしますので」と小葉田先生のお宅へあらかじめおことわりしに行ったこともあった。先生はとりやめるようにと一応説得されたが、あとは困った顔で黙っておられたように思う。

歴史研究の分野においても、右のような情勢から若手の先輩の間では民族問題が中心課題となっていた。五二年五月に歴史学研究会の大会が東京であり、京都からも大挙して参加した。その時の大会テーマが「民族の文化について」であり、各時代から共通テーマに取り組んだものであった。私は国史に入ったばかりで、まだよくわからないながら先輩方にくっついて行った。東京ではその二日前に血のメーデー事件で多数の死傷者を出していた。そんな時であるのに私の思い出は意外と気楽なことばかりである。夜行列車で早朝東京に着き、東京温泉で汗を流してから会場へかけつけ、大きな階段教室で発表や討論を聞いたこと、また大会につづく記念会では京都の学生グループによる「祇園祭」の紙芝居に出演し、私も一言二言せりふを言ったことなどである。この紙芝居は民衆の歴史を創造し普及する活動の一つとして作られたものであった。しかしこの紙芝居作りには、古文書室で静かに史料を筆写しておられた先輩方には随分ご迷惑をおかけしたようであった。

この後も先輩諸兄の間では「国民のための歴史学」という問題意識からの研究と実践が情熱的に議論され、進められた。私などまわりをウロウロしていたにすぎないが、研究会などを通じて、先輩方の研究態度や研究方法を学んだ。当時は自分の意識の低さを恥じ、基礎学力のないことにあせりも感じたが、その中で研究と、自分の生き方とを統一的に考えようとする態度を学んだと思う。

一方、研究室の講義の方は、小葉田先生、赤松〔俊秀〕先生の「研究」をはじめ、古文書演習など、どれも難しく自分の専門的知識の足りなさを痛感した。赤松先生の荘園史の講義など三回生の初めにはノートも満足にとれない有様であった。先輩に聞くと、前年からの続き物だということで、前年分のノートを見せて貰って少しは理解できるようになったが、なるほどこれが大学の専門講義なのだと感じ入ったのである。

大学院に入った年、国史研究室では畿内および周辺の村落発達史の総合調査が行なわれており、私は若狭の調査班に参加させて貰った。小葉田先生をはじめ、高取・楠瀬・村井・池田の諸兄がメンバーだった。西津・田烏・矢代など漁村の史料を採訪してまわった。それまで卒論のため歩いていた近江の農村とは民俗の違いもあり興味深かった。産小屋や、共同の埋め墓を実際に見たのも始めてだった。採訪した史料をもとにレポートを書き、小葉田先生にみていただいたが、先生は多くの史料をきっちりとみておられ、私の見落していた所を指摘して下さったことが強く印象に残っている。

国史研究室は開放的で活気にみち、時には階下の研究室に迷惑をかけ、原随園先生からご注意をうけたようなこともあった。先輩、友人は紳士的で親切にして下さったが、やはり女ということで違和感をもったこともあった。当時の私は男女平等の原則に固執し、それに反することはがまんできなかった。研究室で史料を書写しながらの雑談の中で『夫婦善哉』の映画を観た感想が出たことがあった。私が「あんなだらしない柳吉につくす蝶子がいらだたしく、その気持が理解できないわ」というと、男性諸兄は「あんなのええなあ」といい、さらにAさんは「芸者を女房にしたらいいんやってなあ」という。Bさんは「君はあの男ばかり見てたさかいムカついて帰って来たんや、ぼくらは女をみるからな」と。Cさんは「ありゃ女房に見せにゃいかん映画やな」と言い、Bさんから「結婚以来、女房は尻をかならず亭主のところへ持ってくる。女って三千年来のずるさを持ってるんや」と、とどめをさされた。

今からみると私も青くさかったなあと思うものの、すべてに筋を通そうとしていた自分がいとしくもあり、これは一九五〇年代型の「つっぱり」かなと思えるのである。

（『以文』第二四号／一九八一年一〇月）

陳列館の今昔

長廣　敏雄

一

陳列館を久しぶりで訪れた。実はしばしば訪ねているのだが、陳列館を思い出話の対象にするという目的でやってきたので、久しぶりという言いまわしになったのである。まず陳列棚は昔の考古学教室助手島田貞彦さんの設計。その横の竪穴式石室（摂津の紫金山古墳）などの模型はなつかしい。私には遺物のそれぞれに深い思い出がある。こうして戦前・戦後の時代そっくりそのままで静まっている遺物たちと、私は無言の対話を交わした。縄文や弥生の土器たち。君らのことどもを先日も某出版社企画のM君との対談で日本美の原点ということのなかで話した。愛らしい打球騎馬女俑よ。故原田淑人先生の特殊講義のレポートで君を六、七枚の原稿紙にかいたのは昭和二年のことだ。（いまの韓国の）慶州金冠塚などの金冠模造品は学生の私たちに強い感銘をあたえたっけ。濱田先生の演習ではよく陳列品の前で先生の皮肉な質問を受けたことがあったな。その他エトセトラ。

陳列館東北隅のエジプトやギリシャ考古学の陳列室では、エジプト第十二王朝の碑石二点のうちネフェル・ヘテプ・センブ碑石がなつかしかった。実習として自由な拓本作業が認められていた頃であった。遺物汚損を避けるため乾拓でこの碑石の図様と象形文字を拓本したことがあった。

ほこりまみれのアテネのパルテノン神殿模型が灰白色の石膏の姿をみせていた。くすんだラベルに濱田教授製作の文字があった。その横にはミケーネのアトレウス宝庫の模型。すべては恩師濱田青陵先生の思い出につながるのだった。若い頃の濱田先生のエジプトや特にギリシャ、ローマ考古学への傾倒と研究の結晶あるいは代弁ではないか。またガラス越しにエジプトのパピルス紙のコプト文書とかコプト織物断片を目に留めたとき、つくづく久しぶりの対面だと思う。この陳列室はひどく雨漏りするらしく、防湿器機が活動していた。

二

『文学部三十周年史』（昭和十年刊行）によると、陳列館の建物の完成には四期を要したという。第一期の竣工は大正三年三月で、いま見る南向きのファサードと東西両翼の、つまり北に向って開いたコ字形の平面だった。大正三年（一九一四）はいまから六八年前。風霜、古りて、歳月、深かし、の感がある。あちこちに疲れのひどい壁がみられるが、陳列館南面ファサードの古風な落着きは、今日の新建材の建築と格段のちがいがある。ただ前庭がいまは元のごとき寛濶さを失ったのは残念だ。

陳列館第二期と第三期の工事は継続していたようで、結局、大正十四年三月に竣工したのは、陳列館の東北端を延長・増築した合計二室であった。私の入学した大正十五年（一九二六）四月は東翼が西翼よりやや長いコ字形平面で、東南隅と西南隅に第一期以来の陳列室、東北端に第三陳列室（エジプト・ギリシャ室）があったと記憶する。いまのようなロ字形の建物になったのは、昭和四年（一九二九）三月完工の第四期工事の結果である。これで陳列館は予定の工事計画全部が完了し、第四期竣成部分の階下には考古学陳列室、階上には地理学研究室が移転した。だから私の思い出の〝陳列室〟は、第四期工事完成以前、つまり現状とちがって東南隅と西南隅の二陳列室により密接に結びつく。この二室で濱田先生と私たち考古学専攻第一期学生は陳列遺物を通じて結び合ったというわけだ。

私の卒業した昭和四年は、陳列館の考古学教室にとって大きな変化の年だった。一つは前途の陳列室新築に基づく陳列遺物の大移動である。隠れていた遺物で日の目をみたものもかなりあった。もう一つは梅原末治先生が留学を終えて帰国されたことである。三つ目は狩野直喜、濱田耕作、羽田亨の三先生が理事となられた東方文化学院京都研究所が四月に創設され、東南隅陳列室の移転あとを研究所仮り研究準備室に当て、その助手に任ぜられた故安部健夫、故森鹿三の両君と私の三人が、毎日その室に勤務した。それはわずか一年半ほどの仮住まいだったが、私の陳列館の思い出もその頃を境に、違った色合いを帯びたも

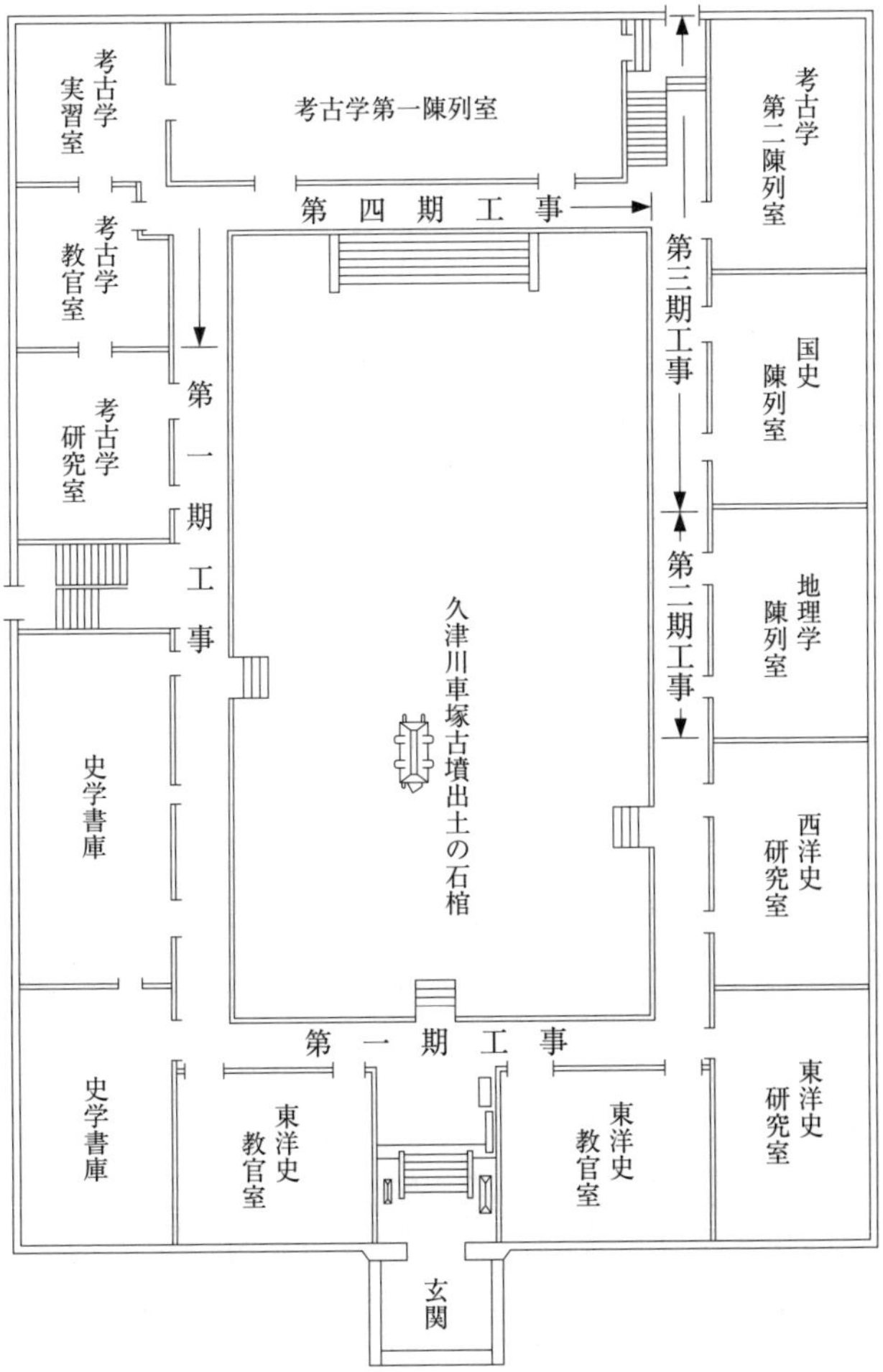
考古学実習室
考古学第一陳列室
考古学第二陳列室
第四期工事
考古学教官室
第三期工事
国史陳列室
第一期工事
考古学研究室
地理学陳列室
第二期工事
久津川車塚古墳出土の石棺
史学書庫
西洋史研究室
第一期工事
史学書庫
東洋史教官室
東洋史教官室
東洋史研究室
玄関

昭和5年頃の陳列館一階

のとなったことは否めない。

三

濱田青陵先生は昭和十二年六月に京大総長に就任される頃まで、文字通り、陳列館の主《ぬし》であった。だが第四期工事完了の頃までは、青陵先生の目の上に、小川琢治、三浦周行、内藤虎次郎、坂口昂、深田康算、新村出の諸先生がかぶさっていたし、同輩格の羽田亨先生とかやや後輩の沢村専太郎〔美学〕先生も種々意見をもっていた。青陵先生はこれら当時のわが国最高見識者の〃お知恵〃をうまく抱きこんで、陳列室の豊富な収蔵を築かれた。その後、梅原先生やその後継諸教授の力もむろんある。陳列館所蔵の遺物（文化財）群は、少くとも我が国の大学博物館では群を抜いた質と量そして多彩を誇ることができよう。

「カフェ・アルケオルギー」の名を濱田先生傘下の研究室に奉ったのは、昭和初年の毎日新聞京都支局長だった岩井武俊氏である。青陵先生は「研究室は色々の人が自由に出入し、煙草の煙と茶話会が行はれるので『カフェー・アルケオルギー』の名をつけられて、今なほ御蔭を以て繁昌して居る次第」（前掲『三十周年史』掲載。傍点は筆者）と書いていられる。陳列館の主《ぬし》の青陵先生は、すごい愛煙家だったし、皮肉とユーモアとで先輩、後輩また学生を相手に自由な午後の時間（たいてい午後四時）を楽しまれた。ときには考古学の遺物の話から突然セクシィな話題を自ら思いつき、くっくっと小さい声で笑っておられた。自分を随筆考古学の学者と嘲ったりする先生だった。

六十八年の歴史をになう陳列館。建築は老朽化したが、そこの遺物群は依然として燦めく星雲だといってよい。これら多量の収蔵品に、より幸福な陳列室を整備してやりたいと思う。

（『以文』第二五号／一九八二年一〇月）

恩師・先輩の思い出など

増村　宏

京大史学科に入学したのは昭和四年である。四高の二年生で下宿し、郷里の家のと同じ『東京日日新聞』をとっていたが、学界の噂話「学界新風景」が連載された。京大東洋史では、内藤・桑原・矢野・羽田・今西五人の教授がおり（学位・敬称はなかったと思う）、学界の壮観で、大森林にわけ入る感がする、とあった。級友に東大で西洋史をやるというのがいたが、私は京大で東洋史をやることに決めた。若いドイツ語教師が三年生の教室（私は文乙）で「文学部なら東大ですね」と言い、級友にも「文科なら東大に行けよ」といわれたが、二年の決心を変えなかった。もっとも、学校の日本史・東洋史兼任の老教授の講義は何の魅力もなかったし、自分で特に勉強したのでもなかった。

無試験と思っていたところ、一月（昭和四年）末頃か京大史学科は選抜試験を国語・漢文・語学で実施すると発表があった。不景気には文科が流行するのだという。今さらジタバタもできないので、実力で受験するより外はない。どうかと思っていたドイツ語はイェズイーテン（ジェスイト）がどうかしたというやさしい文章で、動詞と見られる単語一つが分らないだけであった（と思う）。

入学して内藤先生は引退、今西先生は京城大学と知った外に、一回生は概説を受講し、専攻は二回生進学のときに決定することを知った。道理で出願用紙に専攻志望欄がなく、私は無理して「東洋史志望」と記入したのであった。そんなことさえ知らず、私は史学科に入学したのである。

桑原先生は漢代史（前年に上代史から始められて）を文献をあげて簡潔に講ぜられた。特殊講義「史記と漢書の研究」にも出席した。先生は夏休みに病気されて九月に出講されなかったので、講義は七月で終ってしまった。「史記と漢書の研究」を終りまで聞きえたら、ずいぶん勉強になったことと思う。先生が何か言われて学生が笑うと、顔をあげてツンとした表情をされた。初めは笑った失礼をとがめられるのかと思ったが、先生得意のポーズであることに気づいた。矢野先生は紐で綴った部厚い印刷物を出して講義された（『近世支那外交史』の校正か）。濱田先生は講義の開口一番「考古学をやっても就職口はないから、来ないように」と言われた。自分で教師になってから、先生は「本当にやる気の者は来いよ」と言われたのだと思い返した。土器の話のとき、臂をグルグルと轆轤にして粘土をのばす仕ぐさをやって見せられた。先生は和服でシャツは着けられない。講義草稿は毛筆の縦書きであった。

さて二回生で東洋史に入ったが、何をどう勉強するのか分らない。新専攻生（合計十三人）歓迎会で先輩松浦（喜三郎）さんが「性客を好む」と言われたので、一乗寺下り松のお宅に「どういう勉強をしたらよいのですか」と尋ねに行った。松浦さんは苦笑して通典（十通本）一帙を出してきて、「これをやるから、しっかり読め」と教えられた。その後に松浦さんには図書集成本二十四史を北京から買ってもらった。正史は隋書から見はじめた。松浦さんからもらった通典は戦災で失い、戦災を免れた二十四史は戦後の学校の火事で失ったが、松浦さんの恩義を忘れたことはない。

教授の大先生には近よりにくいので、那波先生（当時助教授）に卒業論文は漢から唐までの選挙制度をやりたいと話したら、大き過ぎるからその一部をやるようにと教えられ、「九品中正制」をやることにした。矢野先生はその後フランスに留学されたので、心安い先生がおられないで困ると、同期生皆で話しあった。先生の演習に「九品中正制度について」を提出した。先生は通典の引用文の誤読を指摘され、私の通典を指して「ここに持ってくるように」と命じて、ニヤニヤしながら選挙典の中正の部だけではなく、前後何枚もめくって見て「大分読んだな」と機嫌がよかった。実は私の入れた朱点の外に松浦さんのもあり、お蔭で私は松浦さんの分まで合せて点数をかせいだのであった。

卒業して研究室で一年間副手をした後、昭和八年に東方文化学院京都研究所（今の京大人文科学研究所の前身東方文化研究所の前身）に職名司書で入所した。

昭和十一年二月十一日、所長狩野先生は研究員（倉石武四郎・吉川幸次郎・能田忠亮・塚本善隆・森鹿三・水野清一……）に漢書の講義を開講され、私も出席を許された。先生は「五年前の今日、文学部に定年の辞表を出した。顔師古は六十五歳で亡くなったが、達者で講義のできるのを喜ぶ」と挨拶された。紀元節は今の建国記念日のようにただの休日でなく、学校では式典があったのだから辞表も提出できたのである。

挨拶の後に漢書叙例の読みを「何々君」とあてられ、「準備してきていません」という某研究員の返答があったとき、倉石研究員が「シナ音を準備してきましたから」と代って読まれた。研究所で傅（芸子）先生から急就篇を習っている私のシナ語では、倉石さんのシナ音読みはお経の如是我聞……のようであった。後で狩野先生は「儲君は上哲の姿を体し、守器の重にあたる、俯して三善に降り（三善を降しではない）、博く九流を綜《す》ぶ、炎漢の餘風を観《み》、その終始を究め、孟堅の述作を懿《い》なりとし、その宏瞻《せん》を嘉《よみ》す（班固の漢書には宏瞻がまさに適評である）、以《お》為《も》うに服応（服虔・応劭）の嚢《のう》説は疏紊《びん》なお多し、蘇晋（蘇林・晋灼）の衆家、剖断蓋し尠し、蔡氏（蔡謨）の纂集は尤とも牴牾を為す、これより以降は、云う有るに足るなし（ここで文章の妙を言われた）」と、註釈を加えながら読み進められた。先生の声は今も耳に残っている。

先生があてられるのは、真打の前に前座を出すようなものだ、という話もあったが、とにかく恐慌をきたし、私は急いで訓点がつく和刻本を買ったが、彙文堂は和刻本を何部か売ったということであった。

先生が記念撮影をされたと聞き、「私にも一枚下さい」と所長室にお願いに行った。研究所玄関の階段上にモーニング姿で立たれたお写真で、柱の白いところに「増村君恵存　直喜」と署名し押印したのを後で下さった。講義は高帝紀に進んだことを覚えているが、私は昭和十二年四月に七高に就任して鹿児島に来たので、後の講義のことを知らない。写真は幸いに戦災を免れ、今西春秋君撮影の羽田先生の契丹文字の拓本を後にした写真とともに、今も書斎に掲げている。
二、三年前に京大陳列館の古文書室で続けて今谷（明・助手）さんにお世話になった。あの部屋に中村（直勝）先生の古文書実習で入るときは靴を脱いだのである。三浦先生の肖像の下で、今谷さんに三浦先生のことを尋ねられた。古文書室の主任にも三浦先生はすでに歴史上の人物なのだと、改めて過ぎし日のことを追憶した。
陳列館の前に立てば、和服に靴ばきで教官食堂か会議に急がれた濱田先生の姿が、眼にうかぶ。樹木は大きくなり、角帽の学生が消えて久しい。昭和初年の陳列館も遠くなりにけりの感がひとしおである。

（『以文』第二五号／一九八二年一〇月）

古代史への旅立ち——陳列館回想の一齣

岸　俊男

いよいよ陳列館が改築のために姿を変える。仄聞するところでは、一部は改装して遺るらしいが、入学以来この三月まで四〇年、我が家同然に慣れ親しんできた建物だけに感慨深いものがある。とくに終戦直後の苦難期に助手として過した頃のことが、今は懐しく想い出されてくるが、今日は学生時代のことをちょっと書いてみよう。

私が文学部史学科に入学したのは昭和十七年四月、幸いにも三高三年間はともかくも自由な学生生活が享受でき、さあいよいよこれから専攻の学問だと心を新たにして京都大学の門をくぐった。しかし周囲の情勢はそんな生易しいものでなかった。入学した四月には米軍機の本土初空襲があり、ついで六月ミッドウェー海戦、八月ガダルカナル決戦と、いよいよアメリカ軍の総反攻が始まり、戦局は日一日と風雲急をつげ、そのため在学年限もまず一回生は半年に短縮された。もともとそんなことになるような時世に、選りに選って文学部へ進むなど普通の者ならばすることではなかった。しかし他に能のない私はとくに積極的な志向があったわけでもないのに、いつの間にか歴史学、それもこれは環境からの惰性か、漠然と日本古代史でもやろうかと考えていた。しかしそれは確たる将来計画の上に立ってのことではなかった。いずれ私たちは近く戦場に赴かねばならぬ運命にあったから、将来どうしようなどとは考えてもみなかったし、考えてどうなることでもなかった。ただ残されたわずかの大学での学生生活を学究的に過すことを無意識のうちに望んでいたからであったかも知れない。事態が切迫していたにかかわらず、案外落着いて勉強したように思うのは、かえってすべてを忘れて学問に没頭することに心の安らぎを覚えたからであったようにも思える。

入学当初、一回生に対する普通講義で中村直勝先生は私たち初心者に二つのことを勧められた。一つは自分の研究に適した年表を自分で作成すること、もう一つは学術雑誌の日本史関係論文を創刊号からすべて目を通すことであった。前者については、一例として余白の多い大森金五郎氏の『日本読史年表』（明治三十六年初版）へ調べたことをいろいろと書き込んで行くことを教えられた。私は探し求めて試してみたが、長続きはしなかった。しかし今から思い返してみると、戦後研究を再開できるようになったとき、まっさきに古代文献史料の総合的編年整理を始め、たびたびそれを年表風に纏めようと試みたのは、潜在的にこの中村先生の教示の影響があったからかも知れない。そしてこうした作業がやがて私の処女論文「古代村落と郷里制」となって結実するのであるから、やはり「物は試し」である。

つぎに後者についてであるが、現在では学術雑誌は種類も多く、またそれぞれに巻号を重ねているから、そのようなことは不可能である。しかし当時は日本史関係の論文の多く載るものは、学術雑誌といっても五指をもって数えうる程度で、既刊の号数もそれほど多くはなかったから、努力次第では決して無理な注文ではなかった。私は教えに従ってともかく実行することとしたが、雑誌は禁帯出であり、もちろん今のようにコピーなどという便利なものはなかった。そこで私は暇があれば閲覧室に籠ってこの作業を続けることにした。

当時の史学科閲覧室は陳列館の二階、正面階段を昇って左側、廊下の突き当たりにあり、ドアを開けて入ると、閲覧係の席があり、そこで閲覧の手続きをするようになっていた。室内には木製四ッ脚の机が確か四台、机上には独特の見台が置かれていた。入口の右側、トントントンと階段を降りると、そこからが書庫で、国史の一般図書はその二階に置かれていた。当時閲覧室は今と違って夜九時まで開かれていたので、私は外食を済ませてからよくこの時間を利用した。電灯はあまり明るくなく、夜ともなれば学生の姿もほとんどなくなったが、かえって精神が集中し、学問研究の醍醐味に浸ることができた。雑誌論文の閲読はまず『史学雑誌』から始め、古代関係論文はカードにとった。

そんな生活を送りはじめてから数ヶ月を経過したある夜、雑誌のページをめくるというやや単調な作業に疲れ、傍らの新着雑誌の書架に手を伸ばした。当時閲覧室の入口左側の壁にそって置かれた書架には辞書類が並べられていたが、その下に棚を設けて新着雑誌が数冊ごとに仮綴としたまま置かれていた。しかし、それまで古い学術雑誌のことばかり念頭にあったためか、あるいは新着雑誌にまでまだ関心が及んでいなかったからか、その存在を注意していなかったように思う。しかし、その時なにげなく手にした一綴の雑誌に私はいたく興味をひかれることになった。その一綴とは近刊の『社会経済史学』数冊を綴じたもので、一番上にはまだ新しい第十二巻第六号（七月刊）が綴じられていて、それは石母田正氏の「古代家族の形成過程—正倉院文書所収戸籍の研究—」と藤間生大氏の「郷戸について—古代村落史の一齣として—」という二つの長大な論文で一号を特集したものであった。私はさきほども述べたように、漠然と日本古代史をやろうとは考えていたが、どういう分野で何をテーマにしようなど考えたことはなく、まだ全く白紙の状態であった。戦時中であり、とくに国史研究には一つの流行やある傾向があったが、私はそれにはむしろ無関心であった。そんな状況の中でふと私の目と心を捉えたのが、この一冊の雑誌、とくに石母田氏の論文であった。そしてその夜からしばらくはこの論文の解読に専心した。

しかしまだ学問の世界に入ったばかりの、しかもマルクスのマの字も教えられていない世代の私には極めて難解であった、繰り返して読み、また一字一句も誤るまいと要所・要点をノートに写し取った。石母田氏が正倉院文書の戸籍断簡を利用して何を論証しようとしているのか、当時の私にははっきり理解できるはずがなかったが、その巧みな分析力と鋭い理論性に打たれたのか、それからは『史学雑誌』はもうそっちのけにして、『歴史学研究』や『経済史研究』に掲載されている古代の村落・家族を取り扱った石母田氏の論文を読みはじめた。どうしてそんなことになったか、今も私自身わからないが、そのころの若い私を引きつける不思議な魅力が石母田論文にあったことだけは確実である。

こうして私の古代史研究の旅はまず家族・村落から始まることになった。しかし何も私だけでなく、当時学界の底流にそうした問題関心があったのは事実で、翌十八年になると、藤間生大氏の『日本古代家族』、清水三男氏の『上代の土地関係』が困難な出版状況の中で出版され、また沢田吾一氏の名著『奈良朝時代民政経済の数的研究』も再版された。そして私を何よりも喜ばせたのは竹内理三氏の『寧楽遺文』上巻の出版であった。古代の家族・村落を研究するにはまず正倉院文書の戸籍・計帳が基本史料であった。しかしそれらを収載した『大日本古文書』は当時は貴重書で、研究室に一部あるくらいで、もちろんそれも借り出しはできず、研究は著しく制約されていた。そうしたなかで籍帳以外に正税帳などの公文類をも加えて正倉院文書を抄録し、私たち学生にも容易に利用できるようにしたこの編著の意義・効用は大きかった。

私は今でもはっきり覚えているが、十八年の夏のある日、農学部植物園への道の角にある書店でこの一冊を見付け買い求め、一刻も早く内容が見たいと、心を躍らせながら京大東側の小路を聖護院の下宿へと急いだ。今はもう綴が切れてバラバラに近い状態になったその本の奥付をみると、七月三十日の発行、定価一一円三〇銭であった。なおその後その下巻を海軍予備学生として訓練中、奇しくも外出先の房総館山の町で買い求めたことについては他にも書いたので省略するが、この二冊の本から受けた恩恵は測り知れない。

このようにして私の古代における家族・村落の研究は史料も揃い、軌道に乗り出した。また私はこうした特定の研究とは別に、古代史の基礎的知識を習得するために、一方で坂本太郎氏の『大化改新の研究』をテキストとし、『日本書紀』と首っ引きで読解に努めた。この著書が大化改新をテーマとしながら、時代も前後幅広くとり、中国にも眼を向けていて、入門書として適切であると判断したからである。

これらのことのあった間も陳列館の閲覧室は依然として私にとって残り少ない学究生活の楽しい、また精神的な憩いの場であった。しかし、やがていくつかのレポートを書いて二回生の一年間を終ろうとした九月末、ついに文科系学生の徴兵猶予が停止された。来たるべきものが来たという感じだけであったが、それから徴兵検査を受け、十二月に入隊するまでは慌ただしかった。しかしともかく十月に始まった新三回生に対する西田直二郎先生の演習の題目が「経済史の諸問題」であったとは我が意を得たようで嬉しかった。演習室は閲覧室から入り、その隣にあったが、確か私は最初の発表者ということになって、半かじりの知識を持ち出し、生意気にも経済史の総論のようなことを論じたように記憶している。その時はこれが最後と、やはり感無量であったが、よもや再び陳列館にもどり、今日まで長々と古代史研究の旅を続けられるとは思ってもみなかった。それにしてもついにそれが文字どおり最後の演習となった同窓生のいることをつねに忘れてはなるまい。

（『以文』第二七号／一九八四年一〇月）

新営博物館の開館を前にして

朝尾　直弘

博物館が面目を一新し、この十一月に公開の日を迎えることになった。まだ組織も固まらない、いわば歩きながら考える式の開館であり、現在、移転と開館展示の準備に忙殺されているさなかのこととて、まとまった文章は書けないけれども、ひとつのふし目でもあるので、与えられた機会に、思いつくままメモのつもりで書きしるしておきたい。

新しい建物のうち世間に最も大きな話題を提供したのは、その玄関が東大路に向け開放された点である。新聞等では象牙の塔の市民への公開と騒がれたが、もともと博物館は図書館と異り、展示そのものが一つの作品であり、公開を原則としている。旧陳列館も私どもの学生時代までは、毎年大学祭の時期に一般公開しており、われわれもそのお手伝いをしたことがある。建物の老朽化と狭隘化がそれを許されなくって三十年近くの年月が流れた。

新館は旧館保存部分を加える従来の二・二倍の敷地延面積をもち、当初ぎりぎりの要求としてまとめた二・七倍には及ばないものの、一応博物館機能の回復はできる規模となった。東大路通りに面した重量感のあるファサードは、改築小委員会から出されたいくつかのイメージのうち、「蔵」を具体化されたものと理解している。「校倉造りですか」とおたずね頂いた方もあり、設計者の意図は比較的正確に受取られているようである。もっとも、旧館の半分が保存ときまった段階で、それとの調和を第一に考えて頂くようお願いしてきたので、私としてはまずそのことを強調して説明することにしている。

この建物のおもしろいところは、西正面のクラシックな感じが南から東へと廻っていくにつれて、ぐっとモダンな印象に変貌するところにあるように思う。南の教育学部の方から見ると、横縞の直線からなる白壁の上に矩形と三角形で構成された窓とバルコニーの幾何学的な模様が鋭角的な影を落し、それらをふとい円柱がささえているのだが、柱の奥の廻廊を隔てたガラスの光がいかにも軽やかに見せる効果をともなっている。この春、南の庭のさつきが満開の花をつけたころ、さつきの燃える赤が白壁とガラスに映えるさまはちょっとした見ものであった。

庭の中央に植えられた木はアキニレである。旧館中庭にあったハルニレの大樹の風情を惜しんで、これを生かしたいと考えていたが、調査の結果内部に大きなウロができており、移植はもちろん、周辺工事の刺激にも耐えられないことが明らかとなり、断念した。そのかわり、南の庭にあの雰囲気を残してほしいというのがわれわれの願いであった。予算の関係でハルがアキに変って、現状となった。新しい感覚で再生したとすれば成功なのだが。新館の東側は直接旧館に対しており、機能上は連結したかった。しかし、消防法その他いろいろと問題があってできなかったのは残念である。

景観としてみた場合は、新館の階段部分を覆うガラスのタワーが明るく、旧館の側から見ると、壁面にうつる古い建物の壁と青い空、白い雲が光る濃淡とともに時々刻々変化して見あきせず、逆に、新館の階上から見下ろすと、中庭を隔てた旧館のくすんだ壁面と周囲の建物との調和の加減が、あたらしくできたニューヨーク近代美術館の、ガラスの窓から庭園を隔てて周囲のビル街を眺めた感じにすこし似ていて、悪くない。ついでにいえば、文学部の本館の方から博物館に向っていくと、旧館の屋根越しにこのタワーがのぞいてみえる。これもキャンパスの風景にのびやかな感じを与え、私としては気に入っているところである。

いささかほめずぎたかもしれないが、以上のことはひとえに、大学の雰囲気を変える風格のある建物を、との構想を掲げた文学部と、さまざまな障害をのりこえてその実現をはかって頂いた施設部をはじめとする当局との共同作業の成果である。設計指導に当られた建築学教室の川崎清教授はもちろんながら、その前に厖大な基礎資料の作成に従事された博物館および関係教室の助手諸君、彼らと協力して内部の機能分析を熱心にやって下さった工学部（当時）の田中喬助教授とグループの院生諸君の奮闘も忘れることができない。正面の「京都大学文学部博物館」の題字は、湖南内藤虎次郎博士の書を集字したもので、この仕事は東洋史の卒業生杉村邦彦氏（京都教育大学教授）と二玄社の吉田光明氏のお世話になった。

博物館運営委員会の内部に改築小委員会が設置され、私がそのまとめ役を仰せつかったのは一九八三年一月半ばのことで、当時の主事は樋口教授、部長は水津教授であった。ここへくるまでには学内の敷地利用委員会における藤澤教授の活躍があったと聞いている。その前の一年間、私はハーバード大学日本研究所に滞在していたが、すでに博物館問題は風雲急を告げており、いまは亡き岸教授から長文のお手紙を何度か頂いた。その岸主事と服部正明部長〔印度哲学〕のもとで五、〇〇〇平方米の新営、旧館半分（一、五〇〇平方米）の保存改修が決定したのは八四年八月二十八日であった。この年、着任したばかりの経理部長が前任地での汚職事件で辞任するという思いがけない事故があり、先行き不透明のまま七月二十一日史学科卒業生を中心に「陳列館惜別の会」を行った。これよりさき、貴重な資料が劣悪な保存状態に置かれているとの報道がなされたせいか、珍しく泥棒が侵入した。被害はなかったものの、用心のため、このころまでの一年間、関係教室の教授以下が交替で地下の用務員室での宿直をつとめたのも忘れ難い思い出である。

八五年は本田〔実信、西南アジア史〕部長のもとで建物新営にともなう設備予算が確保され、私が主事を承ることになったが、突如として学生部長の役が廻ってきたため、竣工式以下、最後の詰めとなる任期の大半は吉岡教授にお願いする結果となった。事務長は岸田事務長が中心であったが、この間前後三人が交替している。あいつぐ緊急書類の提出に連日深夜まで、ときに休日返上で協力された職員の苦労を含め、文字通り学部の総力を挙げての事業であった。

「陳列館惜別の会」でも披露したことであるが、このたび探し出した旧陳列館の設計図には「京都帝国大学図書館増築平面図」と題されている。初代の木下広次総長は帝国大学（東京）教授時代から図書館管理（館長に当る）を兼ね、その方面に造詣深く、本学創立に当って図書館と資料蒐集の充実に努められた事蹟はよく知られている。また、古文書・古記録の購入・管理等においても、陳列館と図書館の間には密接な連携の歴史がある。そうしたところから、表題を見たときは一瞬、陳列館は図書館の一部として構想されたこともあったかと思ったのであるが、まもなく、第二・第三・第四期増築の図面が出るに及んで、その想像はしぼんだ。第二期の東面の増築は、「京都帝国大学地質鉱物学教室増築設計図」とあり、第三期の旧考古学第二陳列室や国史第一陳列室などの増築計画図には、「京都帝国大学農学部農林経済研究室新営工事設計図」、旧考古学研究室や地理学研究室など第四期の増築計画図には、「京都帝国大学文学部史学研究室新営工事設計図」と記されていたのである。もちろん、地質鉱物学や農林経済学の講莚がここに開かれた事実はない。おそらく、これらはそのときどきに名目を藉りて建てられた名残りを示しているのではあるまいか。こうして、私にも、旧陳列館の建設がときの先生方や関係者の並々ならぬご苦労と、その背後における全学的な支援の存在によって成った事情がおぼろげながら推察されるに至ったのであった。

新しい博物館が学外への公開とともに、学内における共同利用への門戸も開こうとしているのは、右のような歴史的事情をかえりみるとき、ごく自然の成行きであり、過去の恩義に報いる道でもあるといえよう。このたびの改築はもとをただせば三十余年前、旧陳列館が博物館相当施設の指定を受け、文学部博物館と改称したときの構想に遡る。指定申請理由書には、「その蒐集品の重要性からして、既に一学科の陳列館たる域を越え」、「半公開」の現状にあると述べている。この一学科は一学部といいかえてもよさそうである。なぜなら、その直後と推定される当時の主事梅原末治教授直筆の、博物館組織の充実を訴えた文章草案にも、「単なる一学部の附設として関係の講座のみの経費で出発」したことが「資料の整理なり研究、更に多くの参観を希望する人士に対する処理」に限界をもたらしたとし、「専任の職員」、「研究者」、「不燃質の建築」が必要であるとしている。

ちょうどこのころ、アメリカ大陸を中心に世界的に博物館の運営に関して新しい波が生じていた。大学博物館についていえば、それは主として旧来の学部・学科・教室附属の博物館・陳列施設が大学直属の機関として統合される形での変化として表われた。その底流には博物館の研究教育機能の見直し、資料を通しての新しい研究分野の開拓など、さまざまな理由があった。わが陳列館の博物館への改称も、単なる名称の変更にとどまらず、右のような国際的潮流を敏感にとらえ、研究教育の飛躍的充実をめざそうとした動きであったと推測できる。

この三月から四月にかけて、アメリカ東部の主要大学を歴訪したさいの印象では、この波は現在もまだ続いているように思えた。三十年前の変革は、大学博物館の活性化という点でさまざまな成果をあげたけれども、反面、一部には、研究者（学芸員等）の地位とその組織、資料の管理、公開展示と大学教育の関係、財政配分のあり方、ひいては博物館の学内での位置づけなど、いくつかの解決を必要とする問題点をもうみ出し、全体としての流れは変らずむしろ強まりながらも、その成果をさらに大きなものとするための調整期に入っている、というのが私の受けた感触であった。文学部博物館もこうした世界の状況を見定めたうえで、先進部分の長短両面にわたる教訓にまなびながら、京都大学の伝統と風土に根ざした組織のあり方を、きわめて近い将来に決断しなければならないところにきている。

すでに幾人かの先輩方から家蔵資料の寄附のお申し出を受けるなど、新営博物館に対する大方の期待をひしひしと感じ、責任の重さを痛いほど自覚させられる昨今である。以文会友の皆様の物心両面におけるご支援を切にねがっている。

（『以文』第三〇号／一九八七年一〇月）

内藤湖南の文科大学論

谷川道雄

よく知られているように、明治三十九年（一九〇六）京都帝国大学に文科大学が設置され、その翌年、史学科が開設されると、内藤湖南が赴任して、東洋史学第一講座を担当した。ところで湖南は、それに先だつこと数年、明治三十四年の八月に、三回にわたって大阪朝日新聞に論説を発表し、京大の文科大学について構想を述べている（いずれも『内藤湖南全集』第三巻に収録）。私がそのことを文章で紹介してみたいと思ったのは、昭和六十一年の夏ごろのことであった。私は、湖南に最も関係の深い、さる新聞社の記者にそのことを話してみた。早速検討してみるということであったが、その後はナシのつぶてで、何の返事もなかった。私の方も押してたずねてみることをしなかった。というのは、何かをそこで主張しようというつもりではなかった。ただ、湖南のあの文章を世間の人に知ってもらうのに、またとないタイミングだと思ったから、新聞社に話してみたまでである。しかし絶妙の天の時も、それが人の心によって捕捉されなければ何にもならない。ジャーナリストの腕前も、その辺にかかわって来るのであろう。

昭和六十一年といえば、国大協が受験機会の複数化を目的とする入試改革プランを発表して、世間で大さわぎをした年である。四月初めにそれが発表されると、京大A日程、東大B日程といった工合に、全国の各大学が二つの日程に分れて入試を行なうことになり、受験生は同等なレベルの大学を二回受験できる。受験生にとっていかにも都合のよい制度のようであるが、実際には色々と困った問題が出てきて、各大学の現場では、無条件に賛成できない。京大でも、ダブル合格者の他大学流出をあらかじめ考慮していわゆる水まし合格を発表しなければならないという、恐らく創立以来始めて苦しい立場に追い込まれた。

各大学の苦渋にみちた対応は、しばしば「大学エゴ」という言葉で評された。しかし、かりにA・B二つの大学に合格した場合、大学の中味よりはむしろ、都市の先端文化に囲繞された、就職などにも通りのよい大学を選ぶというのが、無視できない現代の風潮である。そうした風潮をますます助長するような改革をすんなりと受け入れることができないのが、どうして「大学エゴ」なのであろうか。

わが文学部は、このような入試改革には、挙って反対であった。日頃はあまり発言されない教官たちが次々に起ち上って、教授会で反対意見を開陳された。それもまことに当然で、この改革は、文学部という、学風を重んずる場にとって最もそぐわない改革だったからである。しかし六十一年度の当初は、改革反対の声は学内においてさえ孤立しがちであった。翌年入試を実施する頃になって、ようやくすべての学部が事態の深刻さに気がついて来た。

それはともかく、私が内藤湖南の文章をしきりに思うようになったのは、このような空気の中であった。紹介記事を書くことは実現しなかったが、入試改革から受けた苦い体験から、学内では、京大の学風について思いを新たにする空気が生れてきた。文学部新博物館の運営や京大創立百年記念事業なども、原点に帰ろうとする気持ちの発動の契機となっているかも知れない。たまたま、文学部を中心に、文科系各学部からも参加を得て、京都文化研究会が定期的に開かれた。参加者による発表の多くが、哲・史・文各学科の基礎を築いた先学たちの学問を総括する発表であった。私に順番がまわって来たとき、私は文章にする予定であった湖南の論説を紹介した。

ちなみに言えば、〝京都学派〟といういささか気恥かしい言葉を、私はこの頃から敢て口にした。もちろん学閥意識からではない。京大文学部を場とする人文科学の一大山系が、明治末年以来八〇年にわたって築かれてきたことは、まぎれもない事実である。そこに形づくられた学風は、今日の研究者の研究にも深く刻みつけられている。もしもこれを〝京都学派〟の語で総称できるとすれば、その学問は、日本近代の学術史の上に、どういう位置と役割を占めてきたのであろうか。そうしたことが知りたいと思って、誰か適任の執筆者に依頼して、〝京都学派〟というタイトルで本を書いてもらったらと出版社をたきつけてみたが、この方もまだ時に遇わないのか、実現の兆はない。

前置きめいた話が長くなったが、湖南の三つの論説というのは、「京都大学の文科」（明治三十四年八月八日）、「関西の文化と京都大学」（同年八月十一日）、「京都大学と樸学の士」（同年八月十四日、十五日）の諸篇である。

まず「京都大学の文科」は、京都大学に文科大学を設置することの急務を説いたものである。京都大学設立の当初より設置が計画されていた文科大学は、予算の問題などから法科、医科、理工科に遅れてしまった。それに九州、東北にも帝国大学を設置すべきだという議論が起ってきた。そこで湖南は、「我が民族の祖先が最も多くの功業を顕し、最も多くの遺跡を留め、最も美なる文物を開発した近畿の中心」に文科大学がないのは不合理だと言って、強く実現を主張したのである。

かれはその議論の中で、文科大学は東京大学だけでよいという意見に対し、もともと京都大学設置の趣旨は、東京大学との競争によって学問の発展を促進させることではなかったかと反論している。四日後の「関西の文化と京都大学」は、この点をさらに突っこんで論じたものである。その冒頭にいう、楕円に二つの中心があるように、地形の細長い日本においては、政治・経済、文化のいずれにおいても二つの中心をもつと。たとえば政治上では、関東の幕府と京都の朝廷、経済上は関東における物力の開発と大阪の商人資本。文化においても、江戸時代以来、関東と関西に二極化した。明治維新はこの二極構造に変化を与えた。政治は東京に一元化され、大阪の経済もまた打撃を受けた。多分に政治・経済と結びついた関西文化もまた然りである。しかし関西は経済と文化においては依然潜在力を残しており、とくに文化においてこれを振起することこそ、京都大学の使命である。湖南は京都大学が関東の文化に拮抗して、「思想界の腐敗を防止し、鮮新の空気を流通せしむること」を強く期待する。しかしそれには京都大学の文科設置が先決だというのである。

ここには東京中心主義に対する湖南の強い抵抗意識がある。しかしかれが京都大学の役割を高く評価するのは、単なる競争原理からではない。右の発言でも分るように、思想界の純化こそが、京都大学、とくに、設置さるべき文科大学の使命だというのである。この主張を一層発展させたのが、第三論説の「京都大学と樸学の士」である。

樸学とは、辞書的説明を加えれば、「古代の質朴な学問、名誉利益などを目的としない学問、転じて清朝の考証を重んじる学問」（中国学芸大事典）である。つまり時流に乗った、売れる学問ではなく、自己自身の知的要請にしたがって真実を地道に探求してゆく学問である。清朝あるいは徳川期各三百年の学術を支えたのは、この樸学の士であった。しかし日本では明治維新の一大政変に遭遇すると、一介の書生から大臣大将へ栄達する者が引きもきらず、樸学を志す者はほとんどなくなった。この風潮は今なお東京大学を性格づけていると湖南は見る。首都に位置する東京大学はどうしても政府との関係にまき込まれる。名誉ある東大教授の地位にある者も、同窓の者が行政府の役人となって栄達し世間の尊敬を受けているのを見ると、心を動かさないわけにはゆかない。行政府と兼職して豊かな収入を得る者もある。こうして、開学後三十年経っても樸学の士に乏しく、後世に特筆されるような文化の推進者は一向に現われないのだと。

これに比べて、政権より隔絶した京都大学は、名利を願わず、「学者の生涯として、極めて純潔を保持するに適せること、東京大学の比にあらず。是れ殆ど世人の注意せざる所なりと雖も、而かも京都大学教授の清高は、蓋し最も多く此の境遇によりて支持せらる、ことを疑はず」。すなわち、官府の地より離れた京都大学は、世俗の名利から疎外されているだけに、その学問は純潔・清高であるというのである。

これはつまり現代における樸学の士である。湖南はいう、「名利の浮慕、野心の満足を以て、人生の要義とせる一般社会の状態より看れば、真に憐むべき者ありと雖も、吾輩は新時代に於ける樸学の先声、之を京都大学に求むるの外、現に他に望むべきなきを以て、かの教授諸君が此の苦境に立て厚く自ら愛せんことを強ひざるを得ざる也」。またいう、「是れ京都大学なる者は、殆ど樸学の士の養成に於て、其の最大の天職を帯び来れることなきか」と。

日清戦争の終結ご、ようやく国内矛盾の深みにはまりつつあった当時の社会情勢のもと、湖南の心境の一端をここに垣間見るおもいがするのであるが、それではかれの樸学の士に期待する究極のものは何であったか。樸学の定義は右に掲げたとおりである。そこには権勢から疎外された知識人が自立的に開拓してゆく実証的学問の世界がある。しかし湖南が期待したものは、そのような地道な実証学だけであったのであろうか。「而して当さに開かるべき文科大学に於て、其の教授が最も其の樸学研鑽の風を保持し、考証煩瑣の弊を擺脱して、文明の批評、社会の改造より見を起し、古来関西学者に特有せる、寧ろ固なるも雑ならず、寧ろ峻なるも泛ならざる学風を興さば、三十年間東京大学に缺乏して、世人に厭飫せしめざらし新思想の特拠、或は此間より出でんも、未だ知るべからず」（傍点引用者）。

京大の学風は実証にありとはしばしば口にされる言葉であるが、湖南が期待したものは、その実証が往々にして陥る煩瑣の弊を脱却して、新思想構築の基礎を形成してゆくことであった。そこには、日本の文明・社会に対する批判精神が動機としてなければならない。すなわち、権勢から疎外された者が、その疎外された地点から逆に現実を観照しかえす地点に成立する学問である。湖南はそれに期待し、またやがてかれ自身文科大学教授として多彩な活動を展開して行ったと私は考えるのであるが、いかがであろうか。

ひるがえって、今日の高度情報化社会の趨向は、一切の事物を定量化し集中管理してゆくことを止めない。入試改革はその一環にすぎないであろう。こうした時機に、樸学の士を以て自任する者の志は、どこに置かれなければならないか。そのことに思いを致しつつ、なお解き切れぬままに、停年を迎えることになったのである。

（『以文』第三二号／一九八九年一〇月）

京大入学時の思い出

屋敷　利紀

先般独り暮らしの侘しい独身寮に会社から帰るや否や、国史学研究室の恩師である鎌田〔元一〕先生から「君『以文』て知ってるやろ。実は君に『以文』の原稿を書いてほしいんや」という電話があった。私のような京大文学部でも屈指の講義出席率（もちろん低い方）を誇る者が文学部同窓会誌である『以文』に寄稿するなど僭越の極みであるため、重ねて固辞したのであるが、「まともな奴の文章よりも変った奴の文章のほうがオモロイ」という先生の脅迫にも近い要請により、拙文を寄せさせて頂く次第である。

早いもので私が京大を卒業してから四年の歳月が流れた。入学から数えると（一年間留年したため）もう来年で十年である。入学当初は立派な歴史学者になりたいと恐れ多くも考えていた私であるが、諸般の事情により、現在は歴史とはほとんど縁遠いと思われる金融業に従事している。私から歴史の研究を奪った張本人については後で述べるとして、最初に、私の京大文学部入学時代の思い出について、書き連ねてみたい。

まずはなぜ私が京大文学部を選んだか、その志望動機から述べたい。志望動機を箇条書きにすれば次のとおりとなる。

一、子供の頃から歴史が大好きで、今風に言えば「歴史オタク」だったため、好きな歴史をメシの種にできればこれほどいいことはないと思ったこと。

二、では、なぜ京大かというと、「歴史オタク」の私の愛読書は小学館の『日本の歴史』だったが、一番興味を惹かれた巻（内容、題名等はすっかり忘れてしまったが……）が京大助教授（当時）朝尾直弘氏の筆によるものだったこと。

三、中学校の修学旅行で京都に来て以来、京都、奈良に憧れを抱いていたこと。ちなみにこれは歴史的文化に対する憧れだけではなく、京都の、〝都会性〟に対する憧れもあった。東京、大阪の街にすっかり慣れてしまった今からは想像もできないが、富山県の片田舎で生まれ育った私にとって、修学旅行時にみた京都駅前、四条河原町の喧騒は、都会への憧れが強かった田舎の高校生を引き付けるに十分であった。当時私は東京へは行ったこともなく、大阪も通過したことがあるだけであったため、京都の〝都会性〟に対する憧れも強烈なものだったのである。

このように中学校時代から京大には憧れていたが、残念ながら学力が追いつかなかったため、一年の浪人を余儀なくされた。一浪目、すなわち入学した年（昭和五十九年）も競争率が四倍で、受験番号も四九七、「ヨクナイ」とゴロ合わせで読めることもあって、私の不安は増幅されたが、運よく京大文学部に潜り込むことができた。

合格発表の日（グリコ事件発生の日だったと思う）は氷雨混じりの天候で、「ああ、これはきっとオレの涙雨や」と不安いっぱいの気分で合格発表を見に行ったのだが、掲示板で自分の名前を見つけることができ、私は「今後の人生薔薇色」とすっかり有頂天になった。好事魔多し。文学部玄関の合格者掲示板前でフットボールのジャージを身につけた二人組に囲まれた。アメリカンフットボールなどみたこともない田舎者にとって、この人達が彼の有名な京大アメリカンフットボール部の部員であるとわかるまで暫く時間がかかった。元来運動の大嫌いな私は浪人時代全く運動せずにメシばかり食べていたので体重が百三十〜四十キロぐらいあった。これが京大フットボール部の勧誘網に掛らない訳がなかった。京大アメリカンフットボール部は今から思うと絶対に「魔」ではないが、当時は「魔」以外の何物でもなかった。なぜなら冒頭にも述べたとおり、大学に入ったら一生懸命勉強して研究者になろうとしていたため、運動などに現を抜かせるかいと思っていたこと、また、勧誘を受けたアメリカンフットボール部は私の入学の前年の五十八年に日本一になっていた（ちなみに、京大が日本一になったことは知っていた）ため、練習が死ぬほどきついと思われたからである。

しかし、人を疑うことを知らない私は、この人のよさそうなフットボール部員（有吉明氏〈六十一年農学部卒、現東京海上火災勤務〉、入江則和氏〈六十二年工学部卒、現関西電力勤務〉に「おなかは空いていませんか？　もしよろしかったら、おいしい豚カツを食べませんか。別にこれを食べたからといって、クラブに絶対入らなあかんということはないですから」と連れていかれたところが、当時農学部正門近くにあった「きっちん・とん亭」であった。連れられるまま「とん亭」ののれんを開けると、目つきの鋭い、一見してその筋の人に見えるジャンパー姿の中年の男性がカウンターに座っていた。その方こそ私が当時まで考えていた人生設計を狂わせる張本人、京大アメリカンフットボール部監督の水野弥一氏であった。

氏の私に対する説得がこの日は比較的スンナリと終ったため、「意外にしつこくないな」とほっと一息ついて下宿捜しなどを行い、次の日には故郷富山県高岡市に帰った。これからが壮絶だった。まず当時の主務だった小深直樹氏〈六十年工学部卒、自営〉から「下宿の引っ越しはアメリカンフットボール部のライトバンを使ってください。部員が引っ越しの手伝いもします」という電話が富山の自宅にかかった。私は怖くなって即座にお断り申し上げたが、その二日後、前年主将として京大を初の日本一に導いた橋詰公人氏〈五十九年経済学部卒、現日本興業銀行勤務〉から「私は今福井に帰省しているが、明日富山に行く用事があるから、一度会わないか」という電話があった〈後で聞いた話だが、氏は水野監督の命令で、わざわざ私に会うだけのために富山まで来たそうである〉。純真な私は「富山にいらっしゃるのなら会うだけ会おう」と思い、高岡駅前地下街の喫茶店で高校の友人と一緒に橋詰氏に会った。氏は優勝時のスクラップブックを片手にいかにフットボールが素晴らしいかを語って下さった。フットボールを全然知らなかった私であったが、フットボールは都会ではこんなに人気があることがわかった上、今まで学校の先生と親にしか相手にしてもらえなかった私が、一度会っただけの人（正確には橋詰氏らには初対面）にこれ程まで期待してもらっているのかと思うと、今までの気持ちがウソのよういフットボールがやりたくなってきた（この手法は以後自分が勧誘する側に回ったときに応用させて頂いた）。

もう六割以上アメリカンフットボール部入部に傾きかけていたが、高校時代の恩師に「大学に入ったら一生懸命勉強しろ」とも言われたため、入学のために再び京都に戻ったときには気分はフィフティ・フィフティになっていた。その気分を完全に払拭してくれたのはやはり水野監督だった。ちょうど三月末の身体測定の時だったが、氏は私を北白川別当町にある中華レストラン「やまぐち」に招き、生まれて初めての本格的な中華料理を振る舞って頂いた後、氏が経営する水野塾に連行され、京大アメリカンフットボールの素晴らしさ、氏の学生時代以来の関学を倒すという男のロマンを半日余り熱っぽく語って下さった。そして殺し文句である「アスリートも必要やが、ウチの部に今一番必要なのはリーダーになれる奴や。おまえは絶対にリーダーになれる男や」との言葉を賜った。中学・高校で学級委員にもなったことがない私にリーダーとしての資質がある訳がない。氏はおだてに弱いという私の性格だけは素早く見抜いたのである。

この言葉にホロッと来た時点で私の人生は大きく変わった。この言葉、水野監督に出会わなかったら私は今どんな人生を歩んでいたか全く分らない。しかし、アメリカンフットボール部に入部したお陰で、水野氏が入部以後も常々語ってくださった「同世代の人間が絶対に味わうことのできないこと」を体験できた。幸いなことに三、四回生の時には日本一の美酒に酔い痴れることもできた。四回生の時は入部時の「密約」上仕方がなかったのか、それとも他に適任者がいなかったのか、私はなぜか監督の予言通り主将となってしまった。主将といって偉いわけでも何でもないのだが、なった本人は英雄気取りで「俺がやらにゃ誰がやる」と一人で張り切った。ここで存分に張り切ることができたのは、在籍していた国史学研究室の朝尾先生、大山〔喬平〕先生、鎌田先生のお陰である。四回生になり、卒論のガイダンスがあったのだが、その時朝尾先生に「スンマせん、先生。ボク今年一年フットボールにかけたいんです。ですから授業には出ませんし、卒論も書きません」と恐れながら堂々と申し上げた。多少叱られるかと思いきや、先生は「大学は学問をするだけのところと違う。スポーツで日本一になることも学問を修めることと同じく大事なことや。講義にはでてこんでええから頑張って日本一になりなさい」とおっしゃって下さった。この言葉に大いに発奮したことは言うまでもない。先生との約束を果たし、日本一を達成したとき、先生方は研究室の皆さんと一緒に祝賀会まで開いて下さった。こんなことは他学部、他研究室に在籍していたら決して味わわせて頂けなかったであろう。現在国史とは全く無関係の仕事をしているが、中学校以来の憧れであった京大文学部国史学研究室で学ばせて頂いて本当によかったと思っていると同時に、同研究室の、京大文学部の卒業生であることに至上の誇りを感じている次第である。

（『以文』第三五号／一九九二年一〇月）

「桑原文庫」の思い出

竺沙雅章

史学科の書庫には、東洋史の初代教授であった桑原隲蔵博士の旧蔵書が「桑原文庫」として別置されている。これは、一九三六年、博士が逝去されたのち、その遺志によって嗣子武夫氏が寄贈されたものである。和漢書と洋書あわせて二三〇〇余部にのぼり、その後の東洋史の研究と教育に大きく寄与してきた。私も学生のとき以来、その恩恵をうけてきた一人であるが、閲覧という面だけではなく、この文庫にはいろんな思い出がある。

私は一九六八年四月に人文科学研究所から文学部に移ったが、文学部での初仕事となったのが、「桑原隲蔵博士所蔵図書目録」の編纂であった。そのころ宮崎市定先生はじめ、博士の高弟たちによって、『桑原隲蔵全集』全五巻が編纂出版中であった。その別巻にこの図書目録を収めることになっていて、はじめ目録学の権威である倉田淳之助先生に委嘱されたが、多忙で都合がつかないというので、目録学について先生の教えをうけた私が担当することになったのである。もっとも目録をつくるといっても、桑原文庫の書物は受贈時にすでに分類された整ったカードがつくられており、また漢籍の経部と史部については、京都大学の漢籍綜合目録にも収められているので、いちから始めるわけではなかった。現物とカードとをつきあわせ、記載事項を確認すればよいものが大部分であった。史学科閲覧室の机を一つかりて、書庫から何部かずつ運び出してはカードをつくるという作業を行なった。本の出し入れなどのアルバイトをしてくれたのは、当時大学院の学生であった重松伸司君（現名古屋大学教授）と林伝芳君（林田芳雄、現京都女子大学教授）とであった。洋書の方は、文学部図書室の村橋、近藤両氏に全面的協力をあおいだ。こうしてこの目録編纂の仕事は短時日のうちに終ることができた。

ところで桑原文庫をふくむ東洋史の書物については、それ以前にも苦々しい思い出がある。それより十年あまり前、私が大学院の学生であったころ、綫装本が紙魚に侵されたことがあった。当時の書庫は陳列館にあり、東洋史のものは一階の南側に置かれていた。どうして紙魚が発生したのかは分からなかったようだが、暖かい南の方ほど被害が大きかった。桑原文庫では経部の書が多くやられていた。図書室では、虫を退治するためにいろんな方法が試みられた。帙入りの書物を一室に運び入れて密封し、燻蒸するという方法もとられたが、あまり効果はなかった。そこで、最後の手段として、戦後の混乱期に消毒剤として威力を発揮したＤＤＴを、一冊ずつ開いて振りかけることになり、研究室の者が総動員でこれにあたった。結局この荒療治が効を奏して、ようやく紙魚を根絶することができ、被害は最小限に食いとめられた。

しかし困ったのは、そのあとである。紙魚憎しとばかり、ふんだんにＤＤＴを振りかけたので、その白い粉が本の間に多く残ることになった。もともと虫に食われるおそれのない洋紙の書物にまで及んだ。それ以後、帙入りの本を開けるたびに、この白い粉に悩まされることになった。実は現在でも、それが残っているものがある。まして目録をつくったころは、駆除して十年あまりしかたっていなかったので、帙を開け本をめくると、白粉があたり一面に散って閉口した。しかしまた、かつての奮闘ぶりが思い出されて、なつかしくもあった。

なお虫食いのとくにひどかったものは、そのとき廃棄処分にされた。当時は廃棄することが可能だったようである。それには、残念ながら桑原文庫の書物も一、二部ふくまれていた。したがって現在、寄贈されたときのものが全部揃っているわけではないのである。ただ全集に載せるのは、桑原文庫の現存目録ではなくて、博士が所蔵されていた図書の目録なので、そのとき廃棄されたものも登載することにした。また分類や排列も現状とは少し異なるところがある。

それとともに、目録をつくる機会に、桑原博士のお宅に残っていた和漢書若干をも加えることになった。受取りのために、主任教授の佐伯富先生のお供をして桑原邸に参上した。そのとき、武夫先生から、博士の家庭での様子などをうかがったことも、今となっては懐かしい思い出である。その一つ。博士自身は酒をたしなまれなかったが、酒飲みの相手をするのはいやではなかったので、東京などからの来客がたえず、夜おそくまでにぎやかであったという。

新たに寄贈されたもののうち、もっとも重要な書物は、山名留三郎訓点『資治通鑑』（明治十七年東京鳳文館刊本）である。いわゆる山名本といわれるもので、刊本としては特段珍しいものではない。注目されるのは、それに施された博士の朱点や朱批である。全集別巻の宮崎先生の「叙言」によれば、博士は『資治通鑑』を数回読破したと述べられた由である。たしかに、同じ頁でも朱筆の色にちがいがみられるので、これらの朱批が一時に施されたものでないことが知られる。目録に入れるときはただ一瞥しただけであったが、今度この文章を書くために丁寧に繙閲してみて、あらためて博士の学風にふれる思いがした。

全巻の随所に朱点が施され、その中の語句が欄外に書き出されている。それらは、のちに論文の史料にするための覚え書である。とくに目立つのは、「人相食」「食人肉」の語句であって、これらが論文「支那人間に於ける食人肉の風習」（全集第二巻所収）の史料になったことはいうまでもない。事実、この論文には『資治通鑑』の引用が多く、ことに第四節にはこの書に拠って、八八二年から四十年間に起きた食人肉についての記事が表示されており、この論文に果たした『資治通鑑』の役割の大きかったことが知られる。朱批は本文中の語句だけでなく、史実に対する評語も記されている。例えば、巻五一に、「漢室の優劣は、半ばは是れ安帝の罪なり」とか、「此くの如きの優劣は以て定論と為すに足らず」（ともに漢文、以下同じ）とかの批評が下されている。あるいは、残虐な場面では、「惨虐読むに堪へず」「狂暴読むに堪へず」などと記されている。また巻一六二の頭蓋骨を漆の碗にしたとの記事に対しては、短く「残酷」とある。このような批語から、博士がいかにこの書を熟読玩味されていたかがうかがわれる。現在、この『資治通鑑』

は普通書と同じく史部のところに排架されているので、いつでも閲覧できるが、「禁帯出」となっているので、館外に持ち出すことはできない。関心ある方は、どうか閲覧室でみていただきたい。

このような追加のものを含めて目録作成を終えたのは、たしか夏休みのころであったと思う。そして全集別巻が出版されたのは、その年の十二月であった。そのころ学内は次第に騒々しくなりかけていたが、それでも授業等は平常通り行なわれていた。ところが翌年一月十五日の学生部の占拠に始まって、大学紛争がはげしくなり、ついには文学部の建物も封鎖されてしまった。もし目録づくりの作業が半年でもあとにずれていると、少なくとも校正のとき、現物にあたって確認するといったことが行なえなかったであろう。あとから思うと、実に危ないところであった。

ともあれ、このとき桑原文庫を通覧できたのは、私にとってありがたいことであった。目録をつくっているうち、とくに私の興味を引いたのは、中国における近代史学開創者の一人である陳垣の寄贈書であった。なかでも鈔本の『心泉学詩稿』と『釣磯詩集』とは、博士の名著『蒲寿庚の事蹟』に関係する詩集であるが、当時のわが国では見ることのできない書物であった。そこで陳垣は、両書を鈔写して一九二四年初春、博士に贈ったのである。『釣磯詩集』には、表紙のつぎに挿添された白紙に、一二〇字に及ぶ陳垣自筆の献辞が書かれている。博士は早速これらを閲覧して『蒲寿庚の事蹟』の補足史料に用いるとともに、その後に著された論文等に、陳垣への謝意が表されている。いうまでもなく、これらの寄贈書は、両学者の友誼と学術交流を示す資料として貴重である。

そこで、外国から来られた学者たちを書庫に案内したときには、必ずこれらの書物をみせることにしていた。また陳垣は中国史学の研究史上、欠かすことのできない学者なので、学年はじめの講義や演習でいつも彼を紹介したが、そうした際にも両書を教室に持っていって学生たちにみせるようにしていた。たまたま一九九〇年十二月に、広東省江門市で「陳垣教授誕辰一一〇周年を記念する国際学術研討会」が開かれ、私もそれに招かれた。かねがねこれらの書物を陳垣の関係者に紹介したいと思っていたので、その学会に参加することにした。その年の三月に本学の中国哲学史博士後期課程を修了し、香港大学講師となっていた馮錦栄君が同行してくれた。学会での私の発表は、陳垣門下の方々に大変喜ばれ、論文は翌年の『歴史研究』第三期に掲載された。また会議の合間には、長年陳垣の助手をつとめられた劉乃和北京師範大学教授から、陳垣が日頃桑原博士を高く評価していたことなどをうかがった。学会後にえた知見をも加えて、日本文でも『史林』第七五巻第四号（一九九二年）に「陳垣と桑原隲蔵――「桑原文庫」中の陳垣寄贈書をめぐって――」と題する研究ノートを発表した。それに劉教授から聞いた話も記したが、一つ書き落していたことがある。それは、桑原武夫先生が一九五五年に訪中されたとき、陳垣は宿舎の北京飯店まで出向いて先生に会ったとのことである。もちろん劉氏も同席されたそうであるが、その席でどんな話が交わされたのかは聞かなかった。

桑原文庫の蔵書の特色については、全集別巻の宮崎先生の叙言に簡明に記されている。漢籍についていえば、宋版元版といったいわゆる善本はないが、東洋史の研究に必要な基本文献が揃っている。しかも右の『資治通鑑』にみられるように、それらは博士が実際に研究に用いられていたものであり、それぞれの書物には博士の研究のあとが印せられている。そこでわれわれは、書物を通じて博士の学問に接することができるのである。また博士の全蔵書が収められているところに、大きな価値がある。しかし近年、文学部の書庫が狭くなったため、文庫を中心に梱包して附属図書館に預けねばならなくなった。桑原文庫も、漢籍のうち東洋史と重複するものを梱包した。残念だが止むをえなかった。幸い昨年以来、文学部等の建物の改築計画が進められている。それが一日も早く完成して広い書庫に移り、桑原文庫が元の姿にもどる日を心待ちしている。

（『以文』第三六号／一九九三年一〇月）

人文研より文学部へ

松尾　尊兊

私の京大生活は、学生時代の三年間を除けば三十九年六カ月となる。学部卒業と同時に助手に任用されることが多いと聞く法学部ではさきほど珍しくあるまいが、文学部では近年稀であろう。紛争の一時期はあったにせよ、その時期もこめて、自由に研究に打ちこめる環境が与えられたことは、生涯の幸せであり、感謝に堪えないところである。

この幸福は自らが求めて与えられたものではなかった。もどかしいほど卒業論文が書けず、したがって不出来で、父が郷里の鳥取で準備してくれていた高校教師の口もことわり、私は先輩の埜上衛氏をたよって、岡崎の京都府立図書館の臨時雇になった。ときは一九五三年四月。夏休みに司書の講習を受け、本採用にしてもらうつもりであった。ところが、六月に人文研日本部初の助手公募があり、卒論の資料を貸していただいた渡部徹先生にすすめられるまま、合格などまったく期待せずに受験したところ、幸運にも採用となった。私の報告を受けた国史の某先生の、これは意外だという顔付きを今でも覚えている。何しろ卒論の評価は「良」だったのだから。

学生時代、人文研は雲の上の存在であった。平凡社の『世界歴史事典』を日比野丈夫先生が割引価格で世話をして下さっていて、配本を受取りに北白川の人文研旧本館の赤い絨毯を踏むごとに「象牙の塔とはこういうところか、とても自分ごときに縁のあるところではない」と思ったものである。そういう場所に一躍身を置くことになったのだから、まさしく天にも昇る心地であった。

ところが好事魔多しとはよくいったもので、任用の前提となる身体検査で、結核の初期であることが発見された。人文研は、三カ月の猶予を置いての再検査という温情ある処置をとられた。松田道雄先生の適切なる指示で、郷里の家で療養につとめた結果、再検査にパスすることができた。当時まだ難病であった肺結核をごく初期のうちに退治できたのは、人文研採用に付随する大きな幸運であった。

十月十六日、晴れて初出勤の日、早朝誰もいない談話室で手持無沙汰のまま新聞を読んでいたら、お顔だけは知っている桑原武夫先生が入ってこられた。どう挨拶したものかと迷っているうちに、先生の方から「きみ、松尾君ですか、ぼく、桑原です」と先に声をかけられた。人文研とは、何と市民的なところかと感銘を深くした。

人文研は若手の研究者にとって、日本では最上の場所であった。天野元之助、今西錦司、清水盛光の名だたる三先生までが、教授のポストはふさがっている、しかし助教授では失礼だ、という理由で講師でおられた。すぐれた人材、しかも、最近のテレビの表現にしたがえば「旬の人」ばかりであった。教授から助手までの序列はあったが、共同研究会ではまったく対等の論戦がたたかわされた。

助手は文学部のように教室事務にわずらわされることがなかった。勉強の時間は十分にあった。白状すれば、私は麻雀もポーカーもおぼえたのはこの時代で、指南役は先輩の助手であった。そんな悪さを働きながら、卒論「良」の劣等生がともかくも一人前の研究者に育ったのだから、抜群の学問環境であったというほかない。今にして思えば、そんなヒマがあるなら、英語くらい自由に操れるようにしておけばよかったのだが、後の祭というものである。

やがて講座増で前記三先生が教授に昇任されると（天野先生は大阪市大に転出）、講師の肩書がつけば助手の所外就職に有利となろうとの理由で、助手の内部昇進が承認されるようになった。ちなみに人文研の内規では助手の任期は十年で所外転出が義務づけられていた。講師のポストは三つしかないので、大半の助手が内規にしたがって所外に転出して行く中で、私は十二年の助手生活のあと一九六五年に講師に、さらに七〇年五月には異例にも助教授に昇任させてもらった。井上清教授の後任に予定されたことになる。これも稀にみる幸運であった。

一九七〇年の初め、今津晃先生から文学部に来ないかとのお話があったときは、大いに迷った。人文研では如上の厚遇を受けており、文学部では紛争が治まったわけではない。一議に及ばず辞退すべきところそうしなかったのは、今津先生のお人柄に惹かれたことと、本来なら一度は転出すべき人文研に居座ってしまったことへの若干のうしろめたさのためであった。

学生時代から何かと相談に乗っていただいていた北山茂夫先生のご意見をうかがうと、つい一年前に大学紛争にいや気がさして立命大を退職されたにもかかわらず、即座に文学部に移れ、である。大学は学生あっての大学だ、学生と取組みあってこそ研究も伸びる、というのが理由であった。なるほどと思ったが、ふんぎりがつかない。そこで日頃私淑している島田虔次先生にお伺いを立てた。先生は「うーん」とうなられたあと、人文研にいてももちろんよいが、文学部に移るのも悪くない、とのお話、これは実は意外であった。折角人文研で助教授にしてもらったことだし、残った方がよいといわれるのではないかとひそかに期待していたからである（島田先生は六年後文学部に移られた）。

北山先生の正論にしたがうべきかと思いつつも、なお意を決しかねているとき、偶然にも、このまま人文研に留まれば自分が駄目な人間になってしまうと思わせる事態に出くわした。理由はいわずに、上司でありこれまで散々お世話になった井上清・渡部徹両先生に文学部からのお話を受けたいと申し出たら、お二人とも快く承認して下さった。

こうして、一九七一年元旦をもって文学部に転出したのだが、以来、人文研を去ったことに後悔したことは一度もない。人文研は私が研究者として生まれ育った実家である。恩義と愛着は人一倍感じている。しかし不思議と未練はなかった。

ということは、意外と文学部が住心地よかったことを意味しよう。今津先生の大らかなお人柄は、教室経験をまったく持たないままの、人文研流の勝手な私の振舞いを許容して下さった。いまでも、申しわけないことをしたと思っていることが二、三にとどまらない。教室運営のこと、文学部のこと、腹蔵なくお話しでき、わだかまりはまったくなかった。助手の豊永泰子さんも、不馴れな私によく世話をして下さった。彼女の学問生活を奪い去った医療ミスを思うと、天道是か非かといいたくなる。

また次のようにもいえる。仮に私が人文研に留まったからといって、文学部に移ってから今日までに行ってきた研究以上のことがやれたという保証は何一つない。人文研は若手にとっては天国だが、共同研究の主宰者ともなれば、その苦労はひと通りではない。多くの個性的な研究者をまとめて、三年に一度は研究報告を出版せねばならない。また、他の研究班のお手伝いもせねばならない。文学部に移ってこそ、講座制に守られて、誰に気がねすることなく自分の仕事に集中できたということもいえるのである。

文学部に移ってまず驚かされたのは教授会の空気の差であった。人文研では円卓会議で、中には昼食をとっている人や、新聞をひろげている人もいた。だからといって不真面目というのではない。ときには議論が緊迫し、所長が腹を立てて自宅に引籠ってしまったこともあった。文学部の教授会は人文研に比べればひどくしかつめらしいものに最初は思えた。

ところが二月に入ると教授会は再燃した紛争のため、学外で開かれることになった。京都ホテルでの教授会で驚くべき事態が発生した。某講座の助教授人事が必要な票数に二つ足らず教授会で否決されたのである。文学部の人事の採決では反対票と白票とを合計して出席者の四分の一を超えると否決となる。教授会は教官銓衡委員会の結論を鵜呑にする場所と思い込んでいた私には大きな衝撃であった。しかも白熱した大議論の末である。八票という白票の多さにあきたらぬものを感じつつも――自分で判断できぬのなら、どうして委員会を信頼しないのか――、私はすっかり文学部の教授会を見直した。

この人事の否決はまったく候補者の学力とは無関係であった。その証拠にその本人は後に現在文学部教授会の一員になったのだから。紛争という異常事態の下であり、否決の事由はいろいろ考えられるがここでは触れない。私がこの事件で教えられたのは、文学部の人事がいかに真剣に行われているかということであった。以来二十年以上、教授会の席に列し、不当だと思った人事は一件もない。世間には、教授に昇任しなかった一助教授の例をことさら持ち出して、あたかも文学部教授会がいい加減な人事を行っているような論をなすものがいるが、見当ちがいというものである。教授に昇任できなかったのは本人の責任であり、助教授に任用した教授会の責任ではない。

出席者の四分の一の批判票で人事が潰れるようなことでは、清新な人事は困難ではないかと思う人もあろうが、心配無用である。文学部最初の女性助教授の任用もすんなりと行われた。要は提案者の学識と人物に対する信用問題であろう。

文学部に移って第二に印象的であったのは紛争の根深さ、烈しさとともに、学生活動家の中に学問的にも人物としても相当な人材を見出したことである。早速読まされた卒業論文で、東方書店に入った山本隆明君のできがすこぶるよかったことはいまだに忘れ難い。

　ただし私は当時の学生運動のすべてに共感したのではない。学友会の最高リーダーは学問的能力はあったようだが、暴力的でしかも平然と約束ごとを裏切る人間で、どうしても好感をもてなかった。まして文学部に移って二、三年後に発生したR子事件など論外で、当時の学友会リーダーの不見識にはいまでも呆れている。私はこのような堕落した学生たちに正面から立ちむかおうとした、いわゆるタカ派の先輩教授たち（私はひそかに筋タカ派と呼んだ）に親近するようになっていった。

（『以文』第三六号／一九九三年一〇月）

京都大学文学部博物館石標制作余話

杉村 邦彦

昭和六十一年四月十八日の朝、私は京都大学文学部東洋史学科の谷川道雄教授からお電話を頂いた。谷川氏のお話によると、最近大学構内のもとの陳列館の跡地に京都大学文学部博物館が完成し、その石標を作ることになったが、内藤湖南先生の書から集字したいと思うので協力してほしいという。私はこれを聞いて、谷川氏の書は手紙や原稿などペン書きのものしか見ていないが、それが実に端正で風格のある字であるのに平素感心していたので、ふと「先生の書は立派ですから御自身でお書きになってはいかがですか」とすすめてみたが、もちろん氏は謙遜し、辞退された。そして数日後、同じ内容の手紙をいただき、「京都大学文学部博物館」の十字を、楷書左書きで、一字が縦横各二十㎝、字間は六・三㎝くらいにしていただきたいとして、概念図が同封されていた。

私はこれまでにも『書論』誌の編集や先賢の遺墨展など、書にまつわるさまざまな仕事を手がけてきたが、集字という作業はまだしたことがなかったのでかえって興味を覚えた。それにこの博物館の前身、陳列館は、私もかつて東洋史専攻の学生として講義を受けた所であり、湖南先生の書から集字をすることはもちろん大賛成なので、微力ながら喜んでひき受ける旨を返答したのであった。

私の手許には、年来取材し撮影してきた湖南先生の書の紙焼が数千枚そろっているが、このような石標に使う字は、碑碣の原稿やその影印本あるいは拓本から集めるのがよいように思った。そこですでに『書論』誌上でも紹介したことのある。「衆議院議員榊田君（清兵衛）碑銘」、「文学博士西村君（時彦）墓表」、「故朝鮮総督府政務総監池上君（高政）墓碑」、「木下（広次京都帝国大学）総長銅像記」、「東京帝国大学名誉教授文学博士重野先生（安繹）碑銘」、「呉竹庵記」などの紙焼と『書論』の口絵などを取り出して、集字の作業にとりかかった。

個々の文字について、どの字をどの碑から採ったかは、もはやいちいち覚えていないが、十字とも右に挙げた碑で足りたのだったと思う。ただ、「京都大学文学部博」までの八字は、湖南先生の肩書の中にすでにそろっているので別に問題はないが、「物」と「館」の二字は適当なものが少なく、難物だったのを覚えている。それに先生の楷書も、時期によってまた作品によって書風がかなり違うので、無闇に文字を組み合わせるわけにゆかず、全体の調和ということにも神経を使う必要があった。

何とか十字とも候補がそろったので、次にそれらを拡大することにした。拡大というと、素人はすぐコピーのことを思い浮かべる。私もゼロックスで何度か拡大をくりかえしてみたが、これは完全に失敗し、途中であきらめざるを得なかった。というのは、もとの字の二倍くらいまでは問題はないが、さらに拡大をくりかえしてゆくと、さすがの湖南先生の書も肌が荒れて見るも無残な姿になってしまったのである。それは例えば絶世の美女の肌も、これをルーペで拡大してみると、おぞましい怪獣のそれのように見えるのと同じであろう。

そこで、書道関係図書の出版で有名な二玄社の編集部に電話をして相談したところ、それには同社発行『書道技法講座』を担当している吉田光明氏が適任でしょうということになり、同氏の快諾を得て資料をお送りし、拡大、編集の作業をお願いすることにした。原本を見た同氏が、最初「顔真卿の風が少し入っていますネ」と言われたのには、にわかに賛同できなかったが、極力原本に忠実に拡大してほしいと依頼した。後で同氏から聞いたところによれば、写真とコピーを併用し、少しずつ拡大しては肌の荒れを修整し、また拡大しては修整するという作業を根気よくくりかえしながら、一字の縦横二十cmまで近づけましたとのことであった。まもなく吉田氏から送られてきた原稿に、私の方で多少の微調整を加えて定稿を仕上げた。

これより先、京都大学文学部には博物館運営委員会というのが置かれており、谷川氏もその委員の一人であり、その主事である美学の吉岡健二郎教授が、私の宿舎に近い大阪府枚方市牧野にお住いでいらっしゃるので、樟葉の駅前などで何度かお会いし打ち合わせをしていた。吉岡氏によると、石標は横に長い赤御影を用い、博物館入口の東山通りに面した地上にすえる予定という。吉岡氏に定稿を渡したのはその年の六月七日であった。

それから約二ケ月の後の八月四日、午前十一時から同博物館一階のホールでいよいよ竣工式が挙行されることになり、私も招待を受けて参列した。その日は、私の主宰している書論研究会の第八回大会特別展示の展示品を撮影する日に当っていた。当日早朝から会場の思文閣会館で撮影作業を進めていたが、十一時前になったので、会場から歩いて五分ほどの博物館へ急ぎ、石標を見る間もないまま、式場へ直行した。まず中久郎文学部長（社会学）の式辞、ついで西島安則総長の挨拶、沢田敏男前総長、寺本英理学部長の祝辞などがあり、一行とともに館内を一巡して閉式。しばらく休憩のあと、京大会館で祝賀会が開かれた。

ところで、竣工式の式場で私は谷川氏と隣合せの椅子に坐っていたが、谷川氏は私に耳うちをして「湖南先生の書で、京の字を日でなく、口に作ったものがありますか」という変な質問をされるので、最初私は何のことだかわからなかった。「どうしてですか」と聞き返すと、「例の完成したばかりの石標ですが、『京都大学……』の京の字がたしか日ではなく口になっていたと思う」と言われる。

そこで私は谷川氏とともに式場を出て石標の所へ行ってみると、驚ろいたことに谷川氏の言われた通り、「京」ではなく「京」となっている。私はあきれるというのか、ただ茫然と立ち尽してしまった。私が提供した原稿はもとより日にしておいたはずである。そこで文学部の事務室に電話をして担当責任者に来てもらい、事情を説明した。「湖南先生は書聖王羲之を熱愛され、王羲之は京の字を京と書きましたので、湖南先生も必ず京と書かれました。湖南先生の書から集字した以上、京では困ります」と言ったところ、担当者の方は恐縮して、「すぐ石屋に連絡して補刻させます。その時は先生もぜひ立ち合ってご指示をお願いします」という。

その数日後、私は吉岡教授や事務官数人とともに、石屋さんが京の口の中に一を補刻するのを見守った。その石屋さんの話では、「京という字は日ではなく口ですから、日は口のまちがいかと思い口にしておきました」という。そこで私はまた先の説明をくり返さねばならなかったのである。こんなとき、もし湖南先生が健在ならば、皮肉っぽい微笑を浮かべながら、「君も字を刻るのが商売なら、チト智永の千字文か集王聖教序くらいは習いたまえ」と言われたことだろう。

補刻の直前、私は、京を日ではなく口に作った石標の拓本ももしかして後日何かの話柄になるのではないかとふと思い立ち、私の友人で拓本のうまい中西長雄氏に依頼して採拓してもらった。その拓本も私の手許にある。この京字口に作るの本は、今となってはもはや「天下の孤本」である。ただし、中西氏には何のお礼も差し上げられないので、「お礼の印にご自身用の拓本も一枚お採り頂いて結構です」と言っておいたから、多分氏もお持ちのはずであり、すると天下二本の一ということになろうか。

話はもとへもどって、竣工式当日谷川氏とともにでき上がったばかりの石標を前にして、「これで京大のキャンパスにある湖南先生の書は二つになりましたネ」と言うと、「もう一つは?」とたずねられる。「時計台の左前にある木下総長銅像記がそうです」と私。そこで一緒に銅像記も見に行ったのである。この銅像記についいては、実は後日談が続くのであるが、それは後まわしにしよう。

京都大学文学部博物館は前述の通り旧陳列館の西側約四分の三を建てかえたものである。この博物館の歴史については、『京都帝国大学文学部三十周年史』（昭和十年、同文学部刊）、『京都大学文学部五十年史』（昭和三十一年、同）、『京都大学七十年史』（昭和四十二年、京都大学刊）、さらに『京都大学文学部付属陳列館』（一九八二年、京都大学文学部刊）などに、「陳列館」の名称で詳しく説明されている。ここでは便宜上竣工式当日来会者に配布された冊子『京都大学文学部博物館』に収める「文学部博物館の沿革」を左に引いてみよう。

文学部博物館は、大正三年（一九一四年）に建設されて以来七十年余の歴史をもち、大学の研究教育に現実に機能し続けてきた点では、本邦唯一と称するに足る文科系の大学博物館である。これは京都帝国大学文科大学の創設にさいし、講座の創設に先だって、国史資料・考古資料・地図資料の計画的蒐集がなされたのに始まり、漸次、史学科諸講座及び美学美術史を中心とする他分野に蒐集の手を拡げ、今日に至ったものであり、その所蔵資料は、国宝・重要文化財を含め三十万点以上に達している。

文学部博物館は、当初陳列館（二九九六㎡）と称していたが、昭和三十年（一九五五年）に博物館相当施設の指定を受け、その後、文学部博物館と改称され、文学科・哲学科を含む学部附属の博物館として、本学及び、他大学の教官・学生の教育研究に利用されて来た。

云云とある。新しい博物館完成後、学内外の教官・学生等の共同研究機関として、また一般社会に対しても特別展や公開講座など、幅広く活用されているのは喜ばしいことである。しかし私の全く個人的な心情から言えば、やはり古い陳列館が懐かしい。

私は昭和三十三年の四月、京都大学文学部へ入学した。専攻に分かれるのは三回生からであるが、二回生から宮崎市定先生の「東洋史史料講読」に出ており、この講読はもとよりその他の史学科関係の授業は全てこの陳列館で開かれていた。大学院へ進んだのち、昭和三十九年に文学部東館が増改築されて、東洋史研究室をはじめ史学科の大部分の研究室、教室がそこへ移転したが、それまでの間、約五年間私はこの陳列館で学んだ。

附属図書館の北側、松林の奥に立つ二階建ての瀟洒な洋風木造建築で、石棺の置かれた中庭を中心にして、教室、共同研究室、閲覧室、陳列室や先生方の部屋が南北に長い口の字型にとり囲んでいた。南側の正面玄関を入ると、日本近世のキリシタン墓碑、中国唐代の大秦景教流行中国碑のレプリカ、一階西北の廊下にはさまざまな考古資料にまじって、羅振玉の寄贈した唐の呂買墓誌の原石が壁ぎわに無造作に立てかけられていた。

階段を二階へ上がると古い木造のせいか、歩くたびにポコポコという小さな音がして、床板がやさしく足の裏にすいつくように感じられた。一階の東南角が東洋史研究室、二階の西南角が史学科の閲覧室、授業のない時は、この二つを最もよく利用した。西側の通用口から地下室へ下りると、中央に古い爐があり、仏像の木彫を趣味にする用務員のおじさんがいて優しく声をかけてくれたりした。この地下室については、神田喜一郎先生に「陳列館の地下室」（『敦煌学五十年』所収、のち『全集』第九巻収録）と題する名随筆がある。その一節を引いてみよう。

この陳列館に地下室がある。これはまったく史学科の先生と学生とのサロンで、いつ行っても何人かのひとがよって、それこそ談論風発、じつに賑かであり、また和やかなことであった。史学科に在籍したわたくしなど、この地下室で先生や先輩から何れほど教育をうけたかわからない。

先生の中で、もっともよく地下室に来られたのは内藤先生と喜田先生とであった。両先生はいつも和服下駄ばきで陳列館に見えるので、いやでも草履にはきかえられる。その草履のいれてあるのが地下室の下駄箱である。そんな関係から両先生は、ゆきかえりに必ず地下室へ下りて来られるのであるが、おかえりの際には、よほど急がれることでもない限り、大抵は休んでゆかれるのが例であった。サロンといっても、極く粗末な長い床几が爐の周囲におかれているだけである。先生もそこに学生と一緒に腰をおろされるのである。そうして短くても一時間、長いと三時間くらいも話してゆかれる。喉が乾くと爐にかけてある薬罐から茶をついで飲まれる。煎餅一枚あるわけではない。（中略）このサロンでは学問上のこと、社会の出来事、人生の問題、その他ありとあらゆる事柄が話題となった。先生も学生も心から融けあって、まったく一家団欒とでもいうか、お互い言いたい放題のことをいって、しかもその間にいろいろ益をうけたことは、かえって教育以上のものがあったように思う。

これは、神田先生が文学部に入学された大正六年ころのことで、「内藤先生」というのはいうまでもなく内藤湖南先生であり、「喜田先生」というのは日本史の喜田貞吉博士のことである。

前述の通り、陳列館の東洋史研究室は文学部東館へ移転したが、研究室の建物そのものは今も遺されている。ただ神田先生の文に見える地下室は博物館の新築に伴い、残念ながらすでにとりこわされてしまった。もっとも私には、古い地下室がまだ残っていたころ、秋田の先生方を二回御案内したことがある。最初は昭和五十七年十一月、秋田魁新報社の千葉三郎先生が関西へ湖南先生の取材に見えた時である。二回目は翌年五月、内藤湖南先生顕彰会会長小田島邦夫先生（先生も京大国史学科の御卒業であるから、この地下室はもちろん御存じのはずであるが）、同幹事の田村唯志先生ら御一行数名の方々が、加茂町で開催された内藤湖南先生没後五十周年の記念行事に参加された翌日京大へ御案内した時だった。その後間もなくこの地下室はとりこわされてしまったのであるから、いい時期に御案内できてよかったと思う。

話はまた木下総長銅像記にもどる。博物館の竣工式が終ったあとしばらくして翌昭和六十二年一月のある日、谷川氏からまたお電話を頂き、最近京大本部の倉庫を掃除していると湖南先生の「木下総長銅像記」の銅板が見つかったので拓本に採ってほしいという。そこで私は一月二十八日に谷川氏の研究室へうかがって、前から依頼されていた博物館石標の拓本数枚を寄贈したあと、大学本部の広報調査課という所へ案内された。木下総長銅像記の銅版は、頑丈な木の箱に収め、丁重に保存されていた。取り出してみると、まちがいなく湖南先生の撰文書丹である。文は三十二行、行六字、全て一九二字という短いもので、長文の多い湖南先生自撰の金石文の中では最もの短篇ではあるが、書は大正元年、すなわち私が湖南書の開花期と称している時期のもので、典雅さの中に一種の華やかさとみずみずしさを備えている。私はさっそくそれを受け取り、用意して下さった文学部の公用車に乗せて京都教育大の私の研究室まで注意深く運び込んだ。メジャーを当ててみると縦約十八㎝、横約七十八㎝、厚さ約九㎝である。この銅像記も中西君に依頼して拓本数枚を採ってもらった。そのうちの一枚には私の落書を入れて顕彰会にも寄贈したので、あるいはどこかにまだ保存して下さっているかも知れない。

それにしても、木下総長の銅像の根もとには、石膏のようなもので作った銅像記が私たちの学生の頃から現在に至るまですでにはめこまれているのに、それとは別に同文の銅板が見つかったというのは、一体何を意味するのであろうか。銅像記の文を念のため左に写しておく。

故京都帝国大学名誉教授貴族院議員従三位勲二等法学博士木下君、諱広次、熊本人。明治初、以貢進生入明法寮、尋奉命留学仏国。既還、歴官東京大学教授、第一高等中学校長、文部省専門学務局長。明治卅年、京都帝国大学之創立也、君任総長、鋭意経営、殆廃寝食。在職十年、規画粗完、以疾致仕、明治卌三年八月廿二日薨、年六十。君雅尚節概、志専育英、以此終始、京都大学之有今日、君力居多焉。既薨、同志胥謀、醵資鑄君像、大正元年十一月竣工、乃安諸学之西北爽塏、以垂不朽云。

文中どこにも湖南先生の名は見えないが、この文は『内藤湖南全集』第十四巻にも収録されており、先生の撰であることは広く知られている。ところで、現在銅像の根もとにはめこまれている石膏の書は、よく見るとかなり拙劣であり、誰かが湖南先生の書を見ながらそれになぞらえて書いたものであろう。

本部職員に聞くと、京大構内には七基の銅像があり、それぞれ関係の文書も保存されているとのことで調べてもらったが、この銅像記が二つあることについては何も手がかりが得られなかった。そこで私が想像するに、第二次世界大戦の戦局が急迫してきたとき、全国の梵鐘や銅像も兵器にするため供出させられ鋳つぶされた事実があるので、この銅板も供出されようとした直前、大学当局の誰かが、それを惜しんで隠したのではないだろうか。

湖南先生は碑碣《ひけつ》金石の刻法に関しても一家言を持ち、御自分の書を刻するに当っては厳しく注文をつけられた。私が制作に関与した「京都大学文学部博物館」の石標について、先生から合格点をもらえるとは思わないが、この石標の完成が一つの機縁となって、先生の「木下総長銅像記」の銅板が四十数年ぶりに発見され、日の目をみたことに関しては、泉下の先生もきっと喜んで下さるであろう。

ちなみに、この銅板はその後文学部博物館へ移され、大切に保管されているという。『書論』第十七号、口絵56に掲載した「木下総長銅像記」の墨書は、以前私が内藤耕次郎先生の御案内で恭仁山荘の蔵へ入れていただいた時にたまたま見つけたもので、草稿の一枚と考えられる。念のためここに附記しておく。

（『以文』第三七号／一九九四年一〇月）

京大大学院史学科の入試

小野山　節

平成七年四月から、京都大学文学部の組織は大きく変ったはずである。明治三十九（一九〇六）年九月に文科大学が開設されてから去る平成七年三月まで、文学部の存立基盤であった講座制が改変された。何がどう変ったかを適確に説明することは、私にはできないし、またその任でもないが、この度の文学部再編成は大講座制への組織替えといわれる。従来の講座制を小講座制と言い換えると、小講座制から大講座制への転換ということになる。そして確実なことは、去る三月末日をもって京都大学を退職した私は、大正五（一九一六）年に設置された考古学講座の最後の教授となったということである。

この文学部再編成は、『以文』第三十五号に前学部長の中川久定名誉教授（仏文学）が「新制京都大学文学部の終焉」と題して、また同第三十七号に現学部長の水垣渉教授（キリスト教学）が「終わりの混沌のなかから」と題してそれぞれ述べて居られるように、大学院重点化を目標とするのもであり、このような組織の改変には文部省の「ヒアリング」を受けなければならない。「ヒアリング」の折にどのような質問が出されたかは、その都度かなり詳しく教授会で報告された。大部分の質問は、その内容についても、そのような質問をする動機についても、大方のところは理解できたが、理解できなかったことが一つあった。それは担当官から投げかけられた大学院の入学試験問題にかんすることである。「京大の文学研究科では自分のところの学部卒業生に有利なような問題を出しているのではないでしょうね?」と。同じ質問を前学部長だけでなく、現学部長も受けたという。

入学試験にかんして試験を実施するものに対してその姿勢に疑念を持つような質問を、再度にわたって発するのは異常である。この質問の背景には何かあるのではないかと考えて思い当ったのが佐原眞さん(国立歴史民俗博物館副館長)の一文である。これは『宮崎市定全集』別巻にそえられた「月報」24(一九九三年十二月刊、岩波書店)に掲載された「無いものをさがす」と題する文章である。文部省担当官の質問とは関係ないかも知れないが、この文章には、佐原さんが京大大学院を受験した一九五七年頃の史学科の方式を知らずに読むと誤解しやすい部分が含まれているので、大学院史学科入試における当時のあり方と現行方式を記しておきたいと思う。

佐原さんは昭和三十二年春の入試に失敗して聴講生になったとき、「有光教一先生が、翌年の再度挑戦のためには、考古学以外の先生にも顔をおぼえて頂くほうがよい、とおっしゃって下さり、私は宮崎市定先生の講義を拝聴することになった」。翌年春の受験にさいして提出した論文の口頭試験において、「あなたは、ツボを壺と書いている。土で作るから壺と書く。壺という字は別にある。考古学では、ツボという字は大切でしょう。間違えないように、というご指摘であった。アー　モー　アカン」と思っていたが合格することができた。そこで冒頭の「宮崎市定先生が、よし、とされなければ、私は京都大学大学院に入ることはなく、……」となる。

ここで問題にしている入試というのは、京都大学大学院文学研究科修士課程（史学系）入学試験のことである。「史学系」という用語が登場するのは、昭和六十四年・平成元年度以降であって、文学研究科内に史学科はないけれども、それ以前には多分「史学科」と呼んでいた。その史学科院入試の仕組はかなり煩雑で、文学部教授会・文学研究科会議の史学科以外の先生方のなかには、史学科方式は複雑で分りにくいと、折にふれてつぶやかれる方がおられた。しかし史学科院入試方式というのは、昭和二十八年に開設された新制大学院において、どのような研究者を養成するかという、当時の史学科の先生方の理想がもりこまれていた。

文学研究科の院入試において、全ての専攻に共通しているのは、第一次試験に合格したものだけが論文の口頭試問を含む第二次試験を受験することができることと、第一次試験は外国語と学科にかんする試験であるということだけである。史学科院入試の特異な点は、第一次の学科の選び方にあって、昭和二十八年の文学研究科の創設以来二回の変更が行われたので、現在の制度は言わば第三番目の方式ということになる。

第Ⅰ方式による史学科院入試の第一次試験というのは、史学科の受験生全員が、英語、ドイツ語、フランス語のうちから一つを選び、国史、東洋史、西洋史の三科目全部に解答しなければならないというものであった。当時の史学科には、右の三専攻の外に人文地理学（大学院は地理学）と考古学があったけれども、両専攻の受験生も、国史、東洋史、西洋史の全科目を三専攻の受験生と同じように受験することが要求されていた。第一次試験の翌日、午後三時から四時頃に、第一次試験の合格者発表があって、その翌日に第二次試験があり、そこで初めて地理学と考古学の専攻生は自分が専攻する問題に出会うことができた。私が史学科院入試を受けたのはこの第Ⅰ方式であって、梅原末治先生から、考古学を研究するにも歴史（この場合文献史の意味）の基礎的な知識が必要だからこのようなシステムにしてある、という説明を伺ったことがある。試験には合格することができたけれども、梅原先生から私の一次試験学科の成績が悪かったため低い方の奨学金しか当らないので承知して置くように、という御注意をいただいた。当時、大学院奨学金は、一ヶ月九千円と六千円の二種類があり、院入試の成績で大学院の奨学生を決めていた。

その後まもなく、史学科院入試の第一次試験学科に変更があった。国史、東洋史、西洋史、地理、考古の五専攻のうちから、志望する専攻とそれ以外の四専攻から二専攻を選択して解答することが求められるようになった。奨学金を決めるとき、地理学と考古学の専攻生が不利にならないように変更したということであった。昭和三十三年に地理学を受験した成田孝三教授は、第一次試験の学科で地理学の問題に答えたということだから、第Ⅱ方式は昭和三十三年にはすでに行われていたことになる。記憶がないので何年に変更されたかは正確には断定できないが、私が受験した昭和三十年から一、二年後に変更されたことは確かである。佐原さんが受験したのはちょうどこの頃である。一回目を第Ⅰ方式で受験し二回目が第Ⅱ方式に変っていたか、二回とも第Ⅱ方式であったかであるが、いずれにしても第一次試験において、志望専攻以外の科目を、第Ⅰ方式では国史、東洋史、西洋史の専攻生は二科目、地理と考古の専攻生は三科目も、第Ⅱ方式でも全員が二科目は受験しなければならない。

だから、「『翌年の再度挑戦のためには、考古学以外の先生』の講義にも出ておくように」と、有光先生は一回目の受験に失敗した佐原さんに勧めたのではないだろうか。また「顔をおぼえて頂くほうがよい」という表現は、有光先生が日常使われていた言葉としては少し違和感がある。たとえこの通りの発言であったとしても、考古学以外の先生方と顔見知りになっておく方が院入試に有利だということではないと思う。考古学を受験して、第二次試験の論文口頭試問の席で初めて顔を合せて一回で合格した受験生もいる。ただし、一回で合格したか、二回目の受験で合格したかは、その人物が研究者として成功するかどうかということとはあまり関係ないように思う。

有光教一先生に、いま問題にしている「月報」を見ていただいて、当時の状況をお伺いした。佐原さんの大学院受験にかんしては唯一つのことしか記憶していないと言われる。それは合否を決める会議の席で、井上智勇先生が、「考古学教室にドイツ語ができる者が一人居る方がよいのではないか」と発言して下さったことだという。「月報」では井上先生が「外語出にしてはドイツ語もでけん、しかし……」とある。

井上先生の「ドイツ語ができる者が……」の語には次のような背景があった。昭和三十三年頃、英語については、教授であった有光先生が昭和二十五年八月から二年間、ロサンゼルスのカリフォルニア大学東洋語学科とバークリーの同大学美術科において、日本文化と美術ならびに朝鮮考古学の講義をなさったという経歴をもっており、助教授の樋口隆康先生は新制大学の発足当初から設けられた史学科共通の仏書講読を昭和三十年まで担当して居られた。

もう一つ気になることがある。ツボという字について。

第二次試験は提出論文の口頭試問と筆答試問である。二次の筆答試問は専攻によってかなり違う。伝統的に国史は古文書の読解、東洋史は漢文の釈読、西洋史と地理は外国語の日本語訳が課せられたが、考古学は専門的な学科問題、外国語、遺物の実測と説明など年度によって代った。大学紛争以前の史学科院入試においては、提出論文の口頭試問は史学科の教授と助教授全員が出席して行われた。誰の論文試問のときか、また何年であったかも憶えていないが、有光先生が院入試の口頭試問を終えて研究室へ帰って来られ、「考古学の論文で、壺と書くべきところを壺と書いてあって、宮崎先生から指摘され、さらに壺は宮中の小路のことだと教えられた」と、感じ入ったという面持ちで話されたことをはっきり記憶している。そのことに疑問を持った訳ではないが、研究室にあった漢和辞典をすぐ索いて、壺には壺とは別、壺には壺とは別とそれぞれ記されており、これらが互いに誤って書き易い字であることを知った。ただし、有光先生から私が聞いた壺字の話が、先に記した佐原さんのツボ字の話と関係があるかないかは、今は確かめることができない。

史学科入試の第Ⅱ方式は三〇年ばかり続いた。その間に現代史と西南アジア史の二専攻が増設された。昭和六十一年度院入試から、第一次試験の受験科目は専攻以外二科目を一科目に減らし、さらにはその問題は専攻生以外の受験生用に作成したものとなった。第Ⅱ方式の第一次学科試験の問題は、各専攻とも同じ形式をとって、Ⅰ問はやや大きな問題の論述で(A)(B)二問のうち一問を選ぶ設問が多く、Ⅱ問は若干の事項から指定された通りにいくつかを選んで説明するものであった。志望専攻のⅠ問Ⅱ問および志望以外の二専攻のⅠ問を選ぶ第Ⅱ方式から、志望専攻のⅠ問Ⅱ問および専攻生以外の受験生用に作成したⅢ問を解答する第Ⅲ方式となって現在に至っている。

（『以文』第三八号／一九九五年一〇月）

百万遍界隈五十年

大山喬平

百万遍界隈をうろつきだしたのは中学三年になったばかり、一九四八年（昭和二三）の春だから、もうかれこれ五十年になる。当時私は下鴨高木町にあった自宅から市電に乗り、百万遍で銀閣寺方面から来る市電に乗り換えて、荒神口のところにあった元女学校の校舎に仮住まいの男子ばかりの新制高校に通い始めた。授業は午前中でおしまい、男子生徒が帰ると午後は本家の女学生が登校してきた。私たちの旧制中学は新制高校に横滑りしたのだが中学三年だけは、はみだしもので仕方なく付設中学という名前をつけられていた。今なら洛北高校前から荒神口まで下鴨本通りをぬけてまっすぐバスが行くのだが、その頃の下鴨本通りは人が通るだけの草ぼうぼうの石ころ道で、荒神口へ通うのに高木町から北大路通りを西へ向かえば烏丸車庫（現在の北大路）で、東へ向かえば百万遍で乗り換えなければならなかった。その後この道に市電が敷設され、やがて撤去された。銀閣寺から天王町の間も同様で、草むらと石ころの道が舗装され、市電が走り、それもやがてなくなって久しい。市電の停留所を意味する電停（デンテイ）も今では死語になった。

百万遍の大学の石垣と北門とそれに知恩寺の山門だけは昔のままだが、五十年の間に界隈はすっかり姿を変えてしまった。その昔、何年にもわたって百万遍の歩道から市電を乗り降りする乗客に向かって、毎日のようになにか演説をしているもんぺ姿の中老の婦人がいた。前後の意味はよく聞き取ることができなかったが、ときおり片手を挙げて「天皇陛下、万歳」などと叫んでいた。中学生たちは子供を戦争で亡くしたのだと噂していた。

長い間暮らすことになった陳列館へは高校二年生のとき、先生に引率されて日本史の授業で参観にきた。何を見学したのかさっぱり覚えていないが、今の教育学部の校舎のところが陳列館前の芝生で一クラスがそこへ座って入館を待っていた。もうそのころは先の男子だけの新制高校は解消させられていて、クラスの半数は女子生徒になっていた。陳列館に出入りする京大の学生が当時はまだ珍しかった女学生だらけの集団をいぶかしそうに何人もみて通ったことだけを記憶している。

しばらく下鴨の校舎へ戻っていたが、京都大学文学部に入学して、また百万遍で朝に夕に市電を乗り換える生活が始まった。当時は宇治分校があって最初の一年間は宇治通いに明け暮れたから時計台の本部構内は依然として遠い存在であった。宇治は遠かった。朝は百万遍で乗り換え、河原町三条で下車、発車のベルを聞きながら三条大橋を駆け抜けて京阪三条発の急行に飛び乗り、中書島で乗り換え黄檗まで行った。

宇治線はおんぼろ電車で雨の日など雨漏りがしそうであった。宇治の校舎はバラック小屋も少しはあったが、大半は爆風よけの土塁に囲まれた火薬庫をそのまま教室に転用したもので、火薬の匂いが鼻をついた。宇治は殺風景で自然、四条河原町界隈で一日を過ごすことが多くなった。二回生になって私たちは吉田に移った。吉田分校にはまだ三高の木造校舎があり、暖房のいっさいない冬の教室はやたら寒かった。厚いオーバーにくるまり、床に足をつけると体温が逃げるので足を宙に浮かせたままで震えながらドイツ語の授業を聞いた。

後日、助教授として文学部に着任してから一度だけ宇治を訪れたことがある。大学紛争の残り火がまだくすぶっていたころで、大学院入試をここで行った。助教授であった朝尾直弘さんが受験生の提出論文をリュックサックにいっぱい詰めて運んできたことをよく覚えている。試験監督に立ち会いながら、同期入学で宇治時代をともにしたこれも助教授の安田章〔国語学〕さんと教室の窓から見える景色に昔の面影を探したが、ほとんど今どこにいるのか分からなかった。試験の中休み、昼の時間にあちこち歩いているうちに、かつての面影が少しよみがえってきてなつかしかった。当時は新しかったバラック校舎も無人の廃墟になって残っていた。

五五年（昭和三〇）には専門課程に進み、陳列館の住人になった。たった一年のことであるが、日本の経済は急速に回復に向かっており、スチームの効いた国史研究室は暖かで天国のようだった。私はようやくゆったりとした気持ちで戦後はじめて学問に励むことができたように思う。影写本を繰りながら、午後になって腹が減ると誰いうとなく皆で百万遍を入ったところにある大力の鳥なんばを注文して食べた。その大力も人手不足でいつのころからか出前をやらなくなった。

紛争が始まった頃、私は名古屋方面の大学に在籍して京都との間を往復していたが、紛争がやがて各地の大学へ普及しそうな勢いであった。入学試験があるという日の前日、騒然とした百万遍に世の動きをこの目でたしかめようと見学にきた。大学解体を叫ぶヘルメットの学生が正門を閉ざしていて、本部構内に立ち入ることができなかった。試験会場の下見にきた受験生が「大学解体は学生身分を辞退してからやれ、在学したままで受験の権利を奪うのか」とヘルメットに詰め寄っていた。そのとき、私はかつて前衛党の指導のまま地下活動に潜って大学受験の機会を逃がしたまま、私たちが大学院へ進む前後になって、ようやく世間へ戻ってきた高校時代の何人かの友人たちのその後のことを思いながら、受験生の抗議をぼんやり聞いていた。ヘルメット学生はろくな返事をしていなかった。

それから数年たって京大着任の直後、数人の学生を相手に演習をしていると一人の男がのそっと演習室に入ってきた。彼は手にしたビラを学生の机の上に一枚ずつ丁寧に置き終ると無言で出ていこうとした。あっけにとられて見ていた私は「そういうことは授業のあとにして下さい」といったが男は私の顔をじろっと見ただけで姿を消した。文学部はこういうところかと出席の学生に尋ねたが、彼らも青ざめた顔で無言であった。

またある日、研究室へ出てみると長椅子が姿を消し、置いていたセーターが無くなっていた。施錠してある教官研究室を開けて夜中、学生が持ち出したのであった。連絡をうけた会計係長が数日後長椅子を取り戻してきた。「どこにあったか」といきまく私に係長は「場所を移動したのですから」というだけでそれ以上を語ろうとしなかった。変な理屈だとは思ったが、これが文学部のルールかと思い黙っていた。数日後バリストをやって入り口を固めた学生の群のなかに背の高い一人の学生がいて、見覚えのあるセーターを平気できていたのにはがっかりした。こういう神経をした学生を相手にどのような学問を語ればいいか困惑するばかりであった。

学部は騒然としていたが、教授会は別世界のようであった。明るい緑の背もたれと直線で形づくられた黒い木枠のクラシック調の椅子が時代離れしていて、当時の老教授たちが学部の真理と正義について高遠な議論を展開していた。私は前任校、前々任校のもっぱら損か得かの議論に傾きがちであった教授会と比べて浮き世離れした世界にびっくりするとともにその姿勢に深く感銘した。幸い心配した学生諸君ともその後は気持ちよく大学生活を送ることができた。紛争は長く尾を引いていたが、それでもいつの間にか収まっていった。

工学部教授であった田伏岩夫さんとは北門のところで、昼前後の時間帯によくすれ違った。「やあ」と声をかけ合うだけで、ゆっくり話し合う機会は一度もなかった。しばらく顔を見ないなと思っているうちに訃報を耳にして慌てて通夜の場へ駆けつけた。若くて亡くなった彼も生きていれば、この春一緒に停年退官したはずである。

九七年のこの春から夏にかけて、テレビ画面でみる食糧難の北朝鮮の子どもの姿は心痛むものがあるが、あれほどではなくても私も田伏さんもあの状態になにほどか近かったと思う。学童集団疎開の丹後の海辺の寺で、道ばたの草をちぎって口にし、空腹のあまり墓地に村人が供えた何日も前の真夏の団子を盗みにいって、女学校を出たばかりの若い女の先生に見つかってさめざめと泣かれた経験など、停年がきて時間に余裕ができたらゆっくりと語り合って旧交を暖めたいと思いながら果たせなかった。百万遍から北門を入ってくる道をへだててはす向かいの建物にお互い長年暮らしながら、である。

陳列館の裏口を入ったところは地下室の入り口であった。地下室にはいつも用務員さんがいた。考古学研究室宛に中国や台湾からよく荷物が届いていた。まだ木箱に藁縄が使われていて、そこに書かれた宛先表示がまた見事な書体で、江戸時代以来のお家流の流れが多い日本ではついぞ見たことがないような見事な墨書が記されており、そのまま燃してしまうのが惜しいほどであった。

いつだったか陳列館の研究室で本を読んでいると、ヘリコプターの音がいつまでも響く午後があった。第一勧業銀行百万遍支店が強盗に襲われている最中で、夕方遅くなってそのことを知った。しばらくして今の煉瓦色の建物に建て替えられた。毎日見ていたのに前の建物がどんなだったか全然覚えていない。付属図書館も三代目である。あれは私の入学前のことだったかも知れないが、今の付属図書館の玄関あたりに同学会のボックスがあって学生運動の闘士たちが盛んに出入りしていた。この前の図書館の建物のときにそれはすでに取り払われてなかった。東一条から荒神橋を通って、道を埋め尽くした学生がいつもデモをしていた。その昔、比叡山の僧兵たちが京の町へ押し掛けたさい通い慣れた道である。そうした風景も見なくなって久しい。今の東館の南に心理の建物があって、一匹の猿が鎖につながれて遊んでいた。懐かしい風景である。私たちの文学部本館も近く姿を消すという。

私たちの年代にとって、戦後民主主義はまぶしいばかりの輝きをもって登場してきた。そのうさんくささを指摘する人たちの声を頭で理解することはできても、戦中・戦後の悲惨についての生活実感の希薄をさきに思ってしまう、これは小賢しい議論ではどうしようもない原経験の差である。

ともあれ五十年、今は遠い彼方の百万遍界隈である。

（『以文』第四〇号／一九九七年一〇月）

授業雑感

永田英正

昭和二八年四月文学部に入学し、学部四年、大学院五年を経て昭和三七年三月に博士課程を終えるまで、専攻の東洋史を中心として実に多くの先生の講義や演習等の授業を受けていた。

ノートを離れて一語一語を噛んで含めるような口調の講義は、そのまま論文になるような宮崎市定先生。まるで書の手本のごとく史料の一字一字を丁寧に板書され、めりはりのきいた授業の田村実造先生。丁寧な板書の史料に基いて、いささかも脱線することなく論証を進められた佐伯富先生。理路整然とまとめられたノートを、やや早口で読んでいかれた佐藤長先生。変ったところでは、授業の開始時には正面を向いておられるが、やがて板書が始まると学生に背を向け、黒板に向かって講義をされた貝塚茂樹先生等々に、数えあげればきりがない。

諸先生いずれも蘊蓄を傾けた内容を、個性ゆたかにして特徴のある態度で授業されたが、中でも特に印象に残り、もし教壇に立つようなことがあれば実行してみたいと思った授業方法があった。その一つは宮崎市定先生の講読演習の方法である。

平成七年五月に宮崎先生が逝去され、東洋史研究会の学会誌『東洋史研究』五四巻四号（平成八年三月刊）に先生の追悼録を特集した。その際に、私は「真似のできない授業」と題して、次のような文章を書いた。

学生時代の受講体験から、是非とも実行したいと考えていた授業方法があった。それは宮崎先生の漢文史料の講読演習で、一口で言えば質問にたいして、学生が答えるまでは先生からは決して答えを口にしないという方法ある。先生からのヒントは全くないわけではないが、それも学生が発言したときにかぎり「その方向で」とか「もう少し」といった程度で、学生の発言が途絶えてしまうと、あとは沈黙の世界となる。この方法では、事前の学生の共同の予習などはいっぺんにふっとんでしまい、真に個々の学生の力が問われることになる。そこで学生は、重苦しい沈黙を何とか逃れるためにも予習に精を出し、質問に頭をひねるのである。漢文史料の講読演習は、この宮崎方式でやるべきだと信じて疑わなかった私は、教壇に立つと早速実行したのであるが、第一回目にして挫折してしまった。その後も常にこの方法に挑戦してみているが、未だかつて一度として満足に実行できた例がない。理由は、待てないのである。指名した学生に答えがない場合は全員に尋ね、それでも答えがなければヒントを与えながら更に一巡して誰かの発言を待つのであるが、このまま何時まで沈黙が続くのかと思うと、もう落ち着きがなくなってしまう。あるとき、かなり時間が経過したと思って時計を見たところ、五分と経っていなかったことがある。とうとう我慢しきれなくなって、私の考えを言ってしまうことになる。これは、今までの待たれる身から待つ身になって初めて知った驚きであった。待つことが如何に至難のわざであるかを知ったとき、改めて宮崎先生の辛棒づよさが分かり、先生の学生に対する教育指導の厳しい態度に敬服した次第である（以下省略）。

実は宮崎先生の他にも、今一つ実行してみたいと考えていた授業方法があった。それは梅原末治先生の概説の授業である。

梅原先生は退官の前年、すなわち昭和二九年、私が二回生となり宇治分校から吉田分校に移ってきた年の史学概論で前期を担当され、濱田青陵先生の『通論考古学』を参考書として考古学概説を講ぜられた。この史学概論は史学科の学生の必修科目となっており、受講生は四〇名前後ではなかったかと思う。曜日は定かでないが一限目の授業であった。当時は一二〇分授業で、一限の開始は八時であった。梅原先生は八時前には教室に見え、八時になると教室のドアを閉めて授業を始められるのであるが、これに一秒でも遅刻すると絶対に教室に入れてもらえなかった。遅刻をした学生が入室しようとしても頑として入室を拒まれ、あくまでも入室しようとする学生とドアを隔てて押し合いをされた光景を一度ならず目撃した。痩身で当時としてはかなりご老体に見えた先生の、どこにあのような力があるのかと驚いたほどである。遅刻者を入室させない理由は、自分の講義は切り売りのできない講義である、最初から最後まで聴講して始めて講義として完成するというお考えであった。また授業中は、学生は正面を向いて講義を聞くようにと指示され、ノートをとることは許されなかった。

そうした点では、まことに厳しい先生ではあったが、私自身考古学に関心をもっていたこともあって梅原先生の講義をたいへん興味ぶかく聞いたものである。考古学の意義、起源や目的などから始まって、遺跡や遺物のもつ意味、発掘調査の方法からさらにはそれに基づく研究等々に至るまで熱弁をふるわれ、私にとっては実に新鮮であり興味のつきない授業であった。「考古学は物に即した学問である」とは、毎回のごとく繰り返された言葉である。講義の面白さに『通論考古学』を求めて丸太町から寺町あたりの古書店を巡り、古本屋の片隅に、あのギリシア彫刻像とグルニア市址の平面図を配した特徴のあるカバーの一冊を見つけた時の喜びは、今でも鮮明に想い出す。

ところで梅原先生は、授業の終わる直前の一〇分程度を割いて幾度か小テストなるものを実施された。ザラ半紙を四ツ切りにした紙を配付され、テストは「本日の講義の要点を記せ」だった。最初は突然のことで慌てたが、それ以後は小テストのこともあって、より熱心に講義を聞いたものである。そしてテストは、翌週には一人ずつ呼び出して返された。その際に間違いを注意されるほか、良い部分には丸を付し、誤字は正すなど懇切きわまるものであった。

私は、先生の遅刻者を入室させないということは心情としては理解できても実行は不可能であるが、概説の講義において要点を記述させ、内容の誤りや誤字を正して学生に返す小テストの方法には感銘し、これは是非とも実行してみたいと思ったわけである。

後年、非常勤も含めて幾つかの大学で中国史概説を担当するようになり、受講生が五〇名以下の場合には、私も小テストと称して授業の要点を書かせることを行ってきた。しかし梅原先生方式を完璧に実行し得たのは稀でしかない。講義内容を書かせることは簡単であり、それに目を通すこともさして苦にはならないが、学生の書いた講義内容の誤りを正し、誤字を訂正して返却するということが容易なことではないのである。ましてや翌週にである。そのために返却が二週間後になり、一月後になり、近年では前期と後期に各一度、それも学生の出欠をとる代用となってしまって、学生に返すことはしていない。ただ小テストに見える授業内容の誤解や誤字の多いことの反省から、固有名詞や術語は勿論のこと易しい漢字でも極力板書することにし、理解しやすい内容の授業を心掛けているだけである。したがって、これまた宮崎先生の講読演習の方法と同様に真似をしようとして結局は果たせなかった授業方法であり、ここでも梅原先生の偉さと教育熱心を改めて思い知らされた次第である。

ところで翻って私の授業については受講生に聞いてみないと分からないが、授業態度としては卓上のノートを見るのと板書の繰り返しで、結果としては学生に背を向けてしまう貝塚先生と同様な態度になっていることは間違いない。これは習い性となってしまっており、今更どうしようもないことだと思っている。ただ概説の期末テストでは、時おり一つの変った試みをしている。今日まで公にしたことはなかったが話が概説に及んだので、この機会に述べておくことにする。

それは概説した時代を限定し、その間に発生した歴史事実を少なくとも三つ挙げることを条件にして、「もし諸君がこの時代に生きていたとしたら何を考え、どのような生き方をしたと思うか作文せよ」という設問である。これには私自身つねづね歴史を考える場合にはその時代に自らを置き、時には歴史上の人物になったつもりで考えてみることも必要であると思っており、かつまた学生にも折にふれてそのことを説いてきたことが背景にある。しかし学生は、まさかこのような試験問題が出るとは考えもしていないから、面食らうことは必至である。

この作文には、かなりの工夫と要領がいり学生は四苦八苦するが、読む側としては普通の概説の答案に比べて学部や学年を問わず楽しい答案があり、受験生が多人数であっても苦労が少ない。しかもこのテストでは、学生自身の当該時代についての理解度が知れるだけではなく、学生の意外な発想や物の見方に感心し、なるほどと教えられることさえあって勉強にもなる。ただしこの種のテストは、同一大学では連続しては出題できないことは、言うまでもない。

（『以文』第四〇号／一九九七年一〇月）

文学部旧本館の消滅

礪波　護

二度目の千年紀が終わろうとする一九九九（平成十一）年の春、京都大学の文学部あるいは文学研究科を、卒業あるいは修了された以文会員の皆さまに馴染みの多かった校舎や門が、新しい建物を造営するために、大型のブルドーザーによって、相次いで取り壊され、姿を消しました。

東大路通りに面して一九八七（昭和六十二）年に竣工した文学部博物館は、一昨年春に総合博物館の文系部門として再出発していましたが、今回、理系部門の展示や研究室のための新館や造営する工事が始まったのです。そのため、陳列館の西側に林立していた赤レンガ造りの倉庫群が取り払われました。そして本部構内の西門が廃棄されて、五十メートルばかり南に仮の鉄柵の門となだらかな坂道が作られ、工事現場を迂回して出入りし、これまでの附属図書館の北側でなく、南側を通ることになったのです。

ついで、法経の八階建て校舎を新営するために、文学部の新館を建立した際にも壊されずに残っていた旧本館の東側と南側の部分、つまり玄関ホールを始めとして、事務室や文学部長室、哲学科の図書室、中国文学や美学美術史の教官室の所在した建物が、今年の四月から五月にかけて、すさまじい轟音を鳴り響かせて取り壊されました。更地と化した跡地が、意外に広いのに驚かされただけでなく、八階建ての新館と継ぎ足し四階建ての東館を合わせた文学部の学舎の全容を、法経本館の正面玄関から扇状に見渡せる絶好の機会が到来しました。とりわけ、三十年もの年月をかけて一九六五（昭和四十）年春に完成した東館の継ぎ接ぎだらけの眺めは、名状し難いものです。陳列館については本誌『以文』でしばしば語られたので、今回は旧本館と東館の造営の歴史について振り返り、同窓の方がたのご参考に供することにしましょう。

一九〇六（明治三十九）年に文科文学（文学部の前身）が創設された当初、専属で建物をもたず、理工科大学より三教室を借用して当座をしのぎました。翌年に木造の一棟が、現在の法経本館と解体された文学部旧本館の間の道路の上にできあがって、その東半分を使用したりしました。文科大学独自の建物の最初は、その北側の地に、一九〇九年に竣工した二階建ての木造一棟だったのです。

一九一九（大正八）年に大学令が改正され、文科大学が文学部と改称、帝国大学に入学者を送り得る高等学校が続々と新設された結果、毎年六十名前後であった入学者数が激増し、三百名前後にまで達しました。いきおい研究施設は狭隘となり、増築が図られることになりました。将来完成される筈の口字型、鉄筋コンクリート研究室の第一期工事として、一九二三年、西面に赤レンガ造りの書庫と閲覧室が竣工しました。これが旧本館の最初の姿です。二年後の一九二五年に第二期工事として西北隅および北面の鉄筋コンクリート造りが竣工した段階で一休み。

一九三三（昭和八）年に東北隅の第三期、二年後に東面全部の第四期をへて、第五期工事としての南面全部の増築が完了し、全貌が雄姿を現したのは一九三六年の秋のことで、木造二階建てから事務室などが移転しました。今や第一号館あるいは中央教室と称された旧本館は七十年前後の寿命を終えたことになります。

東教室と称された鉄筋コンクリート三階建ての東館を新営する第一期工事が起工されたのは、一九三五（昭和十）年十一月で、翌三六年九月に完了し、一階を教室・演習室、二階と三階を教官研究室に当てました。従来の木造建築は、取り壊されました。東館も元来はロ字型になる筈でしたが、計画だおれで、L字型のままで、一旦は終わりとなりました。ただし大講義室の必要のため、東北隅に法経の平屋の旧教室を移して、第一教室として再建したりしました。

この東館が、中庭を囲む四階建ての現況を呈するのは、三十年近く経った一九六五年に増築が完成して以来のことです。第一期工事の西側から北側の西半部には四階部分が継ぎ足されました。京都大学全体の将来計画では、この東館も近い将来に撤去され、グリーンゾーンになるそうですが、何時のことでしょうか。

ちなみに先に言及しました法経本館の正面玄関の外壁の最上部に、「2598」と刻されています。これは正に〈皇紀〉であって、西暦一九三八（昭和十三）年に竣工したことが分かります。最後になりましたが、陳列館が文化庁から〈登録有形文化財　第二六―〇〇二〇号〉として指定されたことをお伝えしておきます。

（『以文』第四二号／一九九九年一〇月）

Ⅲ　文学の諧調

竣工（1936 年）直後の文学部東館
（京都大学大学文書館提供）

追憶五章

伊吹武彦

一

大正十一年、私が三高を卒業したとき、かねて志していたフランス文学科は、まだ京大にできていなかったので、私は同志二人とともに相たずさえて東大に学んだ。したがって、そのころ京大文学部に教鞭をとっておられた諸先生から、直接教えていただく機会がないのも当然であった。しかしそれにはいくつかの例外がある。

まず、三高在学中に私は田辺元先生の講義を一年間、みっちりと聞かせていただくことができた。三高の教室からエスケープし、白線帽をかくして文学部の教室にもぐり込んだ――というわけではない。それなら話はいささかおもしろくなるのだが、そういうアヴァンチュールがあったのではなく、当時助教授だった田辺先生が、私たちの三年生のとき、三高で「哲学概説」を受け持たれたのである。だからこれは、正規の授業を正規に受けたのであって、何でも聞いてやろうという、ふとい根性からの盗聴ではなかった。

田辺先生の講義は、文科三年全クラス、およそ百六十人を、新徳館——現在もそのままにある講堂に集めて行なわれた。定刻が来ると、先生は名簿を四冊かかえて——というのは、文科は甲一・甲二・乙・丙の四クラスにわかれていたからである——教壇、というよりは、むしろ演壇にあがり、百六十人の名を一々読みあげて出欠のしるしを付けられる。これはなかなかの大事業であって、もし私なら、読まずによろしく片付けてしまうであろうが、その点、田辺先生はきわめて謹厳であった。講義は西洋哲学史であったが、いまも忘れることのできない一つの思い出が私にはある。学年も終りに近づき、先生はベルグソンについて約一時間語られたのであったが、そのとき、ベルグソン哲学と深く関連するフランスの小説家としてマルセル・プルーストの名を挙げられ、プルーストの小説にはベルグソン流の「持続」の観念が、みごとに具象化されているのだというようなお話があった。いまでこそプルーストの小説は邦訳され、ひろく知られているけれども、その当時——一九二〇年——彼の小説を読んだものは、フランス文学専攻者のなかにもほとんどなかったのである。

われわれ文科丙類（フランス語を第一外国語とするもの）の仲間は、プルーストの名を聞いて、これはわれらの領域であると、読みもしないのに大いに興奮した。現代のフランスにそのような哲学的大作家がいることをはじめて知り、心中快哉をさけんだのである。

――「しかし」と、クラスきっての懐疑派M君は授業のあとで言いだした。「しかし、田辺さんはホントにプルーストを読んどるのやろか」懐疑派M君は数名の半懐疑派たちとともに、ある日わざわざ田辺先生のお宅を訪問した。さっそくプルーストについて質問すると、田辺先生はこの作家の名作『失われた時を求めて』の最初の巻を取り出して説明をはじめられた。懐疑派M君が、開かれた書物を机ごしにのぞきこむと、方々にアンダラインが引いてあった。翌日、M君は教室でみんなにこう報告した。――「田辺さん、やっぱり読んどったわ」

あの時代に早くもプルーストに着目しておられた田辺先生を、私はいま深い尊敬をもって思い出す。フランス文学を専攻した私がプルーストを読んだのは、それから十年後のことであった。

二

三高の学生時代に教えを受けたのは田辺先生だけでなく、英文学の厨川〔白村〕先生、ドイツ文学の成瀬〔無極〕先生にも、わずかの期間ではあったが教えていただくことができた。ただしこれも盗聴ではない。そのころ京大では夏の休みに、正式な名は忘れたけれども夏期講座があり、一般市民も聴講することができるようになっていた。私は、なにがしかの聴講料をふんぱつして、愛読書『近代文学十講』の著者厨川先生の英詩評釈を聴いた。厨川先生はとくにオマル・ハイヤムの詩に重点を置き、このペルシア詩人が歌いあげる酒と悦楽のうたを、漢詩のいくつかと比較しながら説き進まれた。私は、これも聴講しておられた矢野峰人氏のうしろの方で、感激しながら聞き入っていたことを、きのうのことのように思い出す。

成瀬先生の講義題目は「ワグナーの歌劇」というのであった。ワグナーのおもな作品を解説し、要所要所になるとオペラのレコードを聞かせて下さった。むろんLP盤はない時代であるから、レコードの取り替えに先生は大そういそがしく、あまりあわてて、ローエングリンのなかの「花嫁の合唱」の最中、手にしておられた大型の懐中時計を教壇の上に落されたことを、いまもありありとおぼえている。蓄音機は大きなラッパの付いた旧式のものだった。ラッパのかげに、当時、形の相似から「タビの裏」と異名をとった先生の顔が見えがくれするのは、はなはだ印象的な光景であった。

先生は、オペラの筋書きを説明するのに、きわめて明快な方法を採用された。たとえば、Aという女性があり、Bなる男性と相思相愛の仲であるが、そこにCなる男性があらわれてAに横恋慕する——というような状況があると、先生は黒板に次のようなダイヤグラムを書かれるのである。

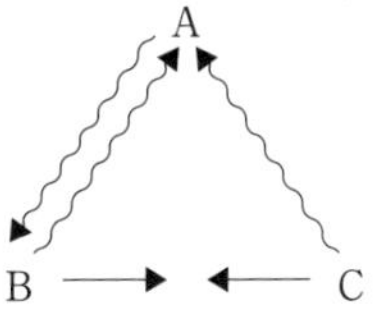

〰〰→は愛情のおもむく方向をあらわし、——→は敵意の向かうところをあらわしている。この簡単な凡例さえ心得ておけば、劇的状況は一見して明白になる。〰〰→が二本ならんで逆方向に走っておれば、それは愛し愛されているという幸福な状態を示し、〰〰→が一方通行のかたちをとっていれば、これは哀れむべき片思いを意味する。——→が両方から衝突していれば、そこに憎悪の火花が散っていると理解すればよい。

まことに便利重宝な記載法なので、私はその後教師になってから、フランスの小説や戯曲の筋を説明するときに、もっぱらこの成瀬氏ダイヤグラムを応用することにし、現在でも折あるごとに活用している。ただ都合のわるいことに、私が学生諸君に向かって〰→は愛情の方向を示すのだと説明すると、それがいかに悲痛な物語りであっても、学生諸君は感動するよりも前に、大きな声で笑ってしまうのである。

三

私は東京で仏文を終わるとすぐ、母校である三高へもとって、こんどはフランス語を教える身分になった。京都に帰ってまもなく、私は成瀬先生からのお招きを受け、当時先生が主宰しておられた「カメレオン」という会に入会をすすめられた。「カメレオン」というのは脚本朗読の会で、毎月一回K夫人のお宅で催されていた。メンバーには新村出先生ご夫妻をはじめ、阪倉篤太郎先生、林久男先生、ややおくれて山本修二先生など錚々たる顔ぶれがそろっていた。倉田百三の「出家とその弟子」やイプセンの「人形の家」、ハウプトマンの「沈鐘」からフランスものではヴィルドラックの「商船テナシチー」にいたるまで、出し物は折衷主義の極致を行くものであった。毎回役どころが変り、その役どころを変幻自在にこなす——あるいはこなしてみせるつもりだ、という意をあらわすために、「カメレオン」という会名ができたのだと聞かされた。

私が成瀬先生から「カメレオン」入会のお勧めを受けたのには、ちょっとした理由がある。大正九年——そのとき私は三高の二年生であったが、その年に成瀬先生は『四十歳』という戯曲集を出版された。

そのなかに一篇だけ小説がはいっており、その題名が『四十歳』であるところから、それが集全体の題名にもなっていた。四十男の心境をえがいた小説なので、私は先生をすでに四十過ぎの方だと思っていたが、じつはそのとき先生はまだ三十七歳の若さだったのである。この本が出たとき、私もその一員であった三高劇研究会では、先生を招いて自作自演の朗読会を開こうということになり、私が先生にそのことをお願いに行った。先生は快諾され、一夜、京大ＹＭＣＡの部屋を借りて本読みが催された。先生はそのときのことをおぼえておられ、私が教師となって京都へもどって来たのをきっかけに、「カメレオン」入会を勧めて下さったわけである。

「カメレオン」は第二次大戦がはじまる頃まで、じつによくつづいた。その間、私もいろいろの役を振り当てられ、いい気になって二枚目や、ときには女役をやってのけた。あるときなどは、先生引率のもとに、地方興行（?）に出たこともある。「ハンネレの昇天」をたずさえて天理の図書館ホールに乗り込み、真柱をはじめ天理教の大幹部、学生たちを前にして、すくなくとも主観的には堂々とやってのけたのをおぼえている。

成瀬先生の朗読ぶりは定評があった。変幻の妙をきわめて、まさにカメレオン中のカメレオンであったが、ことに吉井勇の『俳諧亭句楽の死』の句楽など、江戸文化のなごりをもつ人物を演じては、まさに名人といってよかった。先生の文集は『無極集』として先年出版されたが、先生の名調子はもう聞くよしもない。

四

私が九鬼周造先生の謦咳に接しえたのは、じつは成瀬先生のおかげであった。成瀬先生のお誘いがなかったとしたら、おっくうがり屋で人見知り屋の私としては、九鬼先生にお目にかかる機会はとうていなかっただろうと思われる。

九鬼先生の謦咳に接したとはいっても、私の場合、それはむしろ酒席でのことであり、したがって、哲学についてお教えを乞うことはほとんどなく、九鬼先生もつとめてそのことは避けておられたようである。

昭和十年ごろであったか、はっきりした日付けは記憶にないが、ある年のクリスマス・イヴに、成瀬先生とどこかで一杯かたむけていたとき、突然、先生はいい出された。

「さあ、これからNine Devilsのところへ行こう」

これから、といっても、そのときはもう夜の九時ごろであった。時間はいっこうにかまわないが、Nine Devilsとはいったいどこのバーなのか、私はまったく不案内であった。

「Nine Devils?」と問い返すと、先生はこれがわからぬかと言わんばかりに、

「九匹の鬼――九鬼君のところだよ」

こうして私は、成瀬先生のいわゆるNine Devilsの住む岩屋――ではない、南禅寺草川町の九鬼博士邸を訪れたのである。むろんそれが先生との初対面であった。

応接間には、市内の有名店から取りよせたというサンドイッチが、山のように積まれていた。しかしサンドイッチよりも何よりも、私はこの部屋に充満している美妓たちの群れに息づまる思いをしたのである。充満しているという表現は誇張ではない。けっして狭くはない九鬼邸の応接間に、花また花がぎっしり詰まっていた。私はその間に小さくなって、ちょうど机上に置かれたサンドイッチの中身のように神妙にひかえていた。そして九鬼先生の「遊び」のみごとさ、「イキ」の真骨頂に触れた思いがして片唾をのむばかりであった。

九鬼先生はフランス音楽のレコードなど聞かせて下さった。当時まだ電蓄はなかったけれども、大正時代、成瀬先生がせっせとハンドルを廻しながら聞かせて下さったラッパ付きの蓄音機ではなく、それはもう、スマートなキャビネット型蓄音機だった。

そのとき以来、九鬼先生は町で食事をされるとき、よく私の家に電話して、出てくるようにと誘って下さった。たいていは成瀬先生とご同席だった。先にも書いたように、こういう席で学問の話しはほとんど出なかった。では何の話しが出たのであろう。私には楽しかった思い出だけが残っている。では何がそんなに楽しかったのか。思うにそれは九鬼先生の周囲に厳としてただよう最高の「イキ」のたたずまいであった。

五

私事にわたって恐縮であるが、私は昭和十年の六月に、京都をおそった大水害で、当時小学校四年生だった長男を失った。あふれた鴨川の水にさらわれたのである。そのときには、恩師、先輩、知友のかたがたから、たくさん慰めのお言葉をいただいたが、九鬼先生は、論文『偶然の問題』を送って下さった。私の長男が六月二十九日の早朝、北大路通りを附属小学校に向かって歩いて行ったのは偶然でなかったかも知れない。しかもちょうどそのとき、鴨川の堤が切れて濁流が息子を襲ったのはまさに「偶然」であった。私は狂わんばかりの頭を鎮めるために、九鬼先生の『偶然の問題』を読み、私なりの感想を先生に感謝とともに書き送ったことがある。

数多く頂戴した弔詞のなかに、狩野直喜先生からわざわざ贈っていただいた漢詩がある。狩野先生には、長男の亡くなるすこし前、都ホテルで一度お目にかかったきりである。昭和十年六月、フランスのペリオ教授が文学部を訪問した。その歓迎会が都ホテルで行なわれたのであるが、当日、羽田亨先生から三高教官室にいた私に電話があり、その会に出席せよということであった。ペリオ教授は名だたる東洋学者であり、畑ちがいの私が出席するのもどうかと思われて一応ご遠慮すると、じつは松井〔元興〕総長の歓迎の辞をその席でフランス語に通訳してほしいのだということである。おことわりしかねて私は出席し、テーブルスピーチのとき、総長の式辞――「碩学をここにお迎えできますことは、私の最も欣快とするところであります」というようなむずかしい日本語を、冷汗をかきながら何とか訳し終ったのであった。大役がすんでホッとした私は、ペリオ氏とパリの話しをしたり、二、三旧知のかたがたとおしゃべりをしたりしていたが、ふと近寄って来られた狩野先生が、何を思われたか、私に、

「フランス料理はうまいね。世界中で料理のうまいのは中国とフランスだ。料理のうまさは旧い文化から出てくる……」といわれた。私が何とお答えしたか、それはまったく記憶にないが、それから数日して十歳の長男は鴨川に消えた。そして狩野先生から、墨痕あざやかな詩をいただいたのである。

私はこのような文章を書くのを機会に、先生の詩をここに引用したいと思った。私は息子の位牌をまつってある仏壇の前に坐り、引出しをあけた。そのなかには、狩野先生の遺墨のほかに、亡き息子が学校で書いた綴り方や、不幸のあとで息子の同級生が一人のこらず書いて送ってくれた『ああ伊吹君』という文集がしまってある。私は狩野先生の書を出そうとして、不覚にも胸が一杯になった。二十七年前の悲しみがやはり生きていたのである。私はいそいで引出しをしめた。狩野先生の詩を引用できなかったのはそのためである。

(『以文』第七号／一九六二年一〇月)

感想

足利惇氏

本学現職教官中の年長者として何か感想を述べよとのお言葉でありますが、感想というものはとかく個人的なことが大部分でして、果して他人が聞いて面白いかは疑問であり、案外つまらぬじゃないかということになるのが通例のようであります。

私が本学にご厄介になりましたのは昭和二年以来、といいますと相当の年月ではありますが、専攻が梵語梵文学という世間に余り知られぬ分野で、したがって話は至極下手でございます。と申しますのは、明治四十三年に榊亮三郎先生を初代の教授として講座が創設されまして以来、只今までの専攻学生は旧制・新制を通じ十四人という淋しい所で、一年に一人はよい方、二、三年に一人といった学生を相手にして来たものですから、こういう広い所で話をするのは実は全く初めてなのであります。

しかし——別にPRするわけではありませんが——この学問自体は大切な学問であるということ、文学・言語・哲学その他あらゆる面にわたるインド研究の重要性については、戦後インドに対し一般の関心が寄せられて来ていることからも、今あらためて申すまでもありません。ただ、それが充分には知られていなかったという点、当方の責任もありましょうが、いささか残念に思っております。

私自身のことに結局はなりますが、そんな金にもならぬ、つまらないことをなぜやるか、というご質問にしばしば接しますとき、そもそも別に金もうけする積りはなく、本学に来る以前から私事にわたる事情があったのだ、とお答えする外ありません。そこで恐縮ではありますが、私の一生において学問への方向づけを与えて下さった恩師の名を、二、三あげてお話ししたく存じます。

中学は東京でありましたが、中学に入って英語を習い、初めて語学というものにふれたわけであります。そのとき家のものが、学校の方の勉強ばかりでなくという積りで、家庭教師に頼んでくれたのが平井金三先生でありました。平井先生と申しても恐らくご存知ないでしょうが、かつて東京外国語学校の英語科で主任教授をされ、大正の初め、外語に騒動があったとき退職された方であります。こういう英語のベテランから個人指導を受けたのでありますが、この先生は学校でやる文章などは少しも教えて下さらず、のっけの最初から文法だけを教えて下さる、何も分らぬ一年坊主に——中学の正課で英文法を教わったのは三年・四年になってからでした——I am, thou art, he is といった変化をマル暗記させられるのでした。

ちょっと習ったことは使って見たいものであります。柔道でも、技を一つ習うと、家に帰って弟妹たちをそれで投げて見たいとか、あるいは思想でも、二、三冊も本を読むと分ったような気になり、それをふりかざして友達を論破したいといった風でありますが、これはそれなりに意味のある、人間発達の一段階でありましょう。というわけで私も、学校の英作文に、二人称単数 thou を使って宿題の文章を書いて見ました。すると担当の先生から「何だ、教えてもいない形を使って、これは君の力でしたのじゃなかろう」とお叱言を喰いまして、そこで私は上の事情を先生に申したのであります。先生は聞いて驚き、「平井先生なら私の恩師だ、あんな偉い先生に習うなんて勿体ないぞ」といわれた。そしてそれが私には何だか非常に嬉しかった、ことを記憶しています。

とにかく文法々々で苛められたわけですが、この平井先生は変った方で、日本語はアーリャ語系の言語だとの説を唱えられました。先生の説には大分コジツケ的な所も多かったようで、現今ではもちろん、日本語は朝鮮語・満州語・蒙古語などとともにウラル・アルタイ語族に属する、というのが定説であります。しかし先生は、晩年には米国の学界で多少とも認められ、ついにはあちらから招待を受けられるまでになったのでありますが、不幸にも丁度その直前お亡くなりになって了いました。先生のお墓は京都、蓮台寺にございます。

もう一人、中学でご恩になった英語の先生に、細江逸記先生があります。先生はその後、久しく大阪商大＝市大を通じてご在職、その間ずっと本学の文学部でも講師として英語学を講ぜられ、お亡くなりになりましたのは比較的近年――『英文法汎論』の名著で知られております。それからも分りましょうが、当時の私ども中学生に、細江先生もまた文法ばかりを教えられました。

このように中学時代から文法ばかりをきびしく叩かれて、さて私は本学に参り、榊先生に梵語を教わることとなったわけであります。榊先生は本学にご就任まで、三高でドイツ語の教授をなさっていたのでありますが、只今ここにお見えの田中秀央先生〔西洋古典〕とか、最近お亡くなりになりました医学部の松尾巌先生、さらには戦前の総長、故濱田青陵先生といった往年の教授がたから、いずれも三高生時代に榊先生に苦しめられた昔話を承わったものであります。榊先生は左様にきわめて厳格な方でありました。しかし先生の厳格は、かならず相手に対する温情より発し、相手の為を思って忠告を、また叱責を与えられたのであります。私自身、先生にたえず叩かれました。しかも、私が今日あるのは全く榊先生のおかげであると、深く恩義を感じております。

榊先生に関するエピソードは無数にあり、奇人と申しては失礼でありますが、とにかく現在ではもう見られぬ型の教授、よい意味の奇人でありました。あまり皆さんに興味はないかも知れませんが、二、三の例を申上げて見ます。

先生は曲ったことの嫌いな方でした。お宅の隣家に竹藪があり、その藪から地下茎が——地下茎のことですから勝手に伸びて——先生の方に侵入し、お宅に筍が生えました。榊夫人は、これはいいものがと喜ばれ、その筍をとって先生の食膳に供されたのでありますが、お食事中の話の間に筍の来歴が先生に知れた——すると先生は、隣から来たものを失敬して、と大いに怒り、茶椀を夫人に投げつけられた、ということであります。

今度は、私自身に起ったことであります。ある夏休みの間――田中先生の前ではちと申しにくいのですが――私ひとりでラテン語を勉強致しました。夏休みが終りまして、すぐ榊先生のお宅をお訪ねしましたところ、夜すでに蚊帳に入っておられた先生は、蚊帳の中から「この休みに何をやったか」ときかれます。「ラテン語をやりました」とお返事しますと、たちまち「変化をいって見ろ」とおっしゃる。もう仕方ありません――先生は蚊帳の中だが、こちらは蚊がブンブンの中で――ラテン語の変化を声上げてやらねばならぬのです。そして先生は、その間ずっと蚊帳の中で寝たまま、「そこはちがう」「よし」といった声を蚊帳ごしに送られるのでした。

榊先生の所に行かねばならぬ用のあるときは、文法やら何やら、試験勉強と同じ準備を必らずすませてから行け――というのが、先生についた学生たちの合言葉になっておりました。剱の達人のように、いつ何どき打込まれるかも分らぬ、といった感を相手に与える先生でした。こういう訓練、いつ何どき質問があるかも知れぬという状況下での訓練、を受けて参りました私は、その後もわれわれの教室に――それ程きびしくはあり得ませんでしたが――先生の遺志を継いで、同じ方針を踏襲して参っております。私自身の想い出というとき、榊先生自体が想い出なのであります。

当時の大学は静かでした。今日でも相当に静かではありますが、当時は非常に静かでして、勉強だけしておれば外の雑音が入って来ることもなく、その意味でまた非常に自由な雰囲気でありました。このことは私にとり、生涯を通じての感謝といわねばなりません。戦後は色々の問題があり、先刻の在学生代表答辞の中でも、学問と社会の結びつきが強調されておりましたが、こういう私の申しますような学問のできる大学がある、ということも一つ大いに考えてほしく思います。無駄なようだが、こんな学問にも、大きな意味で国家・民族に役立つ、ないしは発言し得るところが、いつかは必ず来るのであります。

大学の理想はなどと申すと、総長をさしおいて実に恐縮ではありますが、学外にいかに風が吹こうと雨が降ろうと、学内はあくまで静粛、皆その学問の本分につくしている、というのが本来の姿ではないでしょうか。幼稚だが、私はそう信じております。

「真理々々」といって騒いでも、これはやはり他に迷惑がかかるようでは困る。何をおっしゃってもよいが、とにかく他に迷惑がかからぬ雰囲気——何でも昔がよいというのではないが、そういう所が日本のどこかにあってよいのではないか。そして京都という所は、歴史あり伝統あり風光も明媚である。その京都にこのような雰囲気の大学がある、ということが大きな意味のある点ではないか。——老人の時代おくれな言い草と人はいうかも知れませんが、私は今でもそう思っておるのであります。

私も年取って参りますと、日本語そのものが、日本語自体の語句が、分らなくなって来ます。学内あちこちの貼紙に書かれている「団交」等々といった語の意味が、どうも私にははっきりしない。何分にも世間の狭い私ですから、あいつ馬鹿だといわれても仕方ありませんが、ここでまた、榊先生が口癖にされた「人間恥を知れ」の句が記憶に上るのです。学者として「恥を知る」なら、どんなことかもちろんよく分りましょうが、学生も「人間として」恥を知らねばならない——これは大いに反省する必要があると信じます。つまらぬことを申し、さて私自身も「恥を知ら」ねばなりませんので、ここら辺で終りにします。

〔昭39・6・18　京大創立記念日、時計台下ホールでの談話／文責　大地原豊〕

（『以文』第九号／一九六四年一〇月）

懐旧談

中西信太郎

　ただいまご紹介にあずかりました文学部の中西でございます。本日、創立記念日にあたりまして、恒例になっております懐旧談——式次には教授感想談となっておりますが——それを私が受持つことになりました。まことに光栄に存じております。もっとも、正直に申しますと、私には光栄すぎることでありまして、少なからず当惑しておるのであります。しかし私が現教官の中で最年長、と申せば大げさですが、生年月日がもっとも早いということは、戸籍に誤りがなければ事実であると思いますので、前例にしたがいまして、僭越ながら感想談、懐旧談というかたちの感想談、をさせていただきます。けっきょく昔話をすることになるのでありますが、昔話といっても、まだそれほど年を取っておりませんから、大したことも言えません。しかし昔の話というかぎりは、一般的に、古いものほど望ましいということになると思いますので、私が見ましたこと、聞きましたこと、あるいは読みましたこと、そういったことで古い昔の話をさせていただきます。この席は公けの席でありますから、場所柄を考えますと、あまり立ち入って自分のことに関連して申しあげるのは、どうかと思いますが、話の性質上、大なり小なり個人的になる点もあるかと存じます。その辺のところは、あらかじめお含みおきをお願いいいたします。

私は、昭和二年に文学部を、英文学専攻ということで卒業いたしました。その前の年、大正十五年のたしか十二月二十五日でしたか、非常に押しつまりましてから、大正天皇が亡くなられまして、年号が昭和に改まり、まもなく新年を迎えて昭和二年になりました。それですから、私達のクラスが、昭和年度の最初の卒業生ということになります。別の言い方をしますと、大正年代に学生生活を終わりました最後の学生ということになります。

入学いたしましたのは、大正十三年であります。大正十三年というのはどういう年であるかといいますと、大正十二年の次の年でありますが、大正十二年というのは関東大震災というあの歴史的な大事件が勃発した年であります。この震災は、日本の社会の移り変りの歴史の中で、重要な一つの転回点になっているといわれているのでありますが、もっと狭く考えまして、京都大学文学部の英文学講座について申しましても、この年は一つの大きな転機になったのであります。と申しますのは、当時の英文学担当の教授でありました厨川白村先生が、震災の直接の犠牲者になって、不慮の死をとげられ、鎌倉で亡くなったのであります。

厨川白村といいますと、若い学生諸君には、今日ほとんどなじみのない名前になっていると思いますが、当時は、世間的に大変な人気のある方でありました。名声一世を風靡するといった趣きがあったと思います。つまりジャーナリズムの寵児といったような方でありました。異色のある文学的社会評論家とでもいいますか、そういう立場で、非常に活躍されたのであります。『近代の恋愛観』という書物——はじめは新聞に連載され、後に書物になったのですが——それが、今日でいえばベストセラーのトップ、当時でいえば大いに洛陽の紙価を高からしめる、そういった大きい反響を示しました。そのほか、『苦悶の象徴』とか『象牙の塔を出でて』などの書物もありまして、みな非常に評判になったのであります。しかし一番に厨川さんを有名にしたのは、『近代の恋愛観』であります。これは恋愛至上主義というものを説いたものでありますが、今日の目から見ますと、格別の魅力がある思想とも考えられないかもしれません。がしかし、当時としては、それは一つの大きな社会的役割を演じたのであります。そして今ではその役割をすでに果してしまった、ということになるかと思うのであります。

その当時でも、そういう厨川さんの思想、またその発表の仕方が非常に花々しいものでありましたので、そういう点について、多少の批判をする人もあったように聞いています。私はまだ高等学校の学生であったので、そのへんのことにはくわしく通じておりません。しかし今日から顧みますと、思想はともかくとしまして、先生の身構えには、なおわれわれの学んでよいところがあるようにも思うのであります。先にも申しましたように、ジャーナリズムの寵児として花々しい活躍をなさったのでありますが、しかしそれは、ジャーナリズムの要求に応じて、あるいは、注文に合わして、ジャーナリズムの一翼を担う――片棒を担ぐといえば言いすぎかもしれませんが――そういうような、いわばジャーナリズムに奉仕するサーヴァント、そういうものではなしに、厨川さんのばあいは、ジャーナリズムの方をサーヴァントに使うといいますか、ジャーナリズムを手段にして、自分の考えるところ、信念や思想を、世の中に向って呼びかけるという、ある意味ではたいへん勇ましい身構えであったと思います。そんな点で、なお今日かえりみるに価する面もあるんではなかろうか、と考えているわけであります。

ところで、京都大学は新制大学になりましたときに、第三高等学校を吸収いたしました。私はたまたま旧制三高に学んでおりましたから、京都大学とのつながりというものは、振りかえりますと、もう三年先へさかのぼることになります。私が三高に入りましたのは、大正十年のことであります。ちょうど今年で満四十五年になります。せんだって、同期の卒業生が――文科、理科を通じてですが――三高入学四十五周年全国大会をやろう、ということになりました。卒業何周年というのはよく聞きますが、入学何周年という会合は、珍らしいと思います。われわれもだんだん年を取って、いくぶん時間的な余裕が出来るとともに、昔が懐しいということで、何とか名目をつかまえて、そのような会合を開くわけであります。

そんなわけで、ちょうど四十五年前に、吉田の学園に参ったのでありますが、四十五年といいますと、ちょっと半端で、半世紀になんなんといたしますけれども、五十年には足りません。そこで満五十年のところまでさかのぼりますと、大正五年ということになります。この大正五年という年が、われわれの英文学教室にとって、これまた大変に大事な時点となるのであります。と申しますのは、初代の英文学の教授であられました上田敏先生が亡くなられたのが、この年の七月なのであります。四十ちょっと過ぎたばかりの年齢で、突然亡くなられたのでありました。上田敏先生は、私はむろん直接には存じ上げないのでありますが、明治の文壇に早くから活躍され、学界においてもすぐれた業績を立てておられます。特に『海潮音』という訳詩集——これは明治の古典の一つといっていいものでありますが——それによって、今日でもよく記憶され、知られている方であります。その上田先生につきましては、実はこの秋に、われわれの京大英文学会で、ささやかながら記念の催しをしようと計画いたしておりますので、ここでは何も申しあげないことにいたします。

さて、今年がちょうど死後五十年になる記念の年で、上田先生よりもはるかに今日でも有名である、そしてやはり英文学につながっている人がありますが、いうまでもなく、それは夏目漱石であります。夏目漱石の亡くなりましたのは、十二月になってからであったと思いますが、いずれにしても大正五年のことでありました。漱石のことをここで申しあげるのは、いささか場ちがいだと思われるかも知れません。京都大学といちおう何の関係もありませんが、実を申せば関係がなくもないのであります。それはどういうことかといいますと、京都大学に文学部——当時は文科大学といっておりました——が新設されるときに、初代の英文学の教授として予定されていたのが、漱石であったのであります。しかし、漱石はそのころ朝日新聞社に入社するという話がだんだん進んでおりまして、いろいろ考えたすえ、学界を去って新聞社に入り、そして創作に専念するということになりました。それで京都大学に赴任することは実現しなかったのでありますが、はじめは予定されておったわけであります。

漱石の書簡集を見ますと、その間の消息を伝えている手紙が残っております。狩野亨吉あての手紙であります。狩野亨吉というのは、京都大学文科大学の初代の学長になられた方で、一高の校長から転じて京都へこられた人であります。今はあまり記憶されていない名前でありますけれども、明治の代表的な学者、教育者であられた方で、漱石の親友、まず肝胆相照すとでもいうような関係の人でありました。その狩野さんあての手紙の一つで、漱石は、京都へ行くことを考えてみたけれども、けっきょくやめることにしたい、悪しからず諒承していただきたい、という意味のことを書いております。そのあと、すこし紋切型の文章になりますが、「非才誤って諸賢の御推挙を辱ふし御厚情に酬ゆる能はざるは遺憾千万に候」という風に、さすがに形式ばった言葉づかいで手紙を結んでおります。狩野学長はじめ漱石の知人友人の何人かが、文科大学の初代の教授として東京から赴任したわけであります。それから半年ほどして、また狩野亨吉あての漱石の手紙がありますが、それには、「大学も高等学校もやめに致して新聞屋に相成候」と書いております。当時、漱石は第一高等学校の教授で、そして東京大学の講師を兼ねておったのであります。

そして漱石は、いよいよ朝日新聞に入社することになりまして、新生活の門出という意味もあるでしょうが、京都へ旅行をいたしました。今は簡単なことですが、当時は京都へ行くというのも、一つの旅行であったと思います。その時の紀行文が残っております。そして、その旅行のことを、門下生の野上豊一郎あての手紙の中に、こういう風に書いております。「京へは参り候。……京都には狩野といふ友人有之候。あれは学長なれども学長や教授や博士などよりも種類の違ふたエライ人に候」。教授とか博士とかとは種類の違う偉い人であるというのは、漱石一流の考え方、いい方でありまして、それについてまず思い出しますのは、漱石が文学博士の学位を——当時は推薦博士という制度がありまして、その制度によって授与されようとしましたときに——頑強にそれを拒んだことであります。それは当時有名な事件でありましたが、まずそのことを思い出します。

ところで、漱石からそんな風にいわれている狩野先生は、文科大学の初代の学長を二年ほど勤められたのち、おやめになって東京へ帰られて、それからはずっとどんな官職にもつかず、在野の学者として終始されたのであります。これは公然の秘密になっているのでありますが、当時の皇太子の教育係、せんだって亡くなられました小泉信三博士の担当されたような仕事を、引きうけるように内交渉がありました。先生の思想は、啓蒙的な唯物論的合理主義とでもいうような傾向のものでありましたが、そういう思想を、単に考えるだけでなしに、ある意味で忠実に実践されました。そういう生活態度を終始一貫されたのであります。先生は、自分は唯物論者である、そういうものが皇室にご迷惑をおかけしては心苦しい、というようなことで、そのお話を固くお断りになったということであります。

それから、たしか某帝国大学の総長に迎える話があったときにも、お断りになったとか、とにかく京都をやめられてからは、一切の官職に就くことを辞退されたわけであります。そういう点でも、漱石と非常に相通ずるものがあります。漱石の先の言葉、「学長とか博士とか教授とかいうのとは種類のちがう偉い人」であるというのは、意味はいろいろに解されましょうが、狩野先生のその後の生涯というものを、ある意味では予言している、親友としての知己の言葉である、と考えられるわけであります。

京都大学の文科大学は、こういう狩野先生を中軸として、出発しました。そして初代の教授としては、例えば内藤湖南とか幸田露伴とかいうような、正規の学歴がなくともすぐれた実力をもっているかたがたをも教授に迎え、それから、当時は半人前のように一般に考えられておりました選科卒業生の、西田幾多郎先生を迎えたりして、非常に自由で清新な人事をやったということは、有名なことであります。これらは、すべて狩野先生お一人のなさったことではないと思いますけれども、その中心には、狩野先生のような人格、精神の持主がおられたということになるわけであります。多くの機会にいわれておりますように、京都大学の学風、あるいは建学の精神は、ことさらに権勢や栄達の座を求めないで、批判的在野的な精神を尊重することにあるとしますならば、いま申しましたようなことは、そういうものの一端につながる事実であると思うのであります。

ここでちょっと思い出しますのは、漱石が学位授与をことわったことに関連してでありますが、三宅雪嶺という、私たちが学生のころも大いに活躍しておられた明治の学者のことであります。三宅さんはまったくの在野の学者で、哲学者というか、むしろ一種の哲人ともいうべき方でありました。狩野先生や漱石は、ある時期には宮仕えというか、官学に職を奉じたのでありましたが、三宅雪嶺は官職にはまったく関係せずに、在野の思想界のリーダーとして活躍されたと思います。その三宅さんが、やはり漱石と同じ時分に、文学博士の学位をおもらいになったのであります。そのとき、三宅さんに、漱石は断ったけれども、あなたはお受けになるのですか、とたずねたら、「なに、ことわるほどのものでもないから、もらっておくのだ」といわれたということであります。これは三宅先生にしていえることでありまして、やはり達人の言葉であると思います。

その話を私が聞きましたのは、旧三高におられました湯浅廉孫という先生からであります。湯浅先生は漢文の先生でありまして、われわれの在学中は、もうかなりお年を召しておりで若くはありませんでしたが、たしか広島の高等師範学校から三高に転じて来られました。私のクラスは教室でおならいしなかったのですが、たいへん異色のあるお方で、私は卒業後、ある程度お近付きになって、さらにその人柄に接したわけであります。湯浅先生は、三高をずっと勤めあげられて――最後は校長と意見が合わずにやめられたのではなかったかと思いますが――とにかく一応は勤めあげられた方ではありますが、一種の反骨というか、在野の精神というか、そういうもののかたまりのように見えた先生でありました。当時、漢文の先生には、むろんいろいろな方がおありでしょうが、私の知るかぎりでは、中学校、高等学校を通じて一つの型があって、非常に頑固で、厳格で、こわい先生ですけれども、しかしまた非常に単純素朴で、そして名利や栄達を度外視して、書生とか儒者とかいったような生き方を実践された、そういう方が多かったように思います。私個人としては、そういう方々のことを常になつかしく思い出すのですが、先生は代表的なそういう方でありました。

たしかわれわれが卒業のときに、新徳館であったと思いますが、教官と学生の送別コンパのようなものが催されましたときに、やんちゃな学生ですから、先生に何か余興を――隠し芸というほどのこともないのですが――何かを壇上でやっていただきたいと注文したことがありました。外人の先生などは、クラスでも歌をよくうたわれたのですが、さっそく歌をうたわれたのでありました。折竹先生というフランス語の文法の大家といわれた先生がありまして、いつも見たところ実に静かな、すましておられるというと語弊もありましょうが、そういう先生でありましたが、その先生にも白羽の矢が立ちました。先生どういう風になさるかと思っていたら、壇上にしずしずと現われて、「私は何も出来ませんから」といって、そのまますっと降りられ、取りつく島もないような具合でありました。そんなふうのこともありましたが、湯浅先生に順番が回りますと、先生はもちろん音楽的なセンスなどいうものは持ちあわされておりませんので、恐ろしく調子外れに、昔の書生の歌とでもいったものを、歌われたのでありました。その時に前置をされまして、「漱石先生は博士号をことわった。しかし三宅雪嶺先生は、『ことわるほどのことでもないから、もらっておく』といわれたが、自分も、何かやれといわれて、ことわるほどのことでもないから、引受けるんだ」と、論理が少しあやしい点もありますけれども、たしかそういうふうに言われて、そして、蛮声をふるって歌われたことを思い出します。ついでに申添えますと、湯浅先生は五高時代に、そのころ五高の教授であった漱石の家に、いわゆる書生として寄寓されたことがあります。

以上、私が直接には見聞しなかったようなことも含めて、お話をいたしまして、やっと三高卒業のところまでたどりついたのですが、あと時間があまりありませんから、大学に入りましてからの思い出を、簡単に申し上げることにいたします。

三高から大学に入りますと、当時の総長は荒木寅三郎先生でありました。はっきり記憶しておりませんが、総長として再選、三選、と重任をくりかえされて、もう長らく総長をやっておられたのではなかったかと思います。とにかく先生は、まったく総長というもののために生れついたような方とお見うけしました。見るからに堂々として、有名な大きな頭はきれいに禿げあがっており、悠揚迫らず、貫録十分という様子をしておられました。もっとも学生としては、平生は全く接触する機会がありませんでしたが、入学式そのほか二、三回はお目にかかることができたと思います。

記憶が多少曖昧ですが、入学式の時でしたか、学生に対して非常にねんごろな訓示を与えられたことがありました。巻紙に書いた大変長いものを、かなりの時間にわたって、お読みになりました。その内容も断片的にしておぼえておりませんが、要するに学問のすすめといいますか、学問論であったと思います。何でも、フンボルト――ドイツの有名な学者でベルリン大学の創設者であったフンボルトの名が、しきりに出たことを記憶しております。荒木先生はたしかドイツで長く勉強された方であったと聞いておりますが、学問論やフンボルトの話にまじって、私の記憶では、非常に卑近なことですけれども、また非常にありがたい、ノートのとり方とか、参考書の整理の仕方とかにまで話が及んだのでありました。くわしいことは思い出せませんが、とにかく鉛筆をたくさん手元に持っていて――青鉛筆、赤鉛筆、黒鉛筆など、いろいろな鉛筆を持っていて、項目によって青鉛筆でアンダーラインを引いたり、あるいは赤鉛筆でアンダーラインを引いたり、そういうふうにしてノートがたいへん便利に整理され、後で読み返す時も、整頓されたかたちで頭に入れることができる、といったような話であったと思います。これは、まるで中学生に聞かせる話のようでありますが、われわれは少しもそんな風に感じないで、先生の体験から出た親切な貴重なアドバイスとして、すなおに聞き取ったのであります。

荒木先生は非常に大きな頭をしておられましたので、それに合う帽子は店頭では売っておらず、それで帽子にはたいへん苦労をされたそうであります。このごろは、誰もあまり帽子をかぶらなくなりましたが、当時は帽子がないというのは、まったく不都合なことでありました。先生はある時、どこかの店頭で、大型の、ちょうど頭に合いそうなものを見つけられて、ちょっと試してみるとぴったりでしたので、喜こんでそれを買い求められました。帰ってよく調べられたら、前に自分が使って、もう年期が来たので払い下げたのが、更生されてまた店頭に出ておったのであった、そのような逸話があることを聞いております。薄田泣菫という、明治時代に蒲原有明などと並んで象徴派詩人として有名だったひとでありますが、その泣菫が毎日新聞の紙上で、「茶話」という軽妙な随筆をたくさん書いておりました。後にそれは茶話全集として一冊にまとめられたのですが、有名人や風変りな人のエピソードがいろいろ採り上げられておりまして、その中に、いまの話もたいへん面白く書いてあったように記憶いたしております。

ところで、これも記憶がすこし曖昧ですけれども、ある時、外国から賓客が見えましたときに、荒木先生が壇上で挨拶をされたことがあります。先生は、ドイツ語はお得意だったろうと思いますが、しばらく何かいっておられる中に言葉がつづかなくなって、しばらく立往生のご様子でありました。われわれならばそこで大いに狼狽するところだと思いますが、先生はまことに悠々たるものでありました。先生のあの風貌——胸像が本部の玄関前にありますから、ご覧になれば分りますが、先生は今日では見ることができない立派な、大きな、いわゆる八字髭を生やしておられて、威厳にみちた感じでありましたが、そのとき悠々として、あわてずさわがず、おもむろに大きな頭をおかきになりました。そしてそれでけりがついたのですけれども、外人のお客さまにも、先生の意のあるところは十分に通じて、下手に言葉でいうよりは、その方がずっと効果的な挨拶になったんではないかとも思われます。そういう大きいスケールの風格を持った方であったと思うのであります。

荒木先生の風貌のことを申しましたが、当時は大きな髭、美髯をたくわえることがはやりでありました。それと関連して私が思い出しますのは、文学部の独文学の教授であった藤代〔禎輔〕先生のことであります。藤代先生は、これまた大変に品格のある、立派な顔をしておられ、そしてみごとな髭をたくわえておられました。先生もひそかに自分のそういう容貌に自信をお持ちではなかったかと思います。もちろんそれは、ハンサムとか何かとかそんな安っぽいものを鼻にかけるということでは決っしてないことは、言うまでもありません。先生が亡くなってから、追悼録のなかに生前のお手紙が引用されているのを読んだと記憶いたしますが、それによりますと、あるとき、人相見が――このごろはあまり見かけませんが、易者の一種で人相を見る人でありますが――藤代先生を見て、「あなたの顔は聖徳太子以来の人相である」と折紙をつけたというのであります。聖徳太子といえば、昔から日本のお札にはみなそのお顔が出ていたものですが、大変に立派な、日本人の代表的な顔とされてきたものでありました。藤代先生はその二代目、むかし聖徳太子、いま藤代先生と人相見が折紙をつけたというわけであります。

われわれはそういう、品格と威厳にみちたお顔を拝見しながら講義を聞いたのでありますが、実はあまりたびたび聴講できませんでした。と申しますのは、先生は停年に近いお年でありましたが、そのころ文学部の教授と同時に、絵画専門学校――京都市立で今の美術大学の前身であります――そこの校長を兼ねておられました。ところがそこで、画家と教官のあいだに紛争が起って、先生も校長としてその渦中に巻き込まれ、新聞にもいろいろと出ておったように思います。われわれはあまり関心もありませんでしたが、あるとき藤代先生が教室においでになって、諸君も多少は知っておるかと思うが、自分はいま非常に不愉快な事件に巻きこまれておる、とうてい講義をするような気分にならないから、当分のあいだ休講にすることにしたい、という風に宣言されて、そしてもう教室に出て来られなくなりました。それですから、ほんの数えるほどしか、この秀れた風貌に接することができなかったわけであります。そして先生はそれから一両年のちに亡くなったと思います。私も長いあいだ教師をしておりまして、あまり講義がしたくない時もあるのですが、先生のように堂々と宣言することができたら、と時々思うことがありました。しかし、とうていそういう貫録がなく、昔の先生は偉かったんだなあ、というようなことを思うわけであります。それではこれで私の話を終ることにいたします。ご静聴ありがとうございました。［本稿は、昭和四十一年六月十八日、京都大学創立記念式の席上にて口述されたものである。］

（『以文』第一一号／一九六七年一〇月）

あの時あの頃
――モンチニー講師の思い出――

伊吹武彦

昭和十年のはじめだったとおぼえている。当時わたしが住んでいた下鴨の家に、ある日のこと、

「ごめんくっさい」

と、異様なアクセントで案内を乞うお客があった。家内が玄関横の小窓からのぞいて見ると、かなり長身の外人で、古めかしいチェックの鳥打帽をかぶっている。


そのころは「ロシア人のラシャ売り」といって、たぶん故国を去った白系露人であろう、ラシャのテーブル掛けや毛布のたぐいを、一軒一軒売り歩くのが見られた。家内は窓から見えた外人を、てっきりこの「ラシャ売り」と思い、

「ラシャ、イリマセーン」

とことわったが、よく見ると商品らしいものはたずさえていない。しまったと思い、ドアをあけると、

客人は名刺を差しだした。わたしが出て行って受け取り、よくよく見ると、「フランス・ジョッケークラブ名誉会員・カルドン・ド・モンチニー」とある。わたしはびっくりした。ジョッケークラブというのは、英語の Jockey Club をフランス読みにしたもの。競馬関係者のクラブで、フランス全土の競馬の主催団体であるが、しかしそれ以外に、超一流の社交団体として名高く、入会資格はきわめて厳重、閉鎖的かつ貴族的な集まりであることは、わたしもうすうす知っていた。

えらい人の突然の来訪である。招じ入れて来意をたずねた。なんでもモンチニー氏は北仏ノルマンジー地方に広大な領地をもっていた大貴族の後裔で、若い頃に故国を去り、仏印——いまのベトナムで米の取引をしていたのだという。どういう風の吹きまわしか氏は日本へたどりつき、京都に落ちつくことになったらしい。

「ついては、フランス語の自宅教授をしようと思う。新聞に三行広告を出したいので、どうかその文案をつくってほしい」

というのがこの大貴族の希望であった。数日後その広告がでると、さっそく数名の弟子ができ、氏は大満足のように見受けられた。

その後、氏は京大にフランス語講師として迎えられた。現在、フランス文学科を担当しておられる本城格・助教授、教養部の後藤敏雄教授はともに氏の授業を受けられたはずである。

モンチニーという名前はちょっとおぼえにくいので、文学部の事務室では冗談半分にアンチモニーさんと呼んでいた。ところで、名前のことが出たついでに、アンチモニー――ではない、モンチニーという姓について一言しておこう。氏みずから、北仏の名門にゆかりがあると語ったことは前述の通りであるが、ラルース大百科事典を見ると、なるほどモンチニー姓を名乗る有名人が何名かならんでいる。十六世紀には元帥モンチニー侯。十七世紀には司教であり、かつ詩人として知られたジャン・ド・モンチニー。十八世紀にはインド・ベンガル州総督をつとめたド・エー・ド・モンチニー。これらがすべてカルドン・ド・モンチニー氏の先祖であるかどうかは明らかでないが、氏が血統いやしからぬ御仁であることは疑いをいれない。

一夕、有志が集まって氏と食事をともにしたことがある。興至って一座の誰かがフランス国歌ラ・マルセイエーズを歌いはじめ、われら一同、景気よくそれに唱和した。すると、氏の表情はたちまちけわしくなり、文字通り座を蹴って料亭の玄関に走り去った。

わたしはびっくりした。氏に関してびっくりするのは、氏がはじめて拙宅を訪問されたときについでそれが二度目であった。

わたしは玄関で氏をとらえ、何ゆえのご立腹であるかとたずねたところ、氏いわく、

「わしの先祖は、あの革命歌とともに、あるいは断頭台の露と消え、あるいは国外追放の憂き目を見た。その革命歌を、貴族出身たるわたしの前で歌うとは……」

なんたる侮辱であるか、と氏は色をなしていうのである。わたしは、国歌とさえいえば国民ひとしく喜び歌うものと日本人は考えていること、フランスの特別な事情をわきまえなかったのはまったく不明のいたすところ、決して他意はなかったのであると、言葉をつくしてあやまった。氏もようやく機嫌を直し、もとの座敷に帰って、年がいもなく（氏は当時五十二、三歳であったろうか）腹を立て、興ざめな振舞に及んだことを詫びたあと、そこはいかにもフランス人らしく、すぐほがらかになり、

「こんどはわたしが、おもしろいフランスの歌をうたいましょう」

そういって歌ったのは、——「ナポレオン、ジョゼフィヌどのに言うことにゃ」ではじまる俗謡で、ナポレオンの私事を揶揄嘲笑した軽妙な歌——ただしここには歌詞の全訳をさしひかえねばならぬ微妙な理由がある。

わたしは当時三高に勤めており、モンチニー氏の講義をきく機会をもたなかったが、しかし氏の家をたずねて教えを乞い、三度目にびっくりした記憶がある。

昭和十二年ごろ、わたしはフローベール作『ボヴァリー夫人』の翻訳にかかっていたが、描かれている風俗その他に不明の個所がいくつかあった。何を調べてもはっきりしなかったが、わたしはふと、モンチニー氏がノルマンジー出身であることを思いだし、氏に質問するのがいちばんよいと考えた。『ボヴァリー夫人』は、ほかならぬノルマンジーのいなかを舞台にしているからである。

まず、この小説に boc という名詞がところどころでてくるが、普通の辞書を引いても見あたらない。

前後の関係で「馬車」の一種であることは間違いなかったが、さてそれが、どんな形のものかわからないのである。さようなことは気にとめず、「馬車」とだけ訳しておけばよいのかもしれない。しかしそれではどこか気持ちに落ちつかないものがあった。

モンチニー氏を元田中のお宅にたずね、さっそく boc の件をもちだすと、氏はすぐさま隣りの部屋へ行って押入れをあけ、なにかごそごそ捜していたが、やがて古色蒼然たる一冊のアルバムを手にしてもどってきた。そして、数ある写真のなかから一葉をわたしに示し、

「これが boc です」

見ると、日本の人力車を馬にひかせたような軽快な無蓋の二輪馬車である。一目瞭然、イメージがはっきりした。

「ところで、この boc に、シルクハットをかぶって乗っている人は？」

ときくと、モンチニー氏は莞爾として、

「セ・モア（わたしです）」

わたしは、しかと納得することができたのである。

もう一つ、『ボヴァリー夫人』のなかでよくわからないことがあった。それは、女主人公の結婚式に、あちこちの村から集まってくる親族縁者の礼服であった。ことに、男の着ているチョッキの描写が、微に入り細に入っているのはよいが、詳しすぎて、全体としてのイメージが結局浮かびにくいのである。

「いったいこれはどんなチョッキなのですか」
とわたしはモンチニー氏に質問した。氏は、
「待ってください」
とことわって、ふたたび隣室へ行き、押入れを捜したすえ、衣類を持ってもどってきた。わたしが三度目にびっくりしたのはそのときである。なぜならその衣類とは、まさしくフローベール描くところのチョッキにほかならなかったからである。わたしは長いあいだの疑問が一度に解けたことを感謝する一方、故国を離れておそらく三十年、なおも郷土衣裳を手放さぬモンチニー氏の物持ちのよさにおどろき、かつその心境に感動したのであった。思うにこのチョッキは、古ぼけたあのアルバムとともに、氏にとってはかけがえのない宝であったに相違ない。

戦後、モンチニー氏は日本人の奥さんを失った。それからというもの、氏の後姿に孤影悄然たるものが感じられるようになった。間もなく氏が京大を辞したのは、夫人との生活の場であった京都の町が、急に住みづらくなったからではあるまいか。

氏は京都を去って、名古屋の南山大学に勤務することとなった。それ以来、わたしはすっかりご無沙汰してしまい、名古屋での氏の生活ぶりはまったく知らないままであった。ところが十三、四年前、氏が病を得てなくなったことをわたしは新聞で知ったのである。

その新聞記事は、社会面に三段にわたってのせられていた。しかし記事が詳しかったのは、氏がフラン

ス名門の出であったからではなく、ジョッケークラブの名誉会員だったからでは無論なかった。氏は死に臨み、看病してくれた家政婦に形見を贈ったが、記事はそのことをやや興味本位に報道したのである。というのは、その形見とは三十足に及ぶ古靴だったからである。特大型の古靴をもらった家政婦は、それをいったいどうするであろうか、というようなことが書いてあり、おまけにおびただしい靴の写真がのせられていた。わたしはさきに、氏が物持ちのよい人だと書いた。古靴を三十足も残しているとは、まったく物持ちのよいことだと、わたしもじつは改めて感心したが、あとで聞くと、家政婦が贈られたのは靴三十足だけではなかった。モンチニー氏は大型の懐中時計、しかも文字盤に十二個のダイヤをちりばめた家宝を、そっと家政婦の手に握らせて、しずかに息を引きとったのだそうである。

（『以文』第一二号／一九六八年九月）

最終講義を終えて

生島遼一

二月十日、フランス小説についての最終講義なるものをやった。二十年間同じ文学部講義室でやってきたことのおさらえである。これで、京都大学での仕事はすんだように思われているらしいが、今は教師仕事で最もいそがしい時期で、三月末まで毎年と変りがない毎日だ。

「京大をやめて、あとどうするか」といろんな人から、いろんなかたちで問われるが、私の場合は、日常生活にも、仕事のことにも、心境そのものにも、この後少しも変化はない。教師稼業もまだ当分続きそうだし、「文学」の自己流勉強のほか何ひとつ能のない人間だから、生きているかぎり、このままだろう。

二十数年つとめた京都大学、特に文学部は自分の青春と結びついた母校だから、書庫の一冊の本にも思い出があり、去ることには人並みの感慨はある。回顧してわりに勤勉な教師だったと思っている。変わったけれど、母校だという意識、愛着も強かったと思っている。

大学を出て神戸で教師をしていた若いころは、四十代になったら教師をやめて、自分の好きなことをやると言明していたそうだ（四十というとき漱石のことを念頭においていたらしい）。好きなことというのは、若いころは、自分は何か書ける人間だ、文章だって拙くない、そういう自負心がつよく、そういう仕事をいつも人生の目標にしていたからだ。

かなり書いた時期もある。翻訳の仕事をたくさんしたが、あれも半分は、自分が自分のものを書く練習でもあった。

その四十代もすぎ、五十代になったとき、やっぱり長年教師をしたのだから、あと十年は自分の職業に精を出して「一人前」の教師になるのもよかろうかと考えた。引退した力士で若瀬川というお相撲さんがこういうことをいっていた。「だれでも入幕した当時は大関を目標にして励む。勝ったり負けたりしながらしばらくたつと、自分は大関の器でないと気がつくようになるが、同時に、自分が好きではいった道だから、この職業を大切にしようと思うようになる」と。

「私は教師がそんなに好きじゃない」だれでも、みんなそういうことをいう。しかし、一人前のフランス語の教師になるのに、またはっきりその覚悟ができるのに、私の経験だと、やっぱり二、三十年はかかるんじゃないかしら。このごろは何でも安直にできあがり、教師もそうである。

一度教師をやめた経験がある。が、すぐ、旧師の落合太郎さんが三高校長になられ、「こんか」と声をかけられたので、すぐまた復活した。私たち若いころは、語学教師で一番尊敬していたのは、一高とか三高の先生だった。けっして大学の先生ではなかった。当時は日本中でフランス語のちゃんとした先生は十人くらいだったのじゃないかな（といっては失礼かな）。今は千人ほどある。ちゃんとしないのもいれてであるが。

そこで、私は四十になったとき教師を一度辞職したのだが、いやしくも一度フランス語教師になった人間である以上、いちどは一高とか三高の先生になってみたい憧れがあった。特に三高は折竹先生とか、伊吹さんのようなりっぱな先生がいた学校だ。だから、落合先生や、後に私の同僚となった伊吹さんにすすめられて、すぐ三高に就任した。学制が変わらず、旧制高校が存続していたら、多分私は生涯三高のフランス語教師として誇りをもってとどまっていただろうと思う。

三高がなくなり、先輩の伊吹さんも京大の先生になり、私もつづいて、そういうことになった。伊吹さんのあとをついで、京大フランス文学の三代目になって現在におよんだわけだが、やっとこれで母校にもどったような気持になったのは実感である。

何よりも、同僚の教授諸君のなかに、私が二十代の学生時代から識っている親しい友人がたくさんここに集まっていて、その仲間入りできたことに実感の根がある。「人文科学研究所」にはいって、こんどいっしょにやめる桑原武夫とは特別の仲だが、昨年やめた吉川幸次郎、こんどやはり退官する大山定一〔ドイツ文学〕、あと一年のこる泉井久之助、こういった諸君は学生時代毎日のようにこの大学の周辺で顔をあわせていた親しい人たちである。

多少前後するにしろ、これらの人が同じ時期に、同じ大学ではたらき、同時に去る、ということにもっともつよい感慨がある。年齢も同じ、育ちも似たりよったり、ほぼ同じような識見や気質の先生に指導されてほぼ同じようなかたちの勉強をそれぞれの分野でし、同じように戦前戦後の壮年期を生きてきた同世代人である。文学、人文以外の領域でも、ことしは同じような世代交代の現象がおこりそうである。なにしろ、ことしは約三十人の教授が京大を去るということだから。

私個人の生活として、ここ数年はばかにいそがしかった。本当いえば、もう少しゆっくり研究室で、夕方静かになってから千冊ほど棚にならべた本のいくつかを読んでみたかったが、それほどの余裕がなかったというのが現実だ。近ごろの教師というもの、そんなにひまのある商売ではない。自分で自慢するのはどうかと思うが、ここの仏文科を卒業して専門家になった人のなかには、私が教師生活中いちばん熱心に指導でき、また共に勉強した若い友が幾人かはある。当人にもきいてみなければわからないが、これも一つの思い出。「思い出」というにはまだ少し早すぎるが、窓から比叡や大文字山のよく見える明るい研究室でときどきひっそりとした気持で、若いときから自分の好きだった本をよんでいられた思い出はいつまでも楽しいだろう。最終講義の当日も、出て行くときにチラと見たらみなれた山々の頂が前日の雪におおわれた美しい姿で見おくってくれた。

（『以文』第一二号／一九六八年九月）

英文科の外人講師

石田憲次

その草分けは同志社英文科の教授であったF・A・ロムバード氏であった。明治以前の日本教育、歌舞伎の起源というような著書もあった人で、教室では主としてシェークスピアを講じ、学生に役をふりあて、いわゆるドラマティック・リーディングをやらされた。その出来がよくないとピシピシ落第点を附け、一切妥協されぬので、学生との折合はよろしからず、ために英文科から隣接学科に籍を移す人も出てきた。しかし後には幾分態度を緩和され、明治末から大正の末頃まで勤続されたが、本職の同志社の方もよして帰国され、ボストン郊外に閑居せられた。終戦後間もない頃である。氏は日本、中国見学団を組織し、自ら東道の主人役となって数度来朝された。私は日米親善の一助ともなるかと思い、事務室の伊津野さんの賛助を得て、歓迎の午餐会を開くことができた。狩野、濱田、羽田の歴代部長も出席され、主賓も殊の外満悦の体であった。

その後を襲われたのは三高の教師であったC・G・エルダー氏であった。氏はスコットランド、アバディーンの出で、クラーク教授とも相当親交があった。大学では自分の好みからか、あるいは欠陥を充たそうという意図からか、チョーサーやベオウルフのような古いものの手ほどきをされたようである。物柔かな紳士で、大学のオーケストラに加入し、クラリネット奏者の役を勤められた。昭和八年故国に帰られるに当り、文学部教官は醵金して記念品を送ることとなり、私が内意を伺うと、真珠の飾がほしいとのことなので、三条古川町あたりの美術商にご案内し、品物を選んでいただいた記憶がある。帰国後医学を修得して開業されていたが、三高、大学の教え子が洋行の序をもってよくお訪ねしたようである。そういう人々はつい先頃も醵金して先生の寿を祝し、龍村氏が丹精を凝らしたタペストリーの肖像を送った由である。美談として伝えるに足るように思う。

これまでは先ず先ず「古きよき時代」であったが、この頃から段々に、「英米鬼畜」の時代の予感が空気中に漂いはじめ、そういう国籍の先生を得ることがむつかしくなり、辞任帰国者の後を補充するのにほとんど寧日なく、しまいには英文科そのものの命脈さえ心細くなったことは人も知るところである。

エルダー氏の後任にお願いしたのは、F・L・ハントレー氏である。氏は新島襄の母校であるアマースト・コレッジから学生教授（Student professor）として同志社に来ていられた有為の青年であるが間もなく辞して帰国され、研究を続行してミシガン大学の教授となられた。終戦後ミシガンと岡山大学との間に連繋ができたときにはしばらく岡山に勤務されたようである。帰米の途中拙宅へも駕を枉げられ、昔語りに耽ることができたのは嬉しかった。その時の話では英国十七世紀の文学者サー・トマス・ブラウンの研究を世に問うつもりとのことであったが、近頃見ると既に出版されているようである。

その後はA・J・シントン氏。シントンという名前には非常の親しみがあるが、氏について何か思い出そうとしてもまるきり何も浮んでこない。残念この上なしである。その次がA・アッシトン氏。名古屋高商の本職のかたわら来て貰ったように思う。私の書いた英文を見て貰ったので辞任して帰国されるとき、万養軒で晩餐を共にしたが、そのとき歯痛をとめると言って、ボーイにアスピリンを買いにやられたことを妙にはっきり覚えている。

次は関西学院長であったC・J・L・ベーツ氏である。俸給の一部を割いて優秀学生に賞を与えていられたようである。氏は肝臓か何かを病み、日本の土となることを本願としておられたに拘らず、カナダに帰国療養を余儀なくされたように記憶する。後、病癒えて今一度日本を訪れられたことがあった。

我が大学において院長ベーツ氏の後を襲われたのは、関西学院文学部長のH・F・ウッヅワース氏である。氏は悠揚迫らざる偉丈夫であったような記憶だが、思いの外在任中にポックリなくなられた。関西学院の礼拝堂で葬儀が執り行われることを承知したので、今までのいろんな場合に照して見ても、わが文学部長（当時西田直二郎氏）からの弔辞があって然るべきだと判断し、急拠拙稿を認め、特に倉石教授のご斧正を請うたものを携えて行って読んだ。この人に関しては後に寿岳文章氏などの肝煎で、遺稿集が公にされた。零細の断片多きが中に、ひとり西イングランド、グラストンベリーの僧院の廃址を訪れた文章が光っていた。今もありありと記憶に残っている。

その後にお願いしたのは当時なお弱冠、在大阪の英国副領事をしていられたジョン・ピルチャー氏である。氏は熱心な日本研究者で、その頃既に候文の書簡を墨痕あざやかに筆で認めるというような放れ業のできる人であったが、若王子の近くに居をトし、学生を師として朝日新聞社説の英訳を日課としていられるやに承知した。このとき既に昭和十四年で氏もまた引揚を余儀なくされた。私は疎懶にして同氏の消息を詳にせざること十数年に及んだと思うが、蛟龍はついに池中の物でなかった。私が次に氏の名を見たのは、フィリッピン大使として、日本を訪問し京都にも立寄られたという新聞記事においてであった。氏が勲爵士（ナイト）に叙せられ、サー・ジョンと呼ばれる身分になったのが、その前後何れであるかを知らないが、東京駐劄大使に任ぜられたことを知ったときには、当然来るべきものが来たとの感じであった。最初の京都入りの日にはブリティシ・カウンシルでレセプションが催され、私も出席して久濶を叙することができたが、恰幅貫禄ともに十分の大使だと感じた。

ピルチャー氏の辞任に遭ったとき、もうこれで英米人教師の種は尽きたと思ったが、窮すれば通ずるもので、滋賀県八幡に居られる一柳米来留（旧姓ヴォーリス）氏の来任を懇望しに出かけて快諾を得た。もう物資の不自由の時であったが、我が国の子爵の出である夫人もろとも歓待され、近江兄弟社やサナトリウムなどをも案内された。しかし肝腎の教授の方は氏が軽井沢に引越されたため尻切れ蜻蛉のようになったのは残念であった。

もうこれで絶望と諦めかけていると、カトリックの神父バーン師が小山初音町あたりにおられるということを耳にしたので出馬を促しに出かけた。幸いに受諾を見たが、その内軟禁されて学校に姿を見ることができなくなった。終戦後の進駐軍時代にはこの人の献言が相当重きをなしたとか聞いた。後韓国への教皇使節（ナンシオ）として赴任されたが、北からの侵入軍に俘虜として拉し去られ、そのまま生死の程も分らなくなったのは、何とも悲痛の至りである。その後のことは多くの人の記憶に新たなことであり、与えられた紙数の限にもなったので割愛することとする。

（『以文』第一四号／一九七一年一〇月）

あの頃の伊文教室

野上素一

東京生れの私が初めて京都に居を構えたのは昭和二十一年四月だから今年の四月で二十七年間京都に住んでいたことになる。

しかし私は何かと東京へ行く用事が多かったからしばしば上京した。先日私はこれまで何回東海道を往復したか計算してみたが、月に少なくとも一回は上京したから、通算すると二十七年間に六百四十八回以上あの道を走ったことになる。

そして京都に定着する以前に十年間イタリアに滞在していたから、その頃もローマとその他の都市の間を何百回も往復したわけである。

このように考えると、私の一生は旅の連続といってもさしつかえないであろう。あちこち旅行したおかげで、私の友人は京都大学や東京大学だけでなく、ローマ大学、フィレンツェ大学、ナポリ大学、ヴェネツィア大学にも増え、それは私の研究にもかなりプラスした面もあった。

だが私はこの二十七年間、旅行ばかりしていたわけではない。というのは、私は京大の文学部イタリア語イタリア文学講座主任という重責を荷っていたので、研究や学生指導などやるべき仕事がたくさんあったからである。ことにわれわれの講座は多くの人たちの血のにじみ出るような努力の結果できたことを思うとき、ぼんやりしているわけにはいかなかった。

ここでイタリア語イタリア文学講座設置の歴史を簡単に述べてみよう。大正十年はダンテ没年六百年に当り世界中各地で種々の催しがなされたが、京都では坂口昂、新村出、濱田耕作、厨川辰夫、黒田正利など京都大学の諸先生と大賀寿吉さんが力を併せて『芸文』のダンテ記念号を出したが、それが契機となって、それらの人々が中心となって、イタリア文化研究のための「イタリア会」を結成した。

そしてダンテの『神曲』を原語でよみたいという希望がたかまったので、イタリア語の講習会がはじまり、大正十三年以来神戸のイタリア総領事アルフォンゾ・ガスコ氏や黒田正利さんなどが講師となってイタリア語文法を教えはじめた。

このように京都にイタリア研究熱がたかまったため、昭和六年イタリア語は京都大学文学部の副科目となった。

昭和十一年第一回日伊文化協定が締結されたが、その翌年の昭和十二年に、ローマ大学教授ジュゼッペ・トゥッチ博士が文化使節として来日し、京都大学を訪問し、ローマ大学に日本文化講座を設置する交換条件として、京都大学にイタリア語イタリア文学講座を設けることを要望した。

トゥッチ博士は、その頃イタリア中亜極東協会長でもあったから、たぶん中亜や極東の諸国の主要大学に対しても、同様の提案をしたとおもわれるが、どうして日本では東京大学でなく京都大学に呼びかけたかは、今もって不明である。

さて京都大学では上述の提案に対して、評議会をひらき検討した結果、前向きに取組むこととなり、京大総長だった濱田耕作博士を通じて、原田積善会と折衝し、新講座開設に必要な費用を寄付してもらうことに成功した。

以後紆余曲折を経て、この講座はついに設置されたのであるが、私はその頃イタリアにいて風の消息にそのことをきいた。

というのは、昭和十一年私は第一回日伊交換学生にえらばれ、ローマに到着すると、駐伊日本大使からローマ大学に正式に入学して学位をとるように命令されたので、その頃は日夜試験勉強に忙殺されていたからである。かくて昭和十一年にローマ大学文学部の三回生に編入を許された私は、一年間留年して昭和十三年に同大学を卒業して、ドットーレ・イン・レッテレとなった。

そしてその後ローマ大学の講師、イタリア中亜極東協会教授などを勤めている間に、第二次大戦の戦火は拡がり、日本に帰る道をたたれ、結局ローマからヴェネツィアへ、さらにコルティーナ・ダン・ペッツォと欧洲各地を逃げまわり、昭和十九年春に在留邦人とともに、アメリカ軍の捕虜となり、しばらく抑留生活を送った後、昭和二十年十二月引揚船で帰国することができた。

帰ってみると東京の日暮里渡辺町の家は焼け、一家は世田谷区成城に移っていた。そこで私は昭和二十一年四月から京都に行き、京都大学文学部講師となった。その頃のイタリア文学の同僚は黒田正利さん一人であったので私は毎日イタリア文学全般にわたって意見を闘わしていた。その頃お世話になった人としては、言語学の落合太郎先生、泉井久之助先生、西洋古典の田中秀央先生や松平千秋さんなどがいる。

専攻学生はさほど多くなかったが、みな熱心に勉強していた。現在東京外大のポルトガル語主任の浜口乃二雄君、大阪外大教授となった池田廉君、作家の小松左京君などは毎日のように研究室に顔を出して、そこにたむろしていたのを記憶している。

さてその頃私が開始した作業は、次のことである。文法書の作成——『イタリア語入門』(岩波書店)、『イタリア語四週間』(大学書林)、辞典の作成——『新伊和辞典』(白水社)は研究室の助力をえて完成した。

これらは学外活動であったが、われわれの専攻の場合はゼロからの出発だったから、学内学外の区別など問題にする余裕はなかった。

学会の場合もやはりゼロから出発した。昭和二十六年、日本ダンテ学会とイタリア学会が発足し、前者はローマに本部をもつダンテ学会日本支部となり、後者は学会連合の一員となるとともに、イタリア語イタリア文学研究の国際機関である『イタリア語学イタリア文学研究国際協会』のメンバーとなった。そしてそれらの学会の足場として、財団法人日本イタリア京都会館が左京区牛の宮町四番地に誕生した。

今後京大のイタリア語学イタリア文学講座がどちらの方向へ進むかは新しい講座主任がその講座の構成員といっしょに決めるべきことであって私は知らない。しかし私の時代にはダンテ研究を中心とし、十三世紀と十四世紀のイタリア文学研究を主眼としていたので、購入する図書もその時代のものに集中していた感がある。今後は十五世紀、十六世紀あたりのイタリア文学研究に重点が置かれるのではないかと思われる。

私は上述したように旅人だから、東京から時々京都へやってきて、われわれの時代よりももっと隆盛になったイタリア教室を眺めるのを今から楽しみにしている。

（『以文』第一六号／一九七三年一〇月）

古い思い出

小川環樹

長らくつとめた文学部の建物のいろいろな室、それぞれに思い出がある。事務室は学生のころから、最近までずいぶんお世話になったのだが、私の入学した昭和四年には木造の古い二階建ての一階に在った。文科大学創立以来のものであったろう。その位置は今は法経の旧館があるあたりで、その東北の角から細長く西にのびていて、二階は全部教室であった。玄関は南向きで、北側にも出入口はあった。北へ出ると、今もある哲学科と文学科の書庫が右手になる。銀杏の樹がならんでいたことも今と同じである。左手が三、四年前に改築のため取りこわされた法経の研究室の赤レンガの二階家で、そのあいだの空地で、昼休みには、上野照夫氏などとキャッチボールをした。

木造の事務室にはたいへん古い思い出がある。私が小学生で、亡父はまだ文学部に勤めていたが（理学部に転じたのはそれより後である）、父の散歩について来たことがある。大学の東門の中にテニスコートが有って、テニスの試合をしばらく見物したのち、父は松の木のあいだを歩いて文学部に立ち寄った。事務室の隣の教官室に入り、ボックスの郵便物をのぞき、外国の雑誌を一冊借り借用簿に記入して、そこを出た。恐らく土曜の昼さがりだったろう。事務室にも教官室にも人影はなかった。

父は文学部を出ると、三高つまり今の教養部のグラウンドを通り、今の熊野寮の西に在る学生集会所にはいった。一室で紅茶を飲み、プディングを食べ、やがて荒神橋をわたって家へ帰った。そのころ父は河原町通り広小路下るに住んでいた。私がこの散歩をよくおぼえているわけは、プディングを食べた最初だからである。大正八、九年のことと思う。将来この学部で学ぶことになろうとは夢にも思わなかった。

そのころ文学部へ来たことが、やはり父についてだが、二、三度あったと思うが、ほとんど記憶がない。次の記憶は中学三年のときになる。陳列館の玄関に「大秦景教流行中国碑」がある。七八一年にキリスト教ネストリウス派の僧が立てた原石は西安の碑林に在るのだろうが、これは石膏で作った原物大の模造である。当時文学部副手であった杉本直治郎先生が私どもの中学で東洋史を教えておられた。講義の中にこの石碑の話が出て、あれを一つ諸君に見せてあげようということで、中学は京大に近かったから、私ども生徒たちは先生につれられ、その碑を見に来たのである。くわしく説明して下さった。

先生は一昨年なくなられた。私は中学で習っただけだけれども、講義はたいへん面白く、片言隻句ながら、今も耳の底にのこっていることがいくつかある。欧陽修の『新五代史』は、どの巻も「嗚呼」の二字で始まる。だから「嗚呼史」の別名があることなど。四十年後になって私は新五代史を読んだが、まず頭にうかんだのは杉本先生のことばであり、「景教の碑」のこともいっしょに思い出した。あの石碑のまっ黒な色、原石を自分の目でみる日があるかどうかは知らないが、もし見たら、きっと杉本先生を思い、また少年の日をふたたび追憶するであろう。

陳列館は大正の初めに建てられ、六十年を経て、なお巋然として存する。もう京大の諸々の建築の中でも、最古とは言えないが、非常に古い。改築の計画ができてからでも年久しくなる。遠からず博物館が新築されるであろう。しかしできるものならば、その東側の木木とともに、いつまでも保存してほしいと願う。私一人の願いではあるまい。

学生時代の私が最も多くの時間をすごした場所は文学科の閲覧室と書庫である。中文研究室というものは無かったのだから、勉強するのは閲覧室であった。当時の教室は、すでに述べた創立以来の木造の建物に大部分あり、そこから東北に廊下づたいにつづくやはり二階建ての研究室にもいくつかの教室があった。どちらも今の文学部本館が少しずつできたあと、取りこわされた。戦後までのこっていた心理学の旧い教室は別棟だったのだが、ほかの研究室の一棟はその南側に東西に長くなっていたと記憶する。ただ閲覧室と書庫だけは、大正の末か昭和の初め、レンガで建てられ、哲学科のが先ずできて、ついでそれを北へのばして文学科のができたのだが、私の入学したとき、すでにどちらも有った。その一棟を東にのばし、やがて今の本館が完成するのだが、私の卒業後のことである。今は本館の中庭になっているが、閲覧室の棟への出入口は昔も同じく東側にしかなかった。その入口に近くフヨウの木があって、夏には赤い花が咲いた。構内は大学ができる前は一面の松林だったそうである。松の木はそのころも多く、色どりに乏しい中で、フヨウの花のあざやかな色はひときわ美しかった。

閲覧室の四方の壁に上田敏をはじめ諸教授の肖像画がかかっている。私の入学したときには、とっくに亡くなっていたり、あるいは退官されたあとで、面識のあったかたはない。しかし読書に疲れ、ふと目をあげて絵をながめると、何か勇気づけられるように感じた。上田敏詩集を中学生のころから愛読していたためかも知れない。この本館は遠からず改築されることであろう。特に陳列室が設けられるとは思われない。するとやはり、閲覧室には、もう古びたが、先生がたの肖像画や写真をかけておいて頂きたいというのが、私の希望である。

思い出はつきない。みんな古い話ばかりになってしまった。まだまだ書きたいことがあるけれども、紙数の制限をこえたようだから、以上にとどめる。

（『以文』第一七号／一九七四年一〇月）

京大「仏文科」の初期

生島遼一

京大の「フランス文学講座」は、大正十二年、ちょうど関東大震災の年にひらかれたらしい。第一回の学生は大坪一君（元大阪市立大学教授）ただひとりだった。河盛好蔵君は三高を卒業して東大仏文科に入学し、震災にあったので、元来関西出身の彼は、秋から京大仏文に転じたのだそうである。その次の第二回生は四人あったが、今日健在なのは仙台の方でゴルフ場経営か何かやっている黒田勇雄一人で、あとはみな若死した。そのなかの一人の三重野拙夫（元大阪外国語学校教授）と私は親しくなった。三重野は落合太郎先生の家の傍に下宿して、書生さんのような役割をしていたから、当時真如堂横におられた落合さんの家へ始めて私をつれて行ったのは、多分彼だろう。

学科主任は太宰施門先生だった。昨年一月、不慮の火災事故でなくなられた方だが、当時はまだ三十代、助教授、という若い先生だった。太宰先生はフランスから帰朝されて間もないときで、一高や三高の教壇にしばらく立った後、京大に新設された講座の主任になられたので、大いに張りきっておられた。フランスがどんなにいい国であるか、座談はその話ばかりで、あちらの公園の庭掃除の老人になりたい、といっておられた。先生達の若かったこと、新しい講座の新鮮ということ、当時の文学部「仏文」は、学生数こそ少なかったが、何となく活気があったように回想される。一年から三年目の学生まで、全部併せても十人くらいだから、講義も演習も、みんな階級無差別に出席し、それが当然のようにみんな思っていた。

私は、前にかいたように、はじめ哲学科に入り、わずか数カ月で、「仏文」に転じることを許してもらった。フランス語は高校時代に少し独学でやっただけである。この「仏文」転科を許されたときにつくづく身にしみて思ったことは、独学ということのむずかしさ、そして学校で習うこと教わることの便利さ、である。仏文の助教授中川久定君の話では、濱田敦先生〈国語学〉が「生島さんはフランス語を独学でやって、あんなに成功された云々」と言われたときいたが、まったく冷汗ものである。どころでない、私が独学であるために語学勉強にどれだけむだといえるような苦労をしたか。学校の権威も落ちたかもしれぬが、ものを学ぶに学校ほど便利なものはない、というのが独学で苦労した人間の実感である。

転科したが、フランス語の実力をつけるため、一年間在学を延長し、第一年はそれにあてることにした。今から考えると、自由な読書や勉強もでき、かたわら西田幾多郎さんや田辺元さんの哲学の講義にもときどき出られて、私にとって楽しい時期だった。毎日文学部の書庫に出入りして、太宰先生や落合先生の講義にチラチラ出てくるフランス文学関係の本のタイトルを探し歩くのも、一つの日課で、これもよかった。

それから何十年後、この文学部で講義する立場になったとき、あの本この本、書庫の中の本の置き場をよく記憶していて、便利だったから。

夏休み後、「一度フランス語の実力をテストするから」というので太宰先生の研究室へ呼ばれたときには大いに心配した。毎年講読しておられたラシーヌの戯曲の数行と、ファゲだかブリュスケエールの評論の一節を読んでみろ、といわれる。どうにか及第して、「君は誰にフランス語習ったの?」ときかれて弱った。まったくの独学で、師らしい師についたことがない。八木さわ子さんという人の小さな講習会に出たことがあるきりなので、しかたなくこの人の名を挙げたら「発音に女のひとの発音のようなところがありますな」と太宰先生はいわれた。じつはそれほど熱心に八木さんに習った記憶はないのだけれど。八木さんはドーデを訳したりした人で、後に大杉栄やアナーキスト・グループのことを雑誌(『展望』)で回想風にかいた或る人のエッセーをよんだら、この八木さんの名もそのなかに出ていて、なつかしく思った。

河盛好蔵、吉村正一郎、桑原武夫、この三人(あとの二人は三回生)ともっとも親しくなり、今でも親交はつづいている。これらの仲間はみんな落合先生の崇拝者で、私や進藤誠一君(元九州大学教授)もこれに加わり、しきりに先生のお宅に通った。河盛君など夏になると蚊帳まで先生のところから借りていたし、私達毎日のように夕食をごちそうになっていた時期がある。集って長話になると、季子夫人が当然のような顔でスーッとわれわれの前に夕食のお膳をはこんでこられた。和辻さんや天野さんや河野与一さんのようなえらい先生たちの訪問中でも、私たち若僧と同席で夕食された。こういうのはたいへん貴重な思い出である。いつまでも忘れられぬのは、夏休み中に先生がどこかへ避暑に行かれて、近所にいる私が頼まれていてときどき留守見舞に行くと、奥さんはビールを出され、片手で団扇で風を送りながら、むかし話などをしてくださる。こういう師弟関係は近頃はなくなっただろうと思う。

その代り、先生の愛犬ジャンが死んだときは私が呼ばれて先生と一緒に庭の土を掘って埋めたりした。落合さんは元来国際法が専門で、法学士だった。私が卒業後神戸大学へ行ったのは先生の代役の意味もあって、私も一年ほど国際法の講読を手伝った。そのころは「仏文」を出てすぐ就職できるなど考えられなかった時代で、私も文学部を出たら法学部へ再入学して外交官試験をうける、などと広言していたものだ。後年、パリ留学中まだ外交官見習中の松井さん（田中千代さんの弟で、後の大使）のおしゃれな風采を見て、おれもあんな外交官になってもよかったなと、思ったことがある。

太宰先生は、日本では珍らしいギリシャ正教の信徒であった。フランス文学では十七世紀の古典主義文学を基礎として体系を立てておられ、講義もそういうオーソドックスなものだった。私が独学時代に勝手気ままに愛読していたロマン派のミュッセやジョルジュ・サンドが、反古典派としていつもきびしい批判をうけ、槍玉に上がるので、私は目を丸くしていた。先生の学位論文はバルザックだったけれど、私たちに教えられたのは十七世紀の古典悲劇やサン・シモンの回想録など、特殊講義はロマン主義批判やサント・ブーヴのことだった。

落合先生は周知のとおり、モンテーニュとかパスカルなどフランス・モラリストの系譜をいつも熱情をもって私達にわかりやすく説かれ、特に私はパスカルの「田舎人への手紙」という短文ながらむずかしいテキストの講読をうけたが、このとき、後に岩波の『世界思潮講座』にかかれた名論文「ポール・ロワイヤル運動」のことを毎時間きけたことを幸せだったと、今も思っている。先生は、太宰先生とは反対に、フランスの現代文学にも関心をもたれていて、コチコチの古典派でなかったから、話しよかった。プルーストとかバレス、シュアレスといった作家のことは私は初めてこの先生（落合さん）からきき、本も先生のところから借りて読んでいた。

思い出しているときりがない。現在のように研究テーマをはっきり決めてわき目ふらずの勉強法ではなかったが、それぞれ各自の方法で、今よりは幅ひろく、「文学」を勉強していたように思う。だから、専攻のちがう学科の人達とも交遊しやすかった。昨年なくなった独文の大山定一君、中国文学の吉川幸次郎君、言語学の泉井久之助君など、そういう貴重な友人と専攻を忘れて私達は親しく交わっていた。そこで、吉川さんのいう「友情が学問に役立つ」雰囲気が、今日より当時は多くあったような気がしてならない。

（『以文』第一八号／一九七五年一〇月）

ボクの京大時代

佐藤則之

前号に小川環樹先生や西田太一郎氏が「思い出」と題して、ご両人のお人柄をそのまま文字にしたようなまじめな思い出をお書きになったので、ボクはちと趣向を変えて、ボクタチ京大時代の教室を離れての生活の一端を披瀝してみる。

ここ一年ぐらい前から、亡くなった佐藤栄作氏もどきに、がらにもなく長髪にし、どう見てもズグニウ的な顔を少しでも若く見せようと努めているボクは、今夜は一つ気分まで若がえらせて、追憶の筆を進めるとしよう。

ボクタチが大学生の頃は、満州事変が始って支那事変にかかる前で――もっとも時の政府は、これは事変であって戦争ではないと、自衛隊は軍隊にあらずといった調子だった。――これに対して何だかんだと書いたり叫んだりした当時の学生は、今日同様、白眼、赤眼で睨まれていた。

ボクは「言語学専攻」という定員僅か三名の小さな学科に籍を置いていたせいか、交友の少ない侘しさをまぎらすためか、法経の事を好む連中と一緒に学友会の講演部に入っていた。そうして部の庶務、会計係をしていた関係で、永田秀次郎、小林一三、芦田均といったような時の人の家に出入りし、これらの名士と膝を交えて時局を論ずる機会に恵まれていた。一方、滝川事件では、東京の親父まで警視庁に呼び出しを受けたり、伊藤ハンニに内通しているらしいという疑いを受けて、川端警察署に引っぱられ、下宿のオバさんを心配させたこともあった。

滝川事件は皆様ご存知のことと思うが、ボクたち学生は、法学部教授のとられた態度を支援し、文学部教授会の意に反してストライキをやった。ボクははじめ出身高等学校代表で、高代会議というのに出ていたんだが、その議長が、言語学科の一年上級生木坂千秋氏であった関係上、議長秘書という格で、毎夜二時、三時まで帷幄に参画し、学校の地下室で密議を凝らしたりした。このストライキ解消のために政府がうった手は、学生委員宛にそれぞれ国元から「ハハキトク」といったような偽電を打たせて、闘志を弱める姑息なやり口であった。ボクの父もおかみの呼び出しを受けて、警視庁の一室で、警視総監代理永岡刑事部長からこの秘策を授けられたそうだ。もっともボクタチ言語学科は、折しも広島から蒙古語・満州語の集中講義に鴛淵一先生が見えていた際で、シンシン堂やカギ屋を教室代用に授業をこっそり受けていた。ストの尖兵だったボクも、この両言語に興味を持っていたので、あえて裏切行為をした。

伊藤ハンニという男は、新東亜主義という旗印を立てて、当時の大新聞に一頁大の主義・主張を掲げ、気を良くしていた変り者である。自分を今様おしゃか様とか、新東洋の英雄とかと呼称し、当時売り出しの藤山一郎に「ハンニを称える唄」とかなんとかいうのを吹き込ませて、専ら自己宣伝に努めていた。ボクタチ学生を料亭に招んでは、大金――たしかに当時の金で何千・何万という金――を、ちらつかせてみせた。この金をやるから上海に飛んでくれとか、俺のカバン持ちにならないかといったような誘いをたびたび受けた。ボクは一夕、新三浦に呼ばれて、京都帝大を会場に、一大講演会をやる世話をしてくれないかと懇願を受けた。牧講演部長や阿部学生部長は首を捻ったが、大野熊雄学生主事が、「あいつの話を聴くのも面白かろう。しかし教室では困るから楽友会館を使え」というわけで、ひっぱって来た。ボクは開会の辞をやって、大入満員の聴衆から大喝采を受けた。川端署にひっぱられたのはこの晩である。何でもハンニという男は、全国の駅弁売りの頭をはねたり、今日でいう総会屋のボス的存在で、大詐欺師だったとのこと、そして、ボクがその子分になったという疑いらしかった。

文学部では学部学友会の幹事をやらされて、両吉田さんと松茸狩りの計画を立てたり、卒業生予餞会で挨拶をやらされたりした。二年生の時、三年生を送る辞をやらされて、文学部の諸先生を前に、「先生方を頼りにしたってダメだぞ。就職は自分で探せ」と暴語したところ、さて一年経って自分の求職のだんになると、保険会社の外交員の口しかない。仕方が無いので、愛国生命とかいうのに入って、新村出、田中秀央、泉井久之助の諸先生のお宅を廻った。先生方はひじょうに迷惑されたようで、何でも新村先生が小西重直先生のお宅に足を運ばれ、「佐藤に適当な職を探してやらないと何をしでかすかわからない」と懇願され、教育学界の重鎮小西前京大総長のお世話をいただいた。就職試験場で、試験委員の学務部長や視学官が、小西先生の依頼状を見せ合いながら、「先日京都に行ったら小西先生にこの君を頼まれたよ」と得意になった顔が忘れられない。「多分採用決定になると思うから、小西先生によろしく。来任したら、この地方の方言でも研究してくれ給え」で、筆記試問免除の特別扱いを受けた。昭和十年の不景気最中、約一週間の保険外交員生活が却って幸して、当時の国文学・英文学両科専攻生の先を越して国語・英語両科担当の教員になった。もっとも出身高校で「英語」、大学で「国語」の教員免許状を取得し、両刀づかいであったことも、採用する側にとっては好都合であったらしい。このことは、その後兵庫師範学校教授になった時も同様であった。その時泉井先生が紫野の新宅で、「保険の外交員を養成するつもりはなかった。」と新婚の夫人と顔見合わせにが笑いされたことを先生は覚えておられるかどうか。

三年生のとき、満州、朝鮮に二ケ月やってもらったのは、以上のようにハラハラするようなことをしながらも、学友会に貢献したことに対する報いとしてありがたく頂戴した。今も度々会い、親しくしている言語学の泰斗服部四郎氏をタタール人のところに訪ねたのもこの時であった。この旅行は、ボクの学生時代のそれとしては最大にして最後のタビであった。卒業後、職を大陸にもとめた予備行動にもなった。

次に、運動競技の面では、時々琵琶湖でボートを漕いだ。学科対抗の野球もした。「せいぜい出てくれ」どころではない。学科全定員の一名でも欠けようもんならチームが成り立たない。上級生から「〇月〇日独文とやるからゼヒ出ろ」の厳命である。サピアの『言語』を訳した一年生の木坂千秋氏がピッチャー、ヒットラーの『吾が闘争』の三年生真鍋良一氏がキャッチャーをつとめた。ボクは何でもセンターかレフトか、球のあんまり来そうにないところに立って、応援のイトはんから無視されることをおこっていた。

一方、生活は実に楽だった。当時の大学卒初任給は八・九十円であるに対し、月四十円もあれば足りた。食事は大学の食堂でとれば朝十銭、昼夕十五銭、ゴハンと味噌汁は、食べ放題の飲み放題、外食でホワイトライスにソースかけという手も用いた。五円会費なら芸者を侍らせて、鳥の水だきをつつきながら「月はおぼろに東山」を唄うことができた。

部屋代は一畳一円ぐらい。ボクは一時、二階の八畳と六畳とを二部屋ぶっ通して十二円で借り、豪勢な生活をした。そこへ泉井久之助講師がカスリの着物で見廻りに来られて、「一部屋で我慢して本でも買え。」と諭され、泉井先生といえば、月給三・四十円、週二時間メイエの比較言語学の講読を持たれていた。よくボクたちを教官食堂に連れて行って、コーヒー付きの授業をされたもんだった。

こんな思い出を辿ると、次から次になつかしいあれこれのことどもが、東山三十六峯を背景に眼の裏にちらつき、紙が何枚あっても足りそうにないので、この辺でとめておこう。

（『以文』第一八号／一九七五年一〇月）

道草

濱田　敦

大正九年から六年間、本部構内を南北に通り抜けて、小学校に通いました。こどもの足で小一時間かかる道のりでしたが、乗りものとてなく、歩くよりほかない時代だったのです。今の西部構内に当るところには、工芸繊維大学の前身高等工芸学校があり、大学との間に細い道が通じていました。淋しく怖い道で、遠足か何かでまだ大学開門前の早朝など、どうしてもそこを通らなければならないときは、ところどころ五燭ぐらいの電灯のともっている薄暗いなかを夢中で走って通ったものです。

学校帰りの道草には、恰好の場所が多くありました。今は暗渠になっていますが、東一条に通じる南側の道にはきれいな小川が流れていました。その水を利用して、月に一度くらい、土曜日の昼過ぎに、大学の消防演習がありました。そのころから火事が大学の名物だったのです。消防車は二台、蒸気とガソリンでしたが、どちらも引っぱるのは人力という代物で、機関が動き出して水が出はじめるまでにずいぶん時間がかかり、たっぷり見物を楽しめたものです。大学に自動車というものがはじめて配置されたのは、もう高学年になってからのことと覚えています。それは文部省からのお下りということでしたが、立派なリンカーンで、もちろん総長専用車でした。悠然と荒木寅三郎先生の乗っておられるのを時々お見かけしました。この車、戦争中薪用に改造され、まだどこかの倉庫に保存されているということです。

本部の建物、時計台のできたのもそのころのことだったかと思います。第一次大戦後の好景気のおこぼれが大学にも及んだものと思われます。今の図書館の東部分あたりにあったそれまでの見すぼらしい本部に引きかえ、それはすばらしく立派に感じられました。その設計などに当った当時の営繕課長は永瀬狂三という人でしたが、その官舎の前を通るたびに、表札に書かれた「狂」の字がめずらしく、また、当時大学全体で数人しかいなかった奏任官の事務職員の一人という、エライ人だとのうわさとともに記憶に残っています。

大学の中で私どもに一番おもしろかったオモチャは何と言っても、工学部の機械教室にあった、日露戦争の戦利品と言われる大きな蒸気機関車でした。専用の大きな倉庫に保存されていましたが、犬のように扉の下の土を掘って侵入し、機関車に乗って遊ぶ楽しみはたとえようもありませんでした。広軌のため日本のものよりはるかに大きく、タラップをこどもがよじのぼるにはいささか骨の折れるほどのものでした。この機関車、戦争中金属回収のため、スクラップとして供出されたとか工学部の友人からききましたが、惜しいことをしたものです。

その隣の冶金学教室のごみ捨て場をあさって、鉱石の破片などを見つけ出すことも楽しみの一つでした。ピカピカ光る、おそらく黄銅鉱か何かを見つけると「金だ、金だ」と大喜び、学校で皆に見せびらかしたりしたものです。また、お父さんが工学部につとめている友人の手引きで、その作業場にしのびこみ、当時はやったバイゴマの尻をグラインダーで火花を散らしながら削ったこともあります。そうすると安定がよくなって、強くなるということでした。

図書館旧書庫の西側は、電車通りになる前、もうすこし余地があったはずですが、そこに桃の木が何本かありました。その実をとろうと木によじ登っていたところを館員に見つかり、とっつかまってひどい目にあって油をしぼられたことがありました。一体私はこどものころ高いところにのぼるのが好きで、いつも屋根や木に登っていたのですが、五年生のころ、家の前の榎の木にのぼって実をとっていた時、枝が折れて落ち、腕を折って目を廻し、向いに住んでおられた数学の園正造先生に家に運びこまれるという騒ぎをひきおこしたことがありました。それから、すっかり高所恐怖症になってしまいました。

陳列館の前あたりを歩いていて、時々顔見知りの史学科の先生方にお逢いすることがありましたが、その中でも特に記憶に残っているのは、喜田貞吉、原勝郎両先生のコワイお顔です。しかし、ヒゲ達磨の喜田先生など私を見ると「オイ小僧」などと言って頭を撫でて下さったりして、実際にはそれほど恐ろしい先生でもありませんでした。まだ丸刈、紺がすり姿であられた梅原末治先生を、何かの用事で母とともに、お住まいの百万遍のお寺に訪ねたことをかすかに覚えております。その百万遍から、北は田中神社、東は将軍地蔵の瓜生山あたりにかけてが、私の幼いころの遊びの中心でしたが、大正の末ごろ農学部が開設され、つづいて、叡山電車が開通したりして、あのあたりの景観は急速に姿を変えてしまいました。今の農学部のグラウンドの北、田中高原町、平井町、蔦町あたり一帯は、それまでは町名もない一面の田んぼ、そしてカニ山、ヒシ池と私どもが呼んでいた、沢蟹の群生する丘陵や菱が一面に浮いている池などがあって、こどもの遊び場所としては、今ならばいささか親の心配のたねになりそうなところでした。疎水のあたりは、丁度今ごろになると螢が沢山飛びかい、私どもは菜たねの殻を手に手にそれを打ち落しに行ったものです。

大正十三年秋のことだったかと思います。同じ五年の隣の組に、見たこともない大きな男が現れて、忽ちの中にガキ大将の座についてしまいました。それまでは一派のボスのつもりだった私にはそれが目ざわりで、ある日何かのきっかけで、とうとうその男と衝突してしまいました。教室の窓から飛び降りてかかって来たその男ととっくみあいになり、むこうには子分の加勢もあって、私の旗色はあまり芳しくなかったのですが、結局は授業の鐘に妨げられて、戦いはうやむやに終ったような記憶です。その大男が、実は農学部創設初代の学部長のむすこだと分ったのは、その後中学でも同級になり、一緒にラグビーなどをやるようになってからのことでした。

吉田山は、頂上近くに親しい友人が二人も住んでいたこともあって、神楽坂の方から山の上を抜けて、大道草をくって帰ることもしばしばでした。運がよいと、松の木に綱をかけ渡し、それに吊したもっこの上で大見えを切る日活の目玉の松ちゃんのロケなどにぶつかることもあって、まことに楽しいところでした。

大正十五年、小学校を卒業して、そのすぐ北の中学校に入り、通学の距離はすこし縮まりました。ただし、間もなく熊野神社から北への電車が開通し、中学も下鴨に移転することになります。もう、大学の構内で道草をくうような年でもなくなったわけですが、二年生の時にラグビーをはじめ、性に合ったのか、それにはまりこみ、おまけに、その仲間たちと、タバコはすう、酒はのむで、停学はくう、落第、さらには浪人までして、中学校の北隣の高等学校から京大へという、京都でのエリートコースに乗ることもできず、思わぬ人生の道草をくってしまうことになりました。

半世紀以上も前の、夢物語の一節です。

（『以文』第二〇号／一九七七年一〇月）

京大英文科の思い出

石田　幸太郎

　京大文学部英文学科を卒業してからほぼ六十年の歳月を経ている。正確に言えば五十九年で、親友矢野禾積氏は六十年経っているのである。もっとはっきり言えば、わたくしが大学を落第していなければ六十年とキッカリした数字が出せるのだが、残念ながらこの頃の言葉で、一年留年したので（留年というのは全く都合のいい言葉である）、スッキリ六十年とは言えないのである。

　この秀才（!?）が一年落第するなど――わたくしは三高入学の際、全校一番で入学したのである。当時の三高の教務主任野々村戒三先生が明言されたことであり、三高の入試成績表大正元年度の分を見れば明白になるはずである――意外の感を抱かせるが、当時失恋して、自殺未遂というところまでいったのだから、学問どころではなく、自暴自棄で、遊蕩三昧に日を過し、また囲碁に耽って、当時アマとしては有数の打ち手になっていた。十数年前わたくしはアマながら日本棋院から、求めずして無料で五段の免状をくれたし、また関西棋院からは、六段をくれたがこれは辞退した。段高きを以て貴としとせずとしたからである。

失恋の相手は京都、しかも間近《まぢか》にいたので東京大学を志望すべきであったが、東大の英文科には些かの魅力も感じなかった。京大には、上田敏（号柳村）先生がおられ、ここしか学ぶところはないと考えたのである。そして京大の英文科に入ってよかったと思った。

文学概論、英文学史、英文学講読を矢野禾積（号峰人）氏とともに、上田先生から受講した。矢野氏ともに三高時代からの親友であった山本修二氏が一年間法学部にあって後、続いて英文科に入ってきた。従って、独逸文学史を藤代禎輔（号素人《そじん》）先生に、中国文学史並びに詩餘の研究を鈴木虎雄（号豹軒）先生に、日本文学史を藤井乙男（号紫影）先生に、国語学を吉沢義則先生に、言語学を新村出先生に、その他独文講読を成瀬清（号無極）先生に、ラテン語、フランス語もそれぞれ立派な方々に教わったが、それが矢野氏と一緒か、山本氏と一緒か、あるいはわたくし一人であったか、よくわからない。教育学は小西重直先生に教わったが、あまり出席せず、リポートを提出して何となくパスしたような記憶がある。

英文学は外に島文次郎（号華水）先生に教わった気もするがよくわからない。上田敏先生は、最初の一年教わっただけで、急に長逝されたので、そのあとはエドワード・クラーク先生並びに厨川辰夫（号白村）先生に教わった。この両先生には三高時代にも教わっていたので、何かしら親しみを覚えながら聴講した。お両人とも片足を失っていられたので、車（人力車）で通っておられた。クラーク先生は四十貫くらいあったであろうから、二人曳きであったように思う。

落第させられたのは、同志社大学から非常勤で来ておられたロンバード先生のお蔭である。先生はコチコチのプロテスタントで、『マクベス』の講義のとき、第二幕第三場の門番の猥雑な言葉はシェイクスピアの如き大詩人の筆になるはずがない。後人の加筆であると仰言った。わたくしは、大詩人、大作家は本来振幅が非常に広大なはずで、視野は、高いところにのみ限られるようなことはなく、低いところも自由に捉える力がなくてはならず、まして凄惨な悲劇の場面に、こうした滑稽な下品な言葉が対照的に用いられるのはむしろ効果的であると考えていたので、心中甚だ面白くなく、先生のお言葉に対しては批判的であった。従ってリポートを提出したとき、そのことに触れた。そして零点を戴いた。英文が粗雑で、非礼の言葉を使ったのかも知れない。翌年は『ハムレット』であったので、何とか先生のお目こぼしにあづかったのであろう。

上田敏先生のご講義が聴けたのは、何としても有難いことであった。今日、上田敏先生の御講莚に親しく侍したのは、矢野氏とわたくし、それに先輩の石田憲次氏くらいであろう。先生は年に何回か京大学生倶楽部（?）（今の学友会館の前身で、うまい洋食を食べさせた）で、夕方から学生、卒業生の有志の者を集めて研究会を催された。その席で石田憲次氏のお顔をあまり見なかったような気がするのだが、記憶違いであろうか。ある夜一宮栄誠という人がオスカー・ワイルドについて研究発表をなさった。非常に律義そうな人で、ワイルドとは、およそ距離の遠いという感じであった。はたして上田敏先生は、君のような真摯な性格の人が、ワイルドに親しむというのは、何か変な感じがするといったようなご発言があった。我が意を得たという気持がした。このことが今に非常に深い印象を残していて、忘れることができない。この先輩は早く逝かれた。

上田先生の英文学史のご講義は変っていた。英文学史そのもののご講義よりは、日本文学、特に王朝時代の文学や雅楽のこと、また江戸時代の小唄、等々についてのお話が、英文学と関連してではあるが、より多かった。今考えてみると、今日の比較文学の中の対比に当るようにも思われる。ノートは右側に英文学史プロパーを書き、左側はそういった、いわば余談を書きこんだが、右側よりは左側の方が、ずっと豊富で、頁数も多くなり、ノートの体裁がバランスを失して、何か変な気持だったことを覚えている。しかしお話は興味尽くるところなく、文学とは何か、芸術とは何かが、そのご講義によって、何かしら解ってきたような気がした。わたくしは先生のご講義が当時よりも楽しく、いつもその時間（タップリ二時間はあった）を待ちかねていた。矢野氏もむろんそうであったろう。しかし他の級友は高等師範出の人が多く、そのお話がよくわからない様子であった。非礼の言を弄して申訳ないが、「豚に真珠」という感があった。その級友たちは、皆既に長逝して大正八年卒業は今わたくし一人になってしまっている。

藤代素人先生のご講義は、重厚そのものであった。先生は観世流の謡曲がご堪能で、またお好きであった。わたくしは喜多流を些か嗜んでいたので、年一回あった文学部の懇親会で、酒宴の半ばに先生が「大《たい》瓶猩々《へいしょうじょう》」の小謡を朗々と謡われ、わたくしも調子に乗って「鉢木」の一節をやってのけた。先生が「なかなか立派じゃ」と仰言って盃を下さった。伊勢の二見が浦の旅館でのことであった。二年生の時であった。嬉しかった。先生のお宅は皆が皆謡曲に習熟しておられ、飼犬までが強吟《ごうぎん》で鳴くなどと噂された。

藤井紫影先生の、国文学史のご講義も楽しいものであった。江戸時代文学史のノートは、克明にとり、参考書は国文学の研究室に入って貪り読み、西鶴などは真剣に写し取ったりした。わたくしのとった日本文学史のノートは厚いのに三冊あったが、のち何人かの恩師、先輩が貸してくれといって写しとられた。いつの間にか、なくなっているが、今あったらとこの頃いつも悔まれる。

（『以文』第二一号／一九七八年一〇月）

私の京大新入生のころ

大浦　幸男

　私は本年四月一日付で、京都大学を停年退官した。終戦の翌年、昭和二十一年に母校の三高教授になったので、三高・京大を通じて、三十二年間勤務したことになる。

私は元来京都の生れであり、学校もずっと京都で過し、昭和九年に京都帝国大学文学部（英文学専攻）に入学した。従って、現在まで六十年余にわたる京都の変遷を見てきたわけだから、大正時代や、昭和初年の京都の思い出もいろいろあるが、ここでは昭和九年京大入学以後のことを、思いだすままに書きつづってみたい。

　私の入学当時の総長は松井元興氏で、四月の初めに、時計台の下で、全学の入学式が挙行された。現在とは異なり、学生は全員新調の角帽に制服着用で、威儀を正して参集した。入学式はいわゆる宣誓式である。宣誓簿に各自が毛筆で署名するのである。私のころは、小・中学校に習字の時間はあったが、明治・

大正時代とは異なり、習字はすでに軽視されていた。だから持ち慣れない筆を手にすると、手がふるえて困ったことを未だに記憶している。

その後、文学部の教室で、新入学生を集めての会があった。まず、当時の文学部長・羽田亨先生の訓辞があったが、その中で、「諸君は今が一番脂の乗り切っているときだ」と、話されたのが強く印象に残っている。つづいて、事務長が文学部校友会について説明した。当時は校友会主催の一泊旅行が毎年一回行なわれ、学生のみならず、教授も多数参加されたのだ。高校時代は記念祭が一番思い出に残るが、大学ではこの初夏の一泊旅行が記憶に残っているので、それについて述べる。

私の一回生のときは、片山津温泉へ行った。矢田屋という一流旅館で泊り、翌日は金沢へ出、兼六園を見て、現地解散である。汽車賃・宿泊費を含めて、参加費はたしか一円五十銭。当時の物価としても、非常に安い。ただし、これには教授方からの多額の寄付があるのだ、という事務長の説明があった。

矢田屋へは午後到着、初夏の柴山潟にボートを浮べたり、湖畔を散策した後、夕食は大広間で会食した。床の間を背負って一列に先生方が並ばれ、他の三方は学生が膳を前にして座を占めた。当時の私には、教授は雲上人のように見え、居ならぶ教授方は、いわばキラ星のごとく、寄りつき難い存在であった。往復の汽車も、教授は二等、学生は三等であったが、これまた当然のことと思っていた。開宴に先きだち、羽田学部長が、「平生教室ではわれわれが喋っているから、今日は諸君の話を聞きたい」と、挨拶されたのが記憶に残っている。

宴会が終ると、その後はわれわれのグループは散歩に出かけた。現在の片山津とはかなり違うが、それでも有名な温泉町だから、何軒かバーがあった。大学生になると途端に、大人になったような気がして、社会探訪の意欲をもやし、一軒のバーに立ち寄った。女給はエプロン姿で、大正のカフェー的スタイルであった。

ひとりの女給にむかって、「今日は大学の先生が多勢来たよ」というと、彼女は、何を感違いしたのか、「あなた方じゃないの」と答えた。私の感じでは、教授は偉い大先生だが、私たち学生はまだヒヨッ子だ、という意識があったのだ。だから、偉い先生方が多数来られたといったのだが、どうやら、田舎の女給さんには、大学生でさえ、偉い人にみえたのかもしれぬ。数年前の先輩に聞くと、当時の一泊旅行は、教授も学生も汽車はすべて二等だったそうである。現在のグリーン・カーだから、昔の帝大生はすでに一流の紳士扱いだったわけである。

戦後、校名が「京都大学」となったが、昔は「京都帝大」という名称に、学生も誇りを持っていた。「帝大生」というエリート意識だが、私はエリート意識そのものは決して悪いとは思わぬ。エリート意識とは、自己に対する責任の自覚であり、学問の深淵を追求し得る能力の自覚である。だから、エリートにして始めて、教授や先輩が苦労して積み上げた研究業績を跡づけ、理解することが可能になるのである。と同時に、エリートにして始めて自己の能力の限界を知り得るのだ。

さて、当時の英文では、私が入学した直前に、クラーク教授が亡くなられ、石田憲次先生がその後をついで教授となっておられた。当時は英文は一講座であり、しかも、教授として石田先生がおられるだけで、中西先生はまだ非常勤講師であった。だから、私は在学中三年間、つづいて大学院もっぱら石田先生の指導を受けたのである。

私が大学に入って、まず読んだ書物は、石田先生の『基督教的文学観』（昭和七年刊）であった。これは「人間はいかに生くべきか」を、情熱を傾けて説かれた書物である。その巻頭に「謙虚の心」と題する一文がある。この「謙虚」という言葉が、暗々裡にその後数十年にわたる京大・英文の卒業生の心的態度のひとつの指針となっていたように、私には思える。もっとも、「謙虚」はしばしば「謙遜」に堕する惧れもある。「謙遜」は人に対してへり下ることだが、「謙虚」は神に対しての言葉だ。だから、「謙虚」は人前で言葉、または態度で表わすべきものではない。暮夜ひそかに、自らを顧みて涕涙することなのである。

ところで、この書物の中に表われている、文学研究は結局人間の生き方の追求だという石田先生の信念はいまだに私の英詩に対するアプローチの基盤となっている。石田先生はまた、講義の中で、「人間の研究対象は人間だ」というポウプの言葉を引用されたが、この言葉も強く私の脳裡に残っている。

また、先生の「講読」のきびしさは定評があった。学生は徹底的にシゴカレたが、これをするには、先生自身十分に時間をかけて、下調べをしてこられたのだろうと推察する。何十年教師をやっていても、新しいテキストを読むときには、不明または不確かな字句が若干出てくる。教師は、辞典、その他の資料を参照して、自ら納得がゆくまで調べねばならぬ。これは当然のことだが、私など億劫がって時には一読しただけですますこともある。しかし、石田先生は毎回必ず全力投球をしておられたように思う。「訓詁の学」という言葉があるが、正しくテキストを読みとることが、あらゆる文学鑑賞の基礎になるのだから、それをまず新入生当時から教えられたことはたいへん有難かったと思う。

爾来、荏苒四十数年を閲したが、羽田先生のいわれた「脂の乗りきった時期」の初心忘るべからずと、私なども時どきは思い起して肝に銘ずるのである。

（『以文』第二一号／一九七八年一〇月）

雑感

清水純一

大学紛争から十年経った。

当時とくらべると、平静さも戻ってきた。時として、間歇泉のように噴き上げる団交要求の声は、まだ当分消滅しそうにないが、その新鮮さはすっかり薄れてしまった。

とはいえ、この十年間の大学の変貌には、隔世の感がある。

まず表面的に目につくのは構内駐車の洪水である。道という道は、思い思いの塗料で化粧した車に占領され、おまけに、最近とみに流行しはじめた二輪車どもが、ところ狭しとひしめき合い、「象牙の塔」というその昔奉られた通称のイメージとは、およそ似ても似つかぬ光景を現出している。駐車場の新設を、という大学の要求も、文部省当局からは軽く一蹴されたとか。

国内外の学究の交流も盛んになった。とくに中国との関係の一変は、往時を回想すれば感慨一入である。

六月にも中国社会科学院を中心とする文科系学者の方々が大挙して来訪し、関係教官は連日の日程消化に心労されたと聞く。

その饗応の席に私も両三度連なる機をえたが、席上O氏から、「先生は中国にこられましたか」と訊ねられ、ふと「まだです」と答えると、「是非一度おいで下さい」と慫慂され、恐縮してしまった。中国の土地は、実は私にとって初めてではなかったからである。


私の中国滞在はいわゆる学徒兵としての体験であった。生涯に強烈な痕跡を刻みつけたその体験は、忘れようにも忘れるものではないのだが、その時の私は、決して、故意に事実を匿して答えるつもりではなかった。完全にど忘れしていたのである。考えようによれば、当時の体験はそれほど現在の生活軌道から外れて意識下に埋没してしまっていたのかもしれないし、三十余年前といえば、それほど遠い昔になってしまってもいた。

ゆくりなくも私は当時の追憶にふけることを余儀なくされた。それはまさしく、私の学生時代であり、私の学生生活と現在の学生生活を比較することでもあった。すっかり変ったなあ、あれも、これも……変貌した多様のイメージが走馬燈のように記憶の幕をかすめて去る。

三十年といえば、変らぬ方がむしろどうかしている、と私は自分に言いきかせる。だが、それにしても、私にもっとも痛感されるものは、教師と学生との関係の変貌である。信頼関係の破綻である。これは十年前の大学紛争の痛ましい遺産のように思われる。当時紛争がエスカレートするにつれて、学内には憎悪と猜疑が渦巻きだし、やがて、教師と学生、学生と学生同士の間に、対立と断絶が深まっていった。その対立感情は、紛争が沈静化するにつれて次第に和らいでいったが、完全には払拭しきれないで、いまだにどこかに沈澱してとぐろを巻いている。この疵痕がなおりきるにはあと何十年が必要なのだろうか。いや果してなおりきる日がくるのだろうか。

だが、とまた私は考える。今の学生と当時の私との間に、内面的に、どれほどの差があるというのか。私が大学に入り、専攻を選んだのは、必ずしも学問を究めたいとの堅い決意があったからではなかった。むしろ、真実を言えば、他のことはどうにもする気になれなかっただけのことである。当時の私が抱いていた不安や悩みは、今の学生のそれとどれほどの相異があろうか。年輪という壁が、当時の自分と今の自分とを隔てているように、今の学生との間をも隔てているだけかもしれない。そして、混沌としてひしめき合う魂の群を、混沌そのもののなかで何物かへと形成してゆく場が、大学であり、大学の伝統であるならば、変貌もまたいつしか伝統のなかに吸収され、新しい伝統へと転身してゆくのかもしれない。だが、大学の伝統とは……

いずれにせよ、ペシミズムとオプティミズムとが交錯しながら、時が過ぎてゆく、今日このごろではある。

（『以文』第二二号／一九七九年一〇月）

回顧

松平千秋

私は昭和十年に静岡高校を出て京大に入学し、十三年に卒業しました。生れたのは岐阜県の一寒村で、小学一年生のとき静岡県に移り、高校を卒業するまで十三年間をそこで過しました。昔のギリシアでいえば、エーゲ海の一小島で生をうけ、どこか地方の中都市で基礎教育を終えた後、アテナイへ出てきたようなものです。文学部では一人の知人もなく、当然初めの内は孤独感を味わいました。当時は、というより当時も、三高出身の諸君が断然幅をきかしていました。教室で講義の開始を待つ間、三高出の諸君が数人集って、大声で自由闊達に論議を戦わしているのは、ポッと出の田舎者にとっては羨ましくも嫉ましくもある光景でした。その中でも特に印象に残っている人物は、国文専攻の尾田卓次君でした。同君は今でもその夭折を惜まれている俊秀であったと聞いていますが、一見して強度の近視と判る眼鏡を光らせながら、独特のねばっこい関西弁で滔々とまくし立てているのを聞きながら、自分は果してこれからこんな達者な連中に伍してやってゆけるのだろうかと不安の念を禁じ得なかったことを思い出します。

私が専攻に選んだ言語学科では、停年を間近に控えられた新村先生と新進気鋭の泉井先生（当時講師）の講義や演習がカリキュラムの中心でしたが、他に鴛淵講師の蒙古語または満州語、田中秀央教授のラテン語が必須科目に入っていました。フランス語の中級は落合太郎先生が担当しておられましたが、私は一度も授業に出席しないで試験だけ受けたところ、答案提出の時に例の怖い顔で「君の名前は」と訊ねられて、流石にヒヤリとしたことを覚えています。後年、先生は言語学科の主任教授となられ、私はお亡くなりになるまで公私に多大の恩顧を蒙ることになったのですが、この頃は神ならぬ身の予想だにしなかったことでした。

私が学生時代に出席した授業は、専攻の言語学関係のものより、独文の講義の方が多かったようです。その頃私の将来の希望というのは、地方の高等学校のドイツ語の教師になることでして、そのためにはドイツ語の高等教員免許を取得せねばなりません。独文を専攻せぬ学生に対しては、卒業論文だけは免除されましたが、単位は専攻学生と全く同数を取得することが要求されました。独文での同期生には坂輔男君、一年上には谷友幸、高安国世の二氏がおられました。成瀬無極、雪山俊夫両先生の講義、演習のほかに、三浦アンナ、ヘルフリッチュ両外人講師の実習もあり、言語学・独文の二学科を専攻するのは正直なところ相当骨が折れました。成瀬先生については、文学者、文芸評論家というイメージが一般に抱かれていたようですが、私にとっては卓抜な語学者という印象の方がより強く残っています。雪山先生からは中高ドイツ語の手ほどきを受け、それが面白くなって言語学の卒業論文も中高ドイツ語を扱うことになりました。もっともそれには、その頃ドイツから帰朝された先輩の真鍋良一氏からの影響も少なくなかったのですが。

その頃、成瀬先生は雨が降ると休講されるという説が流布していましたが、実際にはそうでもなかったようです。休講といえば、むしろ落合先生の方が大分上手《うわて》で、学年初めに「特殊講義は二学期から」という掲示が出ても、九月から始まるとは限らぬというのが学生たちの常識でした。ところが文学部長になられてからの先生の精励恪勤ぶりは誰もが目を見張るばかりで、ある時部長室でお話していた折、先生がある教官のことを、なになに君はちっとも学校へ出て来ない、怪しからん男だ、と憤慨されるのを伺って突嗟にどうお答えしてよいか、当惑したこともありました。

私は卒業後間もなく、田中先生のおすすめもあって言語学から西洋古典に移り、その後は田中先生のお世話になって結局今日に至ったわけですが、田中先生も成瀬、落合両先生同様、というよりお二人を凌ぐ位逸話の多い方でした。先生がラテン文法の授業の時に rosae を「ばらら」equi を「馬ら」と訳されたというのは最も有名な、文学部ではほとんど古典的な逸話で、多分誤伝ではないのでしょうか、実をいえば私自身は先生がそういわれるのを聞いたことがありません。私の記憶に誤りがなければ、先生は複数を示すには専ら「など」を使い、「ばらなど」「馬など」といわれたようです。尤も日本語の「など」が複数を示すに適切な語かどうかについては疑問がありますが、「ばらら」が単なる作り話でないのならば、先生は初めは「ら」を用いられたが、余り評判が良くないので、「など」に変更されたのかも知れない、などと考えたりもします。田中先生に関する逸話は数が多すぎで紹介するのに困惑する程ですが、私自身が体験した一例だけ申せば、ウェルギリウスかなにかの邦訳で、「盾と剣」と原文にあるのを「剣と盾」と訳してあるが、どうしてこんな誤訳をするのかな、と心《しん》から不思議そうにつぶやいておられたのが妙に記憶に残っています。

その頃北野に住んでいた私は、大学へ通うのに市電の北野線に乗って千本中立売で乗り換えるか、あるいは上七軒通りを千本まで歩いて市電に乗るか、どちらかのルートをとっていました。北野線では美学の植田寿蔵先生と乗り合わすことがよくありました。何かの折に植田先生が、田中君、君の所の松平は顔色が良くないが、少し勉強がすぎるのではないか、といわれたという話を田中先生から伺ったことがありました。私の顔色が悪かったのは勉強のせいではなく、本当は不摂生で胃腸が悪かっただけのことなので、この話を伺って恐縮するほかはありませんでした。花街とはいっても上七軒の朝は閑散で、むしろ殺風景なものでしたから、格別記憶に残るような見聞もありませんでした。むしろ今出川の電車通りには忘れ難い思い出があります。終戦の前夜がたまたま私の宿直日に当り、確か倫理の島〔芳夫〕先生とご一緒に今はなき演習室で一夜を明かしました。翌朝自転車で今出川通りを北野に向う途中でアメリカの飛行機が飛来して、日本の降伏を伝えるビラを降下しました。今出川大宮辺りでその一枚を拾い、記念にでもと財布に入れてその後かなり長い間保存していましたが、その内に汚れてクシャクシャになり到頭捨てて終いました。今になると一寸惜しい気がせぬでもありません。

終戦後はしばらく上賀茂に住みましたが、一年余りで北白川に移り、約三十年間をここで過しました。数年前に比叡山中に転居したのですが、洛西から洛北、洛東と移り、最後は洛外にはみ出して終ったわけです。

学生時代を加えますと、私は実に四十有余年にわたって京大文学部のお世話になったわけです。その間多くの師友から受けた恩を思いつつ、文学部に学び、そこに勤務することを許された自分の幸せを沁々と味わっている、というのが現在の私の偽らざる心境です。

（『以文』第二二号／一九七九年一〇月）

世代的劣等意識の背景
――学窓と兵役――

大地原　豊

先立つ世代に対する劣等感は、青年期にあり勝ちな一過性の事象だろうか。ただし私の場合は、定年退職の只今まで五十年にも近く、そのような劣等意識が片時も念慮を去らない。といえば事は、私自身に特異な僻み根性に尽きようか、と訝られもしよう。それでいて矢張り私は、当の僻み癖それ自体をも、青年期の劣等意識、「学徒出陣」世代に宿命的だった特殊なそれ、に帰因せずにはおれないのである。劣等感はこの際、内発的というより遙かに勝って外発的であった。畏敬する先達の憐れみを買った学力低下、知的発育不良、を我々は自己の上に確認せざるを得なかった、という意味においてである。生まれ合わせよりして我々の自己形成期は、高等教育と兵役義務との関係に生じた変動の、正に加速段階と合致したのであった。最後の点を以下に略述して、戦歿同世代に対する哀悼の辞にも代えたい。［学窓でと兵役間との知聞を併せ、一部は戦後の印象をも交えた主観的回想であるから、事実関係の細部に素より正確は保し難い。――年（・

月）の数字表記には、「昭和」の頭記を省略する。（七年制高校、四修入学、その他による遅速を別にすれば）高校入学・大学卒業の標準年齢は夫々一七歳・二三歳、兵役義務の発生は本来二〇歳であった。」

大正末年から施行の配属将校制にも拘らず、少なくとも大学での軍事教練は、十年余に亘り「座学」（戦史・戦術などの講義）が主であった。在学間は二八才までの徴兵猶予があり、また徴兵検査で学士の甲種合格は稀、よしや現役入営となっても、先ずは特別待遇の軍隊生活で「一年志願将校」の身分を取得できた。兵役は学窓での関心の全く外にあった、といって差支えあるまい。

一二年の後半、「支那事変」の拡大が状況を一変する。下級将校養成に、「予備士官学校」における「（甲種）幹部候補生」教育が開始され、折しも在営中の「一年志願」要員が幹候一期生に切換えられたばかりでなく、召集令状はようやく学卒者にも及んで、その相当数が幹候二期生となるに到った。もはや大学卒業者とても、在郷者一般との違いが無くなって来たのである。

以後いよいよ臨戦体制が強まり、相次ぐ召集に即応して予備士も各地に増設される間、大学内には微妙な変動が看取された。すなわち、教練では「実科」の比重が著増し、しかも卒業に近い上級生ほど教練出席に精励、という事実である。というのも、卒業年の一二月初に現役入隊を迎えるのが通常化したからであり、事実一四年学卒者は翌年、精強の評高き幹候五期生の主力を形成したのであった。――もっとも学生生活全般は当時、軍需景気の余沢もあってか、ある意味では戦前最高の良き時代を謳歌し得た。高校入学における後述のごとき一部の手直し、外書の新規輸入停止、徴兵猶予期限の一年引下げ、等々の不吉な影は差しつつもである。——少数の短期現役経理士官を募集し、好んで有名スポーツ選手と高文合格者とを採用（即時に中尉任官）していた海軍は、文学部に関する限り素より全く無縁であった。

一六年夏の陰惨な大動員（戦後「関特演」の名で知られる）に続いて二学期早々、徴兵猶予が二五才までに切下げられるとともに、繰上げ卒業の臨時措置が大学を襲った。吉田界隈の動揺は実はこのとき、以後戦時下のいつにも勝って、本質的には最も深刻なものがあったかと私考する。徴兵検査が臨時に学内で行なわれたのはこのときのみ、そして受検者（高校入学一一年までの全学生）は、慌しく卒論を作成して一六・一二学窓を去った。すでにハワイ奇襲を初めとする戦果に国中が湧立つ中を、一七・二初頭、文科系の新学士は大半が臨時徴集の現役兵として入隊し、多くは幹候七期生への途を辿ることとなる。——翌年次（高校一二年入学）以降に対しては、大学卒業繰上げ六ケ月が逸早く告示された。かくて新三回生は、一般壮丁なみの徴兵検査を受けて後、一七・九卒業を迎える。今や多分に予期された措置とて、学内での動揺は目立たなかったのに反し、卒業は即日の臨時徴集に連なり、以後の運命はさらに苛酷であった。この人々から成る幹候九期生の教育終了が、戦局の急転悪化と時期的に合致したがため、見習士官での外地あるいは航空部隊への転属が著しく、他の期を遙かに上回る最大の出血が強いられたのである。

前記の両学年次は、夫々の悲運にも拘らず、最終局面を除き極めて順調な学生生活の間に、先立つ世代に毫も遜色なき知的形成を遂げていた。軍隊内にあって、自己の信念から幹候志願を拒否し、一兵卒に終始する異例（の強靱さ！）が散見されたのも、また敗戦直後の混沌の中から「戦後派《アプレゲール》」を自称（！）して立現れた輝かしいグループに加わり得たのも、この両学年次まであったといって過言ではあるまい。我々「学徒出陣」世代（戦後十年余を経て誇らしからぬ新名称「戦中派」に包摂されることとなる！）にとって、つとに劣等意識の由来した直接先行世代に他ならぬのである。

続く学年次（高校一三年入学）には、いわば中間期の感が深い。――高校入試には、在来の筆答で定員の二倍を残した後、二次試験として面接・体検が課されるようになった。事実それは、結核体質者と素行容疑者とに対し、学科試験での成績に拘らず、高校の門戸を閉ざしたのである。――以後一八・九の大学繰上げ卒業（文科系最後の正規卒業となった）に到る間は、前学年次と大差ない過程の如くではあった。が、卒業に先立つ一八年前半には、徴兵検査受検期を前にして、兵役猶予期限が二三才と改定される一方、初めて海軍が大量の「兵科予備学生」（半年の訓練で中尉または少尉に任官）を募集していたのである。かくて当然、卒業予定者のみならず、年令的に今や在学不可能となった学生層から多数が海軍に志願して一八・一〇入隊、そして一年後からは、十三期飛行学生その他として、比島戦域に始まる累次の「特攻」に少なからざる数が投入された。他方、陸軍への入隊は次記「学徒出陣」よりも後に延ばされ、以後の犠牲も少なかったかと思われる。

一八年の九月は、繰上げ卒業期であるに止まらず、前年来の学年暦変更で、全学的に学年末となっていた。その二二日、突如として発表されたのが、（農学部の一部を含み）文科系学生に対する徴兵猶予の全廃なのである。第三乙種までも現役合格とする一〇月の臨時徴兵検査で、否応なく陸・海に振分けられた「学徒兵」は、空前規模の臨時徴集によってそれぞれ一二月一日・九日、留守部隊・海兵団に収容された。——海軍では殆ど全員が予備学生を経て一年後に少尉任官、十四期飛行学生その他には沖縄戦以降かなりの損耗を見た。陸軍では多くが幹候十一期生となり、その過半は一九・七〜九のころ軍曹の階級で南方軍へ転属、輸送途次の海歿が最大の悲劇要因をなしたかと思われる。

この「学徒出陣」に該当したのは、概ね次ぎの三学年次である。——（一）高校一四年入学、このとき入学定員三分の一増となる。同一七・三卒業、正常な高校卒の最後。一七・一〇大学学年暦の変更で（一回生を半年で了え）二回生に進む。三回生早々の入隊時に「仮卒業」の申請が慫慂され（拒否者は稀有）、軍務間に一九・九大学卒となる（卒論なしの文学士は空前絶後）。——（二）高校一五年入学、入試副科目二つの一つに国史が定着。同一七・九卒業、高校に最初の繰上げ措置。大学在籍一年二ケ月で入隊、既得単位は戦後復学者に倍数換算された。——（三）高校一六年入学、入試問題は全国共通となり平易の評しきり。同一八・九繰上げ卒業、大学在籍二ケ月で入隊。——（二）（三）の復学者は、（内地勤務からシベリア抑留まで）復員の時期が区々であり、従って大学卒業は二一・九より半年ごと、遅くは旧制末期のころにまで散布する。

この世代一般に、執念深い劣等意識の潜在を強調するのは、果して私ひとりの強弁に過ぎぬであろうか。

（『以文』第二九号／一九八六年一〇月）

外国人教師

清水純一

この春、人並に停年退官することとなって、自ずと想い出されるのは、この二十年余の文学部生活である。思いがけなくも私が広島大学から京都大学に転任して、イタリア文学の教鞭をとることになったのは、昭和四十三年のことであった。といえば、大学関係者ならば何方《どなた》も直ちに想い浮べられるように、あの大学紛争がまさに始まろうとする年である。御多聞に洩れず京大も、翌年一月から激しい紛争校の一つとなり、その渦の中に捲き込まれた私は、新任早々の右も左もよくわからぬ身のまま、その日その日の事態処理に翻弄されつづけたのであった。その結果、紛争の峠こそ数年中に越え去りはしたものの、傷痕は随所に残って燻りつづけ、まず私が京大生活で想い出すことといえば、「紛争」の二文字であり、そのなかであたふたと過してきた年月のことどもが、浮んでは消えるといった有様になってしまったのである。その上、大学が小康を取り戻した頃には、今度は私自身が心臓疾患で倒れ、入退院を繰り返す身となって、大学の仕事には意を尽せぬことばかり多く、同僚諸氏にはすっかりご迷惑をかけてしまった。そんなわけで、数年前には以文会長という重任を托されながら、何一つお役に立てぬまま服部先生に後仕末をしていただいたような始末で、これについても併せて改めて深くお詫び申し上げることをお宥し戴きたいと思う。

さて、自ずと浮び出てくる紛争の諸相については、諸先生方も処々で書きかつ語っておられるし、今更ここで私が屋上屋を重ねることも如何かと思われるので、私としては、私個人の身辺の講座に起った一つの変化を書き記しておきたいと思う。

それはイタリア文学の講座に専任の外国人講師が配属されたことにまつわる推移である。そもそも、仮にも大学という名を冠し、外国語文学研究の場として自他ともに目される場所で、その外国語を母国語とする（現役の母国が存在する場合だが）教員が一人もいないというのは、可笑しなことではないか。とりわけ、今日のように、地球的往来が日常茶飯事となった時代に、これはどう考えても不可解である。ところがそれが京都大学文学部の現実の姿なのである。文学部には専任の外国人教師がおかれているところは、数個の講座中仏文だけしかなかったのだが、伊文にも配分されることになったのである。

こんなことを書くのは、私が自分の講座の自慢をしたいためだなどと、万一にも思われる読者がおられるとしたら、とんでもないことで、真意は全くその逆である。いずれの講座も外国人教師はおきたいと切望しているし、その欠陥を補うために懸命の努力をつづけておられる。それにも拘わらず自講座の要求を我慢して伊文に外国人教師ポストを増設する計画に賛成して下さったことに対する感謝のためであり、また一日も早く同じ処置が他講座にも実現してほしいと願うためである。

この経過について以下に簡単に記しておきたい。それは私が学部長に選ばれた五十五年のことであった。ある日当時教務掛長をしていたS氏から思いがけぬ示唆を受けた。文学部の外国人教師のポストはどうしてこんなに少ないのだろう、どうにかして増設する方法はないものか、という私の疑問に対して、氏は特別申請という道があることを教えてくれたのである。つまり通例の講座要求以外に、特別枠として、外国人教師の必要性を直接文部省に申請する道である。事実他校や他学部では、この処置によって次々に外国人教師枠を増やしてきたというのである。それなのになぜか文学部では、そういう要求をしたことがないし、その上今は外貨使用のために文部省も積極的姿勢を示している時期だから、絶好のチャンスだという。私は直ちに氏のアドヴァイスにとびついた。

というのもとくに私にとっては、かねてから頭の痛い問題だったからである。そもそも講座に外国人教師がいるのといないのとでは、学生の学習に雲泥の差が生ずる。幸いにも、先任の野上〔素一〕教授の時代にはベンチヴェンニ神父が在洛されていて、非常勤講師として出講を続けて下さっていたので、何とか間に合せてこれたのだが、その頃には神父から出講を中止したいという申し出を受けていた。数年前から大阪外大に専任教授として招かれた神父は、住居も京都から箕面の方に遷されていて、停年も近づいておられたので、本務の他に京大まで出講されるのはさぞお辛いことであろうと察せられもしたし、そういう神父の意中もそれとなく耳にしていたので、申し出にはさして驚かなかったものの、いよいよ来るべきものが来たなという感じであった。とはいえさし当り困り果てた。当座は神父には無理をお願いして凌いだものの、それにも自ずと限度があった。他に非常勤を探そうにも、在洛のイタリア人は極めて少なく、それに何よりも名だたる非常勤の安手当では（これは一度でも経験のおありの方ならお分りであろう）適材を探すのも至難の業である。しかし一方で現実の国際交流は日増しに活溌化し、外国人教師の必要は不可欠である。それは私が講座主任に就任して以来の最大のピンチであった。

そこで何とか打開の道はないかと模索した私は、いろいろ苦慮したあげく、一種の非常措置をとることにした。それは京都産業大学とイタリア会館の協力をえて、京大の非常勤をも併せて何とか生活できるだけの資をうる一つのポストをでっち上げるという方策であった。そして、当時ナポリ大学の助教授で日本学を専攻しておられたポレーゼ氏が、渡日したいという希望をもっておられたことを幸いに、招聘し、非常勤講師となって戴き、一時を糊塗することができた。ところが数年経った頃、今度はポレーゼ先生に東京のイタリア文化会館から引抜きの口がかかった。何しろ東京の給与とこちらの手当とでは月とすっぽんで、留任をお願いする勇気もなく、ポレーゼ先生も東京に去られることとなってしまった。

完全なピンチに立たされた。S氏の提案に接したのはたまたまこういう状態に陥っていたときである。

しかし専任外国人教師のポストを申請するといっても、イタリア文学講座が独断で決定できるわけのものでもなく、他の講座とも充分に相談せねばならない。そこで早速、英・米・独・仏・中国・古典など外国語関係の教授の方々にお集まりいただいて、S氏の提案を説明し、いずれの講座要求とすべきかを検討した。前にも述べたように、各講座とも専任の外国人教師が欲しいのは山々である。かといって複数のポストを同時に要求したのでは文部省の承認がえられるはずがない。まず請求順位を決めねばならない。結局、他講座諸先生の寛容なご理解によって、講座の特殊性を考慮した上で、この度はイタリア語学イタリア文学講座が申請するという同意をうることができた。もっともその時の状勢判断では、逐次年を追うて一講座ずつ申請してゆけば、順々に承認されそうだという見通しであったのだが、いかなる理由か、この方法は一回限りで立消えになってしまった。おかげで他講座では未だに常勤外国人教師なしにやりくりしておられる有様で、心苦しい心境である。

こうして、翌年四月から、私たちの講座にイタリア人教師が加わることとなった。そのメリットは想像以上で、今ではこのポストなしには講座運営は考えられないほどである。まずジョバンニ・ペテルノッツリ、つづいてニコラ・サバレーゼ、アンナマリーア・オスカリーノの諸氏が、来日して我々の講座に交互に参加協力して下さることになったが、どの方も授業には極めて真面目で、学生たちも喜び、余所目にも学力の向上が目立つようになった。また人間関係も極めて潤滑に運んでいる。最近はよく国際協力ということばが使われるが、ここは一つのよきサンプルと言っても過言ではあるまい。それも一つには次々に立派な人材をえることができた幸運によるところも多いのであろうが、そのなかでも忘れられないのはペテルノッツリ氏をえたことであった。

先生はボローニャ大学の文学部で、フランス文学の助教授をしておられたのだが、日本の美術にはとくに関心が深く、そのために日本語も学ばれたというほどの方で、日本に対する関心はかねがね強いことを知っていたので、新設のポストに是非参加して戴きたいと思っていた。そして先生は私たちの招きに応じて来日して下さることとなった。実際に同僚として接した先生の人柄は、極めて魅力的で、一風変ったところはあったが、聡明で、何よりも人を愛する親切人であったので、学生からもニーノ、ニーノと慕われ、教室の空気も一変するほどであった。私たちが先生に感謝し、この新制度に感謝したことは言うまでもない。さらに先生の活動はイタリアに帰ってからもつづけられ、日本からイタリアに留学する学生たちは、専攻の者はもちろん他学部の学生まで、一方ならぬ面倒をおかけしている。一方先生も訪れる学生たちを少しも嫌がらずに受け容れられて、それこそ親身も及ばぬ世話をして下さっている。最近ではボローニャに日本研究協会を設立して、その活動の輪を一段と拡げておられるとも聞く。また再び渡日の機もあろう。ペテルノッリ先生を我々の講座に迎えたという一事だけをもっても、外国人教師ポストの効果は頗る大であるといえる。

それにつけてもこのポストがいまだに他の講座にまで認められないというのは、全く以て合点がいかない。この金余りといわれる時代に、かくも国際化が大声に叫ばれる時代に、文学部の外国語専攻の講座に専任の外国人教師が一人もいないというのは、アナクロニズム以外の何物でもあるまい。是非諸講座にもこの制度が承認される日が一日も早く来ることを祈るものである。

（『以文』第三一号／一九八八年一〇月）

京大文学部殺人事件

清水　茂

ある寒い朝であった。霜が降りていたように思う。いつものように百万遍の門からはいって陳列館の東北角のところで左にまがり、文学部の玄関からはいろうと東へ歩いて行くと、東館の北側で人だかりがしている。何があるのだろうと野次馬根性から覗いて見てびっくりした。一人の若いおとこが、はだかの人間の片足に縄をつけて引っ張って歩いている。それを二十人ぐらいが遠巻きに取り囲んで、おとこが一歩歩くと、その輪がそのまま一歩動く。輪の中から、「もう死んでいるぞ」という声が聞こえる。しばらくぼんやり見ていたが、わたくしを含めて、だれもどうしようともしないし、おとこの動きにつれて動く輪の中にいつまでもいるのもいやだったので、最初の予定にしたがって、文学部の方へもどり、玄関からはいろうとした。うしろで、救急車の音がしたから、野次馬以外に事件を連絡した人もいたらしい。

さて、文学部本館の玄関をはいろうとすると、血が流れており、端の壁の下に布切れが丸めこまれている。玄関の石段には、ものを引きずったあとがある。ここで事件が起こったことは推定できる。気味悪いのと、どこかで現場保存とか、事件に巻きこまれたくないという気持ちが働いて、玄関からはいるのをやめて、南側の通用口に回り、事務室の前から階段を上って二階を通り、講義室の階段を下りて、当時、階下の玄関の横にあった小川環樹先生の研究室（現在の西南アジア史研究室）へ大迂回して行った。いま、どういう用事であったか、思い出せないけれども、お目にかかる約束をしていたのだと思う。大迂回したことは、はっきり覚えているので、もし、小川先生の研究室へ行く必要がなければ、大迂回することはなかったろうからである。小川先生は、研究室で待っておられた。どうも、いまから考えると、野次馬の輪の中にいた時間だけ、約束より遅刻したのではないかと思う。

小川先生にお目にかかったとき、目撃したばかりのことは話さなかった。すぐそこの玄関に血が流れていることを話す気には到底なれなかったのである。だから、本来の用件にすぐはいって、しばらく話していると、勢いよくはいって来た人がある。やくざっぽい感じで、いったいなにかからまれるようなことでもしたかなと一瞬思ったが、名刺を小川先生に出したのを見れば、川端署の刑事であった。そこで型どおり、文学部玄関で行なわれた事件の聞き込みがなされたが、小川先生は、玄関でどんなふうなことが行なわれたかはもとより、なにがあったかさえご存じなかった。刑事の来訪に対してその理由がおわかりにならなかったように見受けられた。もし、事件をご存じであったら、研究室でわたくしを待っていらっしゃらなかったかも知れない。わたくしが、玄関の側の研究室にいて、人を待つときに、こうした事件の発生を知ったら、野次馬の仲間にはいるか、はいらなくても、気味が悪くて研究室にじっとしていられなかったに違いない。刑事の去ったあと、始めて小川先生に目撃したことを伝えた。小川先生は、そこで、刑事の訪問の理由がおわかりになったようであった。

新聞によれば、ある卒業生が、文学部玄関で仏像を凶器にして母を撲殺し、はだかにして引きずり歩いたとのこと、その卒業生もやがて拘置所で自殺した。玄関の壁の下にあった布きれのかたまりは、殺された母の着物であった。玄関の石段に印せられた人を引きずったあとは、事件を知らない人には気づかれなかったかも知れないが、かなり長く残っていた。

わたくしの見た場所は、東館の北側であったが、その辺の様子は、今とだいぶ違う。東館は三階までしかなかったし、史学科の書庫となっている場所に、第一講義室という木造平屋建ての大きな教室があり、学生大会などはそこで開かれることになっていた。東館の北側というより第一講義室の北側という方が正確かも知れない。また、文学部の向かい側の工学部の建物も赤煉瓦の低いものであった。もっと変わったのは、道であって、舗装されていない土の道で、自動車など一台も置いてなかったし、両側は今も一部残っているように芝生であった。それだからこそ、その道をおとこが遺体に縄をつけてひっぱって行けたのである。そして、二十人ほどの野次馬が、おとこを中心に輪を作って、その形のままに移動できたのである。今のように、文学部玄関の前の道から北側の道に出るところの車止の間の細い歩行者通路でさえも、そこに車が置かれて、乗り越えるか、迂回するかせねばならぬ情況では、遺体をひっぱって行けるはずがない。辛うじてひっぱって行けたにしても、両側にずらりと並ぶ車のために、野次馬は遠巻に輪を作って、その形を崩さず移動などとてもできない。読者は、全学が駐車場と化してしまっている現実から車を消して想像していただきたい。事件は惨ましいものであったけれども、キャンパスは学問をするにふさわしい環境を存していた。

この事件は、一九五一年から五二年にかけての冬のことで、殺人現場が文学部であったのは、希有のことであった。しかし、そのすこし前には、学内ではなく、自宅で行なわれたことではあったが、男子学生が女子学生を殺す事件があった。新聞報道によれば、わたくしの見た事件も、この事件も、自己の主体性を確立するために、自己を拘束するものを消したということであった、と記憶する。愛するものが、愛する故に、自己を拘束する。自己はその拘束から自由になりたい故に、愛するものを消す。愛は愛執となり、悟道の妨げとなる故に断ち切らねばならぬ。西行は、出家するとき、最愛の四歳のむすめがまつわりつくのを蹴飛ばしたという。母も女子学生も、加害者にとっては、もっとも愛する対象であったと思われる。それ故に、加害者は自己の主体性確立の犠牲にしたのであろう。母を撲殺する凶器として仏像が使用されたのは、象徴的である。しかし、今度は他の人を犠牲にしたという行為そのものが拘束となり、やはり、自己の主体性は確立されない。結局は、主体性のないまま、世を流されて行くか、自殺によって自己を拘束するものから解放されるほかない。

一九四五年の敗戦以後、めいめいは自己の主体性を求めるのにひどく熱心であったように思う。戦時中は、「ひとを千人ころしてんや、しからば往生は一定すべし」とのおおせを受け、往生を願って何千何万のひとを殺して来た日本人が、阿弥陀さまはひとで、往生はあてにならぬと知ったとき、もはや、他力本願でなく、自己の主体性で悟道を求めるほかないと経験で知ったのである。

それとともに、戦中戦後は、「ひとを千人ころし」たり、ころされたりしたために、死が身近であった。徴兵検査を敗戦の年に受けた昭和二十年兵で、いわゆる「勲章九連隊」区所属のおかげであろうか、八月十五日まで入隊通知が来なかったわたくしは、ころす方には廻らなかったが、その年八月六日、広島市郊外にいたので、ころされたひとびとは、十分に見過ぎるほど見た。

ころされるのは、戦争だけではなかった。戦後は、食糧不足と医療不備で、病気による犠牲者がつぎつぎと世を去った。わたくしの同級生では、戦争犠牲者はそれほど多くないが、一九四五年から五〇年までのあいだに結核でなくなったものがかなりある。発疹チフスが流行して、その媒介をするシラミを駆除するといってＤＤＴを頭からふりかけられ、まっしろになったのもこのころであった。

このような時代では、ついこのあいだ元気に話していたのが、きょうは、むくろになって横たわっているというのが珍らしくなかった。死がすぐ隣まで来ている感じで、恐いというよりも、親近感があった。そして、それは厳粛なものであった。一九五五年を過ぎて、だんだんすべてが復興して来ると、死は次第に遠退いて、恐ろしく感ぜられるようになった。いま、テレビでは、毎日のように殺人が演ぜられているが、戦争と同じく他人事とはっきり意識しているからこそ見られるので、現実として隣り合わせていると、極めて厳粛なもので、こわいもの見たさの興味本位になされるものではない。

文学部の殺人事件は、一九四五年から五五年のあいだに起こった。自己の主体性を求める時代で、しかも死に親近感があった時代であった。それだからこそ、自己の主体性を求めて殺人が行なわれたように思われる。六八年からの大学紛争も、学生諸君からすれば、主体性を求めようとした運動であった。新しい阿弥陀さまを信じ、往生を求めてひとをころすことはなかったわけではないけれども、個人の主体性を確立しようとしてひとをころすことはなかった。文学部は、激烈な闘争の場とはなったが、遂に殺人は行なわれなかった。死は、遠くて恐ろしいものとなっていた。

（『以文』第三三号／一九九〇年一〇月）

新制京都大学文学部の終焉

中川久定

一九七五（昭和五〇）年五月八日付の文学部教授会議事録によりますと、その日「大学院文学研究科の改革構想について」と題する報告書が、藤澤令夫教授を学部長とする教授会に提出され、第二委員会（学部・大学院の教育制度の問題を扱う組織）の前委員長服部正明教授からこの報告書について詳しい説明がなされた、とのことであります。服部報告書は、学部に基礎をもたない独立研究科案などを含む、先駆的な改革構想でありましたが、そこには、当時の文学部・文学研究科の現状に触れた、次のようなことばが見いだされます。

「学部・大学院両課程にわたる多数の専攻学生をもつことによって、教官は年度間を通じて諸種の雑務に追われ、研究・教育に専念し得る時間をほとんど持つことができない。この状態を放置することは、わが国の研究水準の低下に連なること必定である。」このことばが書かれてから一昨年まで、一五年の長期にわたって、事態はそのままに推移していきました。そして、やっと昨年、すなわち一九九一（平成三）年の本誌の巻頭に、当時の文学部長（現附属図書館長）朝尾直弘教授は、こう記されました。「世間の風からはおよそかけ離れたところにあるかにみえる文学部にも、大学改革の季節が訪れようとしている」と。それからまた一年、現在の文学部は、真向から吹きつけてくる激しい改革の季節風のなかに立たされています。

京都大学教養部と学内諸研究所、センターの教官の参画によって独立大学院、人間・環境学研究科（人間・環境学専攻）が開設されたのは、昨年の四月からでありましたが、この秋からは、教養部それ自体が消滅し、教養部を母胎とするまったく新しい学部、総合人間学部が成立します。今後の一般教育は、この新設学部が責任部局となり、学内の既存諸学部、研究所、センターが総合人間学部と協力する形で実施されることになっています。その際の具体的諸問題を検討するために、全学的な委員会である京都大学教育課程等特別委員会カリキュラム等検討専門部会のほか、文学部内でも一般教育問題委員会が組織され、既存の第二委員会と協力しながら、すでに活発な作業を行っています。

けれども、文学部が現在直面している最大の課題は、なによりもまず、大学院文学研究科の改組の問題でありましょう。文学部では、新制大学院が設立されて以来、今日にいたるまでずっと、学部と大学院とを密接に結びつけた、七年制一貫教育ともいうべきカリキュラムをとり続けてきました。しかし、このようなシステムのもとにおいても、博士課程教育の重要性の比重が次第に高まってきています。それは単に、博士課程の学生の充足率の上昇、学内外の博士課程学修認定者からなる研修員の受入数の増加といった、量的問題を指すだけではありません。より内実的な問題、すなわち各講座における基礎的訓練領域の拡大、独創的研究に対する内外の要求、国際的学界への寄与に関する内外の要請といった諸条件が、博士課程教育の高度化を緊急の課題としているからです。

さらにまた、本学と交流協定を結んでいる外国諸大学大学院から、あるいはそれ以外の外国諸高等教育機関大学院から、本大学院文学研究科博士課程に留学を希望する者の数も増加の傾向をたどる一方です。文学研究科に研究の場を求めて来日する外国人学者の関心の対象も、もはやかつてのごとく日本学、東洋学といった領域だけにとどまらず、その他の諸分野にもあまねく及び始めています。このような新しい諸条件に対して、現在の体制のままでは、ほとんど対応不可能な状況に追い込まれてしまっている、というのが文学部の実情です。

したがって文学部は、これまで維持してきた制度、すなわち学部に博士講座を置き、学部の教官が大学院教育を兼担するという形態を改め、大学院文学研究科を教官の第一所属として、大学院教育に重点を移すよう、現在の教育・研究システムを改組することを計画しています。学部教育は、大学院専属教官によって兼担されます。改組のための作業グループとして、文学部再編計画委員会が本年四月からすでに活動を開始しました。

一七年前、服部報告書に謳われた改革構想が、こうしてようやく日の目を見ることになったわけです。

京都大学全体として見てみますと、本年四月、まず法学部が大学院重点化の先鞭をつけました。来年四月には、工学部、医学部がそれに続くものと予想されています。文学部の再編計画がもし支障なく立案され、それに基づく再来年度の概算要求が文部省に認められれば、一九九四（平成六）年四月から、文学部はまったく新しい組織として生まれ変わることになるでありましょう。

日本の大学が聖域視されなくなってから、すでに久しくなりますが、にもかかわらず、大学内部の実情が、外部の目にさらされることはこれまでほとんどありませんでした。けれども、このような状況も終わろうとしています。東京大学を例にとれば、教養学部が『駒場一九九一　東京大学教養学部』を、文学部が『東京大学文学部研究・教育年報（一九九〇―一九九一）』を、それぞれ先学年度末に刊行して、両者の教育・研究活動のありのままの姿を外部に公開しました。京都大学でも、朝尾教授を委員長とする全学的委員会、すなわち京都大学教育課程等特別委員会自己評価等調査検討専門部会が組織され、京都大学全体としての自己点検・評価に関する問題が、これまで詳しく検討されてきました。文学部内でもそれと並行して、水垣渉評議員を委員長とする文学部自己評価等検討小委員会が作業に入り、すでにその結論をまとめ終わっています。文学部が、その活動の全貌に関する報告書を公刊する日も遠くないはずです。

文学部が現在直面させられている問題は、それだけにとどまりません。先に列挙したもののほかに、それらに勝るとも劣らぬ緊急性をもった懸案事項がひとつあります。すなわち文学部校舎の改築問題です。週刊誌『アエラ』（一九九二年二月四日号）でとりあげられましたので、ご存知の方も多いことと思いますが、一九二三—二四（大正一二—一三）年の建造部分を含む文学部本館のなかでは、一番荷重のかかる文学科書庫の床に、随所で深い亀裂が入っています。書庫の床の崩落を防ぐために、図書の一部を梱包して付属図書館に、別の一部を教官研究室に、それぞれ疎開させざるをえませんでした。その後、文学部本館は、文部省の調査をへて、危険建造物に指定されるにいたりました。東館もまた今では、一九三七（昭和一二）年に作られた老朽部分と、その後一九六四（昭和三九）年以降に建て増しされた劣弱箇所との欠陥の多い複合体でしかありません。したがって、本館・東館の取り壊し、新校舎の建築が、これまた緊急の課題として浮かび上がってきました。

ただ、すでに過密化している京都大学本部構内における取り壊し・新築の計画は、たとえそれが文学部のみにかかわる事柄であっても、もはや当該学部だけで勝手に処理できる問題ではなくなっています。そこで、この重要課題の解決をめぐって、一方では、文学部を中心に、教育学部、法学部、経済学部、経済研究所の五部局によって編成された人文系施設整備に関する打合せ会が、他方では、文学部内に以前から組織されていた増改築計画委員会が、それぞれの側から、解決すべき諸問題の具体的検討に入り始めました。

このようにして、文学部と京都大学全体とが、大きな激動期に突入することになったのですが、この激動は当分の間収まりそうにもありません。交通規制も始まりました。これまで無秩序のまま野放しになっていた京都大学構内の自動車、バイクの通行・駐車問題に関しては、病院地区、北部構内ですでに開始された交通規制に続いて、本部構内でも、本部構内交通問題検討委員会の報告に基づいて、間もなく規制が実施される予定です。また、京都大学創立百周年記念事業の中心として、一九九七年には、大学構内に京大シアターと称する大きな建物も作られる予定です。シアターの建築計画をめぐっては、京都大学創立百周年記念施設建設委員会（特にその構想専門委員会）において、すでになん度も活発な論議がかわされてきました。

一九四九（昭和二四）年、新制大学発足と同時に、私は京都大学文学部の教養課程に入学し、学部で一年道草を食ったのち、一九五四（昭和二九）年、成立してやっと二年目を迎えたばかりの大学院文学研究科に入学しました。私が知っていた、あの新制京都大学文学部は、本年秋の教養部の解体とともに、終わりの始まりに入り、間もなく実現するはずの大学院文学研究科の重点化とともに、終わりの終わりを迎えることになるでしょう。

天井の高い、古びた文学部長室の東壁面の上、南寄りのところに、ずっと以前から一枚の絵がかけられています。自由主義的プロテスタンティズムの立場に立つキリスト教史の研究者、ベルリン大学教授アドルフ・フォン・ハルナックの弟子だった、神学博士三浦アンナ夫人の手になる縦五号の油絵です。私が学生だった頃、当時ドイツ語学ドイツ文学講座の講師であった、深い灰色の目をした三浦夫人の風貌には、文学科閲覧室や廊下で、折にふれて接する機会がありました。故谷友幸名誉教授が文学部長をなさっていた頃、事実上の文学部長室でありながら、なぜか名誉教授室と表示されていたこの部屋に、用事で呼ばれたことがありました。初めて入ったこの部屋で、用談の間じっとこの絵に目を凝らしている私に向かって、作者の名前を教えて下さったのが谷先生でした。決してうまい絵とはいえません。明らかに素人の絵、しかしなんと深い絵でしょう。

画面やや下のほう、灰色がかった黄土色の塀が、横に、少し斜右上に向かって延びています。塀の手前、中央から右にかけて、黄色い葉をつけた木が真っすぐに三本、左側には松の木が二本（左に傾いたY字型のと、その左に比較的真っすぐのと）、塀の向こうには茶色と黄色の葉の繁みをもつ高い木々が画面中央を占め、その右横には、幹を高々と上に伸ばした松。画面上部、左背景三分の一を覆う濃紺の空は、暗く不吉な予兆をはらんでいるのに、右手の空は、月の光のせいか、それとも月の光を背後から受けた雲のせいか、明るく輝いています。

画面の下一杯に、こちらから塀に向かって黄色っぽい道が大きく広がっているのですが、その道は、塀にそってなだらかに右に湾曲しながら、斜めに、右上がりに延びていっています。画面下、道の中央やや右寄りには、黄色のまざった茶色の人影が二つ。二人は後ろ姿だけを見せてゆっくりと歩いています。あとの人物の左半身が、前をゆく人物の背中のちょうど右三分の一を隠し、大きく伸ばしたあとのひとの左腕は、前のひとを腕の外側から、柔らかく包んでいます。腰に手をまわすのではなくて、腕の外からゆっくりと抱きかかえているところが、後ろを歩いている人物の、前のひとに対するいたわりと優しさをはっきり感じさせます。二人は、小さな兄と妹のようにも見え、あるいは老夫婦のようにも見え、あるいは苦しい状況を互いにいたわりあって生きている若い夫婦か、恋人同士のようにも思われます。

すでに私は年老い、これまで続いてきた新制京都大学文学部・文学研究科の消滅とともにどこかへ去っていく人間です。どこへ。いうまでもありません。あの黄色い道を、二人のあとについていくのです。いや、ひょっとすると、この文章を書いている人間は、あの二人のうちのどちらかで、本当の私は、あの静まりかえった黄色っぽい道を、もうずっと以前から歩き続けていたのかもしれません。

（『以文』第三五号／一九九二年一〇月）

京大生活事始め

岩倉 具忠

昭和五十年の五月文学部に赴任した直後に味わったような晴れやかな気分は、今までの人生のなかでも数えるほどであったろう。東京という猥雑な大都会から離れたこと、退屈な役所仕事の束縛から解放されたこと、五月晴れの京都の空、これから専心できるであろう研究への意欲と期待感、そんなものが全部一緒になって、気分の高揚に相乗的効果をあげたのだろう。あの頃の幸福感は、生涯忘れることができない。

大学生活がまさに初めての経験であり、大学の現状をまるで心得ていなかった私は、戦乱の余燼になお悩まされていた同僚の目から見ればまさに異邦人であったにちがいない。着任が五月という例外的な時期であったため、次の年の秋まで第一委員の役をも免れたのである。そのおかげで私の幸福感は、すぐには消えずにすんだ。

研究室は野田又夫先生の後をいただいた。北向きで陰気ではあったが、よくいえば時代の重みのやや感じられる部屋であった。まだ東京から送った本が届いていなかったので、机に向かって見ても索漠とした趣きであった。至誠堂に立ち寄ってどういうわけか『七十人訳旧約聖書』Septuaginta を買って帰った。研究室を覗きに来た当時助手であった北川さんに「本が飾りもののように置いてありますね」といわれたのが妙に忘れられない。

そうこうするうちに主任の清水純一先生から学内の学生の動きをつぶさに研究するように、また授業中の差別的発言にはくれぐれも注意するように、特に名指しである共闘の女子学生のまえでは、話を政治に向けないようになど懇切な指導をいただいた。おそるおそる初めての授業にのぞんだが、その有名な女子学生の姿が見えず、胸をなでおろすと同時に、少々がっかりした。その女子学生は、闘争で多忙だったためか、一年目は一度も授業に出てこなかった。対面の栄に浴したのは、次の年のことであった。

また初めて出席した教授会のあとで大地原〔豊、梵語梵文学〕先生に研究室に連れ込まれ、約三時間にわたる「紛争の歴史と戦後の対応」について懇切きわまりないご講義をいただいた。後から考えるとこのご講義は、無知な私がとてつもないヘマをやらかさないようにと、心配なさった清水先生の親心からのさしがねであったらしいということがわかったのである。

翌年の秋になると委員長佐竹〔昭廣、国文学〕先生のもとで第一委員を拝命した。そのころには着任当座酔いしれていた幸福感はどこかへ行ってしまっていた。毎日自由な時間がたっぷりある生活の有り難みもいつしか消え、それがなにか当然のことのような気がした。慣れとは恐ろしいものである。

学部長との団交が深夜に及ぶことがあった。新米の第一委員は、学友会への回答書の文案を持って援軍の梶山先生のところへ駆けつけた。先生は回答書を一読なさるなり「きたない字だな。誰が書いたんだ」とおっしゃる。「学部長ですが」と申し上げると、「いやいけない！」と苦笑なさった。その時の学部長は、山田晶先生である。

たしかそのころ清水先生は学科代表になられ、学内でできなくなった打ち合わせ会の場所探しや、打ち合わせ会での食事の世話までこまめに気を配っていらっしゃった。下にいる者として当然お手伝いをしなければならなかったのであるが、不器用な私には、どこで手を出してよいかわからず、おろおろと気をもむばかりであった。はたして風の便りに「公家さんは気がきかない」という大地原先生のコメントが私の耳にも届いた。すっかり恐縮すると同時に、有職故実には縁もゆかりもない近代人と自負する私がなんで今時公家呼ばわりされなければならないのかとひそかに憮然としたものだ。

その穴埋めというわけではないが、その当時たえず移動した教授会の会場へは、清水先生を必ず車でお送りした。先生はウチにはカー付きの助教授がいるといわぬばかりに、三々五々道行く先生方を次々と車に誘われた。一度などはすでに満杯のところをもう一人誘われたので、「見つかると警察がうるさいので」といってやっとお断りした。ともかく教授会の度ごとに老教授方を満載したタクシーの運転手を拝命する次第となった。

当時の入学試験は大学が使えず、京都予備校を何度か試験場にした。また必ず教員がペアーで前の日から試験場に泊まり込まなければならなかった。昭和五十三年度の入試は、たしか教養部で行われたが、私は柿崎先生と宿直することになった。八時ころになると「そろそろ見回りに出かけましょうか」とおっしゃる柿崎先生のあとに恭しくつき従って、試験場をひとわたり見て歩いた。要するに爆弾のような危険物がないかどうかを探るというわけなのだ。先生は一部屋ずつしごく几帳面に探索なさり、一巡するごとに「異常なし」と叫ばれた。

さてこの謹厳な先生と一夜を過ごすにはどうすればよいかと途方に暮れた。はやばやと床につくしか手はないかと思案していると、先生はにこにこなさりながらおもむろにカバンのなかからウィスキーの角瓶を引っ張り出して、「ひとつこれをやりましょう」とおっしゃるのだ。学内のよもやま話から先生の生い立ち、ご研究のことなど次々と話は尽きず、十二時過ぎまで飲み明かすことになった。これもまた紛争の余燼のポジティブな産物であり、今となっては懐かしい思い出である。

だいぶ後のことになるが、入試のおりにペアーでもう一度宿直したことがある。その時おつき合いしたのは、山本〔耕平、中世哲学史〕先生であった。今度は私がひそかにワインを一本用意しておいた。ワインを酌み交わしながら、雑談するうちに共通の話題が次から次へと出て夜の更けるのも忘れるほどであった。確かそのときの話の弾みで私の重用していたイタリアの本屋をご紹介することになり、山本先生はその本屋に本の発注を始められた。ところがしばらくして先生は、発注した覚えのないイスラム関係の大量の書物の請求書をその本屋から受け取られ、困惑の体で相談に来られた。何しろ私の紹介さえなければ起こらなかったことなので責任を感じ、早速調査してみると京都産業大学の講師でイスラムの科学史を専門とする山本先生が別の発注主として浮上した。とんだ山本違いであったわけだ。イタリアの本屋にしてみれば、数少ない日本からの注文主のなかに同姓が二人あるとは思いもよらなかったのであろう。

役所務めのあいだ頭に描きながら、なかなか実現できなかった数々の研究のプランを着々と実行に移せたことも嬉しかった。そのひとつはイタリア語をはじめて文学の言葉にまで高めたといわれる「シチリア派」の詩の研究であった。早速「シチリア派」の作品を大学院の授業に取り上げた。実際に一つ一つの作品に当たってみると、解釈には幾多の問題があり、講義のために文字通り一週間の準備が必要であった。そのお蔭で多くのことを学ぶことができた。私が京都大学の文学部にもっとも恩恵をこうむり、また感謝している点は、まさに教育と研究の両立を可能にする環境をつねに提供されたことである。その意味で難解なテキストの解釈に忍耐強くつき合ってくれた学生諸君には、感謝してもし切れないほどである。

現代言語学や記号論の理論を借りてシチリア派の詩とその言語を分析しようとひねくり回しては見たが、行きづまってしまった。その時シチリア派の興隆から七・八十年を経たころ、ダンテがすでにその『俗語詩論』でこの流派の特長を見事に分析して見せていることを発見した。ダンテはシチリア派の成立の要因をその政治的・文化的背景に求め、フェデリーコ二世のパレルモ宮廷のきわめてコスモポリタンな傾向からシチリア派の詩語の超地方的性格を位置付けたのである。そしてこのフェデリーコ帝の宮廷を文学的創作の理想的環境とみなしている。

イタリア語の形成に興味を持ち、最初の文学語を生み出したシチリア派の言語を研究するうちに、いつの間にかダンテにたどり着くことになってしまったのだ。ダンテのような大物は、古今の天才たちが研究しつくしていて、駆け出しの異国の研究者には歯が立たないものと敬遠していた私は、大いに悩み躊躇した。ある日教授会のあとで主任の清水先生の研究室で先生と雑談を交わすうちに、ふとこの悩みを漏らすと先生は、間髪を入れずに「ぜひダンテをやってください。岩倉さんがやらなければ誰がやりますか」という励ましの言葉が返ってきた。励ましというよりは、むしろ挑発的な、けしかけるような調子であった。そのほかにも赤面するような殺し文句が並べられた。その時の清水先生の励ましのお言葉がなかったら、憂いもなくダンテに取り組み、ついにのめり込むことにはならなかったであろうと今でも思っている。きっと清水先生はなまけ者の私を見るに見かねて、こうした刺激的な言葉で奮起させようとなさったのであろう。先生は教育者としてもきわめて優れた才能をお持ちだった。同様な手口で先生は幾多の学生を籠絡し、隠れた能力を抽き出されたのである。

その後『俗語詩論』の翻訳と注解の仕事に取りかかったが完成までに思わぬ時間を要した。仕事は遅々として進まなかったが、多方面の分野に道草をしながら多くのことを学んだ。実に充実した楽しい時間を過ごすことができた。その後の仕事では苦労ばかり多く、二度とこのような恵まれた時を持つことはなかった。

これが私の京大生活事始めの五年間のできごとである。

（『以文』第四〇号／一九九七年一〇月）

編集後記

「京大以文会」は、京都大学文学部（および大学院文学研究科）の同窓会である。来年には百周年を迎える学部の組織であるから、会員数は一万人を越える。しかし、これまではごく大らかに運営されてきたから、卒業生でもその存在を忘れている人のほうが多いのではないかとも思われる。前身の「京大倶楽部」が作られたのは、一九三四（昭和九）年のことだったが、第二次大戦中に活動が途絶えていた。戦後、新制国立大学としての歩みがようやく安定を得た五〇年代に入ると、再興の声が上がり、一九五五（昭和三〇）年春に現在の名称で新発足した。京大以文会としては、今年が創立五〇周年に当たる。

この間、地道に続けられてきた活動の一つが、年会誌『以文』の発行である。第一号から第三号までの『会報』につづいて、『以文』と改称され雑誌形式となった最初の号（第四号）が出たのは、創立四年目の一九五九（昭和三四）年だった。以来、昨秋（二〇〇四年）までで第四七号に達している。当初はなお会報的な色合いのものであったが、しだいに充実度を増すとともに、むしろ多彩なエッセーが大きな部分を占めるようになってきている。執筆者としては、本学部の教員が多数であるとはいえ、顔ぶれにかなり多様な広がりもある。全号を通観してみて、その内容の豊富さに引かれるとともに、多くの文章が京都大学文学部を中心とする大学の歴史を鮮明に映し出していることに、あらためて気づかされた。そこで理事会にはかり、創立五〇周年の記念事業の一環として、それらを編集してエッセー集にまとめることを決めた。

もっとも、エッセーとして数えられるもの、すでに三〇〇編近くに及ぶそのすべてを一本にすることはできない。ひとまず『文学部今昔』を表題として、ここに六七編を採録した。これらは、歴代教授が停年退官にあたって寄せられた文章を中心として、いずれも文学部内外の出来事や往古の学術的情景を、とりわけ色濃く伝えてくれるものである。初期に書かれたものにおいて回顧された時代は、ほぼ学部創設のころにまで及んでおり、全体としては、期せずして京大文学部百年の、文字によるアルバムとなっている、と言うことができよう。しかもその内容は、単に一学部の歴史記録にとどまらず、学問的世界のありようについて、今日なお裨益するところの多い示唆を、静かに語りかけてくれるのではないだろうか。

本書は、シリーズ『以文会友』の第一冊にあたるものである。このほかの多数のエッセーも、順次取り纏めていく計画である。なお、採録対象範囲は、世紀を画する（といっても、さほど本質的な意味はないが）二〇〇〇年発行の『以文』第四三号までとした。

ちなみに、「以文会」の名は『論語（顔淵篇）』にある「以文会友」（文を以て友と会す）を典拠とする。まさに文学の考究者の集いを表わした四字である。本書もまた、その端的な語句をそのまま借用して、タイトルに冠することとした。

編集後記

各エッセーの採録は必ずしも本誌初出のままとせず、執筆者によるその後の加筆や訂正があった場合には、それに従った。ただし、すでに物故された方々も多く、われわれの調べが行き届かなかったケースも残されているかもしれない。偏にご海容を乞うのみである。編集に当たったのは、気多雅子（哲学・宗教学、教授）、中砂明徳（東洋史学、助教授）、木田章義（国語学国文学、教授）の三氏と内山（哲学・宗教学、教授）である。とくに中砂さんには、校正や索引などの取り纏めについて、尽力いただいた。とはいえ限られた、しかも多忙な時間の中での作業とて、内山がやや独走的に対処した場合も多い。不備あらば、それらはすべてこの専断者の負うべきものである。出版を引き受けていただいた京都大学学術出版会、とりわけ本書の編集を担当していただいた小野利家氏に厚く謝意を表したい。

二〇〇五年三月

京大以文会理事長　内山勝利

人名索引

本索引には京都帝国大学・京都大学に在職した者のみを収録した。括弧内には生没年と専攻、もしくは学部名を記した。専攻のみ記した者は、文科大学・文学部に在職した者である。

ア行

赤松俊秀(1907－79　国史)　208
朝尾直弘(1931－　国史)　242,246,281,407,409
足利惇氏(1901－83　梵文)　40,43,90,91
足立文太郎(1865－1945　医学部)　158
安部健夫(1903－59　人文研)　212
天野貞祐(1884－1980　哲学→倫理)　24,35,66,197,198,357
天野元之助(1901－80　人文研)　255,256
荒木寅三郎(1866－1942　医学部　総長)　168～72,325～27,366
有賀鐵太郎(1899－1977　基督教)　61
有光教一(1907－　考古)　273,276,277
石田憲次(1890－1979　英文)　30,372,377～79
石橋五郎(1877－1946　地理)　160,176
井島勉(1908－78　美学)　74,83
泉井久之助(1905－83　言語)　73,74,339,349,359,362～64,384
井上清(1913－2001　人文研)　256,257
井上智勇(1906－84　西洋史)　196,199,276
井上吉之(1896－1974　教養部)　115
伊吹武彦(1901－82　仏文)　339
今津晃(1917－2003　現代史)　87,191,199,256,257
今西錦司(1902－92　人文研)　255,256
今西龍(1875－1932　東洋史)　142,143,145,146,148,149,152,153,216,217
岩井勝二郎(1886－1937　心理)　42
植田寿蔵(1886－1973　美学)　36,37,38,66,144,147,162,386
上田泰治(1918－92　教養部)　62
上田敏(1874－1916　英文)　319,354,371～73
上野照夫(1907－76　美学)　351
植村清之助(1886－1928　西洋史)　144
臼井二尚(1900－91　社会)　66
内田銀蔵(1872－1919　国史)　5,104,136,144,147,148,157,161,194
梅原末治(1893－1983　考古)　185,187,188,196,212,214,232,275,288～90,367
大地原豊(1923－91　梵文)　415,416
大山喬平(1933－　国史・日本史)　87,246
大山定一(1904－74　独文)　339,359
岡田良平(1864－1934　総長)　107
小川琢治(1870－1941　地理→理学部)　140,142,143,145,146,148,150,151,152,154,157,159,160,173,176,177,214,351,352
小川環樹(1910－93　中文)　360,401,402

小島祐馬(1881－1966　支那哲学史)　6,49,66,129,176,197
織田武雄(1907－　地理)　171,186,187
織田萬(1868－1945　法学部)　168～73
越智武臣(1923－　西洋史)　109
落合太郎(1886－1969　仏文→言語)　204,338,339,349,355～59,384,385
小野山節(1931－　考古)　87
沢瀉久孝(1890－1968　国文)　192

カ行

貝塚茂樹(1904－87　人文研)　176,286,290
柿崎祐一(1915－94　心理)　42,417
笠原光興(1861－1913　医学部)　171
梶山雄一(1925－2004　仏教)　81,416
柏祐賢(1907－　農学部)　30
狩野亨吉(1865－1942　倫理)　320～23
狩野直喜(君山，1868－1947　支那文)　140,168～71,173,176,177,212,218,219,306,307,341
鎌田元一(1947－　国史・日本史)　241,246
河上肇(1879－1946　経済学部)　34
川崎清(1932－　工学部)　229
菊池大麓(1855－1917　総長)　104,105,139
岸俊男(1920－87　国史)　230
喜田貞吉(1871－1939　国史)　124,136,139～42,144,146,148,149,150,157,158～61,161,268,269,367
木下広次(1851－1910　総長)　231,262,265,269～71
木村作治郎(1901－84　教養部)　116
木村素衛(1895－1946　教育)　66,67,72
木村廉(1893－1983　医学部)　172
清野謙次(1885－1955　医学部)　185
九鬼周造(1888－1941　哲学)　33,66,198,304～06
倉石武四郎(1897－1975　中文)　123,176,177,218,219,343
クラーク，エドワード(1874－1934　英文)　342,371,377
倉田淳之助(1901－86　人文研)　247
厨川辰夫(白村，1880－1923　英文)　300,316～18,347,371
黒田正利(1890－1973　伊文)　347,349
桑木厳翼(1874－1946　哲学)　4,5
桑原隲蔵(1871－1931　東洋史)　151,172,194,216,217,247,249～53
桑原武夫(1904－88　人文研)　247,249,255,339,357
高坂正顕(1900－69　人文研)　39
幸田露伴(1867－1947　国文)　322
後藤敏夫(1915－92　教養部)　331
小西重直(1875－1948　教育　総長)　49,174,362,363,371
小葉田淳(1905－2001　国史)　180,207,208
小早川欣吾(1900－44　法学部)　128,129
小牧實繁(1898－1980　地理)　186,187

サ行

佐伯富(1910－　東洋史)　249,286
榊亮三郎(1872－1946　梵文)　5,6,149,308,311～13
坂口昂(1872－1928　西洋史)　5,144,145,149,151,160,194,214,347

佐竹昭廣(1927－　国文)　415
佐藤幸治(1905－71　教育学部)　68
佐藤長(1914－　東洋史)　36,82,83,
184,286
沢田敏男(1919－　工学部　総長)　264
沢村専太郎(1884－1930　美学)　214
重澤俊郎(1906－90　中国哲学史)　83,
129
下程勇吉(1904－98　教育学部)　68,69
島田虔次(1917－2000　東洋史)　196,
199,257
島田貞彦(1889－1946　考古)　143,
145,146,149,153,155,157,162,
210
島文次郎(1871－1945　英文)　371
島芳夫(1902－85　倫理)　386
清水茂(1925－　中文)　81,87
清水純一(1924－88　伊文)　80,87,
415,416,419
清水善三(1931－　美学)　87
清水盛光(1904－99　人文研)　255,256
新城新蔵(1873－1938　理学部　総長)
176
新村出(1876－1967　言語)　151,176,
214,302,347,362,371,384
水津一朗(1923－96　地理)　187,230
末永俊郎(1921－　教育学部)　42
鈴木成高(1907－88　西洋史)　196,198
鈴木虎雄(1878－1963　支那文)　173,
176,371
鈴木文太郎(1864－1921　医学部)　158
園正造(1886－1969　理学部)　367

タ行

高瀬武次郎(1868－1950　支那哲学史)
176
高田三郎(1902－94　哲学)　43
高安国世(1913－84　教養部)　384
高山岩男(1905－93　哲学)　39,66,198
滝川幸辰(1891－1962　法学部　総長)
12,49,108,129,174,361
太宰施門(1889－1974　仏文)　355～59
田中喬(1934－　工学部，教養部)　229
田中秀央(1886－1974　西洋古典)
204,311,312,349,362,384～86
田中美知太郎(1902－85　哲学)　81,82
棚瀬襄爾(1910－64　社会)　81
田辺元(1885－1962　哲学)　8,24,32,
34,39,61,66,72,75,76,78,79,
198,298～300,356
谷川道雄(1925－　東洋史)　261,263,
264,265,269
谷友幸(1911－81　独文)　84,384,412
田伏岩夫(1933－87　工学部)　283,284
田村実造(1904－99　東洋史)　286
近重真澄(物庵，1870－1941　理学部)
173
塚本善隆(1898－1980　人文研)　176,
218
辻村公一(1922－　哲学)　62,63,64,84
寺本英(1925－96　理学部)　264
筧田知義(1926－　教養部)　68
時野谷常三郎(1881－1942　西洋史)
196
富岡謙蔵(1873－1918　東洋史)　140,
145,149,154,161
朝永三十郎(1871－1951　哲学)　4,5,
39
鳥養利三郎(1887－1976　工学部　総
長)　206

ナ行

内藤虎次郎(湖南,1866－1934　東洋史)　140,142～45,147,148,151,153,159～61,172,173,194,214,216,217,229,234,236～40,261,262,264,265,268～71,322
中井正一(1900－52　美学)　128
長尾雅人(1907－2005　仏教)　83,84,85
中川久定(1931－　仏文)　272,356
中西信太郎(1903－76　英文)　378
中久郎(1927－2005　社会)　264
長廣敏雄(1905－90　人文研)　176
中村新太郎(1881－1941　理学部)　185
中村直勝(1890－1976　国史)　160,179,181,220,222
那波利貞(1890－1970　東洋史)　160,196,218
成田孝三(1935－　地理)　275
成瀬清(無極,1884－1958　独文)　300～05,371,384,385
西島安則(1926－工学部　総長)　264
西田幾多郎(1870－1945　倫理→宗教)　5,7,8,23,25,32,33,34,38,39,66,72,93,198,322,356
西田太一郎(1910－82　教養部)　360
西田直二郎(1886－1964　国史)　108,109,124,136,138,150,151,158,159,179,191～94,196,226,343
西谷啓治(1900－1990　宗教→哲学)　39,64,66,76～79,90,91
野上素一(1910－2001　伊文)　395
野上俊夫(1882－1963　心理)　42,66,140
野田又夫(1910－2004　哲学)　67,414

ハ行

羽渓了諦(1883－1974　仏教)　66
波多野精一(1877－1950　宗教)　39
服部正明(1924－　印哲)　230,394,406,408
羽田亨(1882－1955　東洋史)　140,147,176,196,212,214,216,219,306,341,376,379
濱田敦(1913－96　国文)　356
濱田耕作(青陵　1881－1938　考古　総長)　5,6,10,11,12,37,129,140,142,147,154～62,176,185,187,188,193,195～97,211,212,214,217,220,288,311,341,347,348
林屋辰三郎(1914－98　人文研)　184
原勝郎(1871－1924　西洋史)　144,150,156,160,161,194,367
原随園(1894－1984　西洋史)　123,186,196,198,209
樋口隆康(1919－　考古)　187,230,277
日比野丈夫(1914－　人文研)　255
平沢興(1900－89　医学部　総長)　115～17
平野正雄(1880－1951　工学部)　12,19
深田康算(1878－1928　美学)　33,34,153,161,214
藤井乙男(1868－1945　国文)　371,374
藤岡謙二郎(1914－85　教養部)　181
藤澤令夫(1925－2004　哲学)　230,306
藤代禎輔(1868－1927　独文)　327,328,371,373,374
本庄栄治郎(1888－1973　経済学部)　148
本城格(1916－90　仏文)　331
本田義英(1888－1953　印哲)　66,67
本田実信(1923－99　西南アジア史)

230

マ行

松井元興(1873－1947　理学部　総長)　306,375
松尾巌(1882－1963　医学部)　311
松平千秋(1915－　西洋古典)　349
松本文三郎(1869－1944　印哲)　176
松本亦太郎(1865－1943　心理)　41
三浦アンナ(1894－1967　独文)　384,411
三浦周行(1871－1931　国史)　124,136,137,144,150,151.154,194,214,220
水垣渉(1935－　基督教)　272,409
水野清一(1905－71　人文研)　176,218
宮崎市定(1901－95　東洋史)　50,131～33,186,247,250,252,267,273,274,277,286～88,290
宮本英雄(1888－1973　法学部)　129,130
宮本英脩(1882－1944　法学部)　14
武藤一雄(1913－95　基督教)　62,63,64,84
本吉良治(1921－　心理)　43,44
森鹿三(1906－80　人文研)　176,177,212,218

ヤ行

八木冕(1915－88　心理)　42
安田章(1933－　国文)　281
矢田部達郎(1893－1958　心理)　42,67,74
矢野仁一(1872－1970　東洋史)　216～18
藪内清(1906－2000　人文研)　176
山内得立(1890－1982　哲学)　39,42,66,72
山下正男(1931－　人文研)　60,61
山田晶(1922－　哲学)　86,416
山本耕平(1940－　哲学)　417
山本修二(1894－1976　教養部)　302,371
雪山俊夫(1880－1946　独文)　384
吉岡健二郎(1926－2005　美学)　81,230,263,265
吉川幸次郎(1904－80　中文)　43,87,176,177,218,339,359
吉沢義則(1876－1954　国文)　371
米田庄太郎(1873－1945　社会)　25,26

ワ行

渡部徹(1918－95　人文研)　254,257
和辻哲郎(1889－1960　宗教)　34,357

執筆者紹介（掲載順）

職歴は原則として京都大学文学部および京都大学での勤務のみを記してある。京都大学の各部局については、大学名を省略した。

【哲　学】

天野貞祐（あまの　ていゆう）　明治 17（1884）年〜昭和 55（1980）年。
明治 45（1912）年、文科大学哲学科（哲学）卒業。大正 15（1926）年から昭和 19（1944）年まで文学部哲学科（西洋哲学史、後に倫理学）助教授・教授として勤務。

小島祐馬（おじま　すけま）　明治 14（1881）年〜昭和 41（1966）年。
明治 45（1912）年、文科大学哲学科（支那哲学史）卒業。大正 11（1922）年から昭和 16（1941）年まで文学部哲学科（支那哲学史）助教授･教授として勤務。

臼井二尚（うすい　じしょう）　明治 33（1900）年〜平成 3（1991）年。
大正 15（1926）年、文学部哲学科（社会学）卒業。昭和 4（1929）年から 38（1963）年まで文学部哲学科（社会学）講師・助教授・教授として勤務。

島芳夫（しま　よしお）　明治 35（1902）年〜昭和 60（1985）年。
大正 15（1926）年、文学部哲学科（美学美術史学）卒業。昭和 11（1936）年から 41（1966）年まで文学部哲学科（倫理学）助教授、教授として勤務。

井島勉（いじま　つとむ）　明治 41（1908）年〜昭和 53（1978）年。
昭和 7（1932）年、文学部哲学科（美学美術史学）卒業。昭和 13（1938）年から 47（1972）年まで文学部哲学科（美学美術史学）講師･助教授･教授として勤務。

園原太郎（そのはら　たろう）　明治 41（1908）年〜昭和 57（1982）年。

昭和6（1931）年、文学部哲学科（心理学）卒業。昭和13（1938）年から47（1972）年まで文学部哲学科（心理学）講師·助教授・教授として勤務（昭和43（1968）年からは霊長類研究所教授を併任）。

池田義祐（いけだ　よしすけ）　大正4（1915）年〜平成4（1992）年。
昭和13（1938）年、大谷大学文学部社会学科を卒業後、本学文学部専科。昭和29（1954）年から53（1978）年まで文学部哲学科（社会学）助教授・教授として勤務。

西田太一郎（にしだ　たいちろう）　明治43（1910）年〜昭和57（1982）年。
昭和10（1935）年、文学部哲学科（支那哲学史）卒業。三高教授を経て、昭和25（1950）年から49（1974）年まで教養部教授として勤務。

柿崎祐一（かきざき　すけいち）　大正4（1915）年〜平成6（1994）年。
昭和6（1931）年、文学部哲学科（心理学）卒業。教養部助教授を経て、昭和30（1955）年から54（1979）年まで文学部哲学科（心理学）助教授·教授として勤務。

真継伸彦（まつぎ　のぶひこ）　昭和7（1932）年生まれ。
昭和29（1954）年、文学部文学科（ドイツ語学ドイツ文学）卒業。作家。昭和38（1963）年、『鮫』で文藝賞受賞。ほかに『光る声』、『無明』、『林檎の下の顔』、『青空』などの作品がある。

蜂屋慶（はちや　けい）　大正9（1920）年〜平成9（1997）年。
昭和16（1941）年、文学部哲学科（教育学）卒業。大阪市立大学教授、奈良女子大学教授を経て、昭和50（1975）年から58（1983）年まで教育学部教授として勤務。

本吉良治（もとよし　りょうじ）　大正10（1921）年生まれ。
昭和20（1945）年、文学部哲学科（心理学）卒業。昭和26（1951）年から60（1985）年まで文学部哲学科（心理学）助手·講師·助教授·教授として勤務。

辻村公一（つじむら　こういち）　大正11（1922）年生れ。

昭和 21（1946）年、文学部哲学科（哲学）卒業。教養部助教授を経て、昭和 37（1962）年から 49（1974）年まで文学部哲学科（西洋近世哲学史）助教授・教授、昭和 49（1965）年から 60（1985）年まで同（哲学）教授として勤務。現在、日本学士院会員。

藤澤令夫（ふじさわ　のりお）　大正 14（1925）年～平成 16（2004）年。
昭和 26（1951）年、文学部哲学科（西洋哲学史）卒業。昭和 38（1963）年から平成元（1989）年まで文学部哲学科（西洋哲学史）助教授·教授として勤務。

上田閑照（うえだ　しずてる）　大正 15（1926）年生まれ。
昭和 20（1945）年、文学部哲学科（宗教学）卒業。教養部助教授、教育学部助教授·教授を経て、昭和 52（1977）年から平成元（1989）年まで文学部哲学科（宗教学）教授として勤務。現在、日本学士院会員。

【史　学】

矢野仁一（やの　にいち）　明治 5（1872）年～昭和 45（1970）年。
明治 32（1899）年、東京帝国大学文科大学史学科卒業。大正元（1912）年から昭和 7（1932）年まで文学部史学科（東洋史学）助教授・教授として勤務。

原随園（はら　ずいえん）　明治 27（1894）年～昭和 59（1984）年。
大正 6（1917）年、東京帝国大学文科大学史学科卒業。昭和 5（1930）年から 32（1957）年まで文学部史学科（西洋史学）助教授・教授として勤務。

宮崎市定（みやざき　いちさだ）　明治 34（1901）年～平成 7（1995）年。
大正 14（1925）年、文学部史学科（東洋史学）卒業。三高教授を経て、昭和 9（1934）年から 40（1965）年まで文学部史学科（東洋史学）助教授・教授として勤務。

前川貞次郎（まえかわ　ていじろう）　明治 44（1911）年～平成 16（2004）年。

昭和 10（1935）年、文学部史学科（西洋史学）卒業。人文科学研究所助教授を経て、昭和 27（1952）年から 50（1975）年まで文学部史学科（西洋史学）助教授・教授として勤務。

小葉田淳（こばた　あつし）　明治 38（1905）年〜平成 13（2001）年。
昭和 3（1928）年、文学部史学科（国史学）卒業。東京文理科大学教授を経て、昭和 24（1949）年から 44（1969）年まで文学部史学科（国史学）教授として勤務。

井上智勇（いのうえ　ちゆう）　明治 39（1906）年〜昭和 59（1984）年。
昭和 5（1930）年、文学部史学科（西洋史学）卒業。昭和 18（1943）年から 45（1970）年まで文学部史学科（西洋史学）助教授・教授として勤務。

織田武雄（おだ　たけお）　明治 40（1907）年生まれ。
昭和 7（1932）年、文学部史学科（地理学）卒業。昭和 22（1947）年から 46（1971）年まで文学部史学科（地理学）助教授・教授として勤務。

赤松俊秀（あかまつ　としひで）　明治 40（1907）年〜昭和 54（1979）年。
昭和 6（1931）年、文学部史学科（国史学）卒業。昭和 26（1951）年から 46（1971）年まで文学部史学科（国史学）助教授・教授として勤務。

梅原末治（うめはら　すえじ）　明治 26（1893）年〜昭和 58（1983）年。
大正 2（1913）年、同志社普通学校卒業。昭和 4（1929）年から 31（1956）年まで文学部史学科（考古学）講師・助教授・教授として勤務。

林屋辰三郎（はやしや　たつさぶろう）　大正 3（1914）年〜平成 10（1998）年。
昭和 13（1938）年、文学部史学科（国史学）卒業。立命館大学教授を経て、昭和 45（1970）年から 53（1978）年まで人文科学研究所教授として勤務。

執筆者紹介

神田喜一郎（かんだ　きいちろう）　明治30（1897）年〜昭和59（1984）年。
大正10（1921）年、文学部史学科（支那史学専攻）卒業。大谷大学・台北帝国大学・大阪市立大学の教授を歴任。

日比野丈夫（ひびの　たけお）　大正3（1914）年生まれ。
昭和11（1936）年、文学部史学科（東洋史学）卒業。昭和32（1957）年から52（1977）年まで人文科学研究所助教授・教授として勤務。

藤岡謙二郎（ふじおか　けんじろう）　大正3（1914）年〜昭和60（1985）年。
昭和13（1938）年、文学部史学科（考古学）卒業。昭和24（1949）年から53（1978）年まで教養部助教授・教授として勤務。

佐藤長（さとう　ひさし）　大正3（1914）年生まれ。
昭和14（1939）年、文学部史学科（東洋史学）卒業。昭和29（1954）年から53（1978）年まで文学部史学科（東洋史学）助教授・教授として勤務。

冨本健輔（とみもと　けんすけ）　大正2（1913）年〜平成15（2003）年。
昭和16（1941）年、文学部史学科（西洋史学）卒業。徳島大学教授などを歴任。

島田虔次（しまだ　けんじ）　大正6（1917）年〜平成12（2000）年。
昭和16（1941）年、文学部史学科（東洋史学）卒業。人文科学研究所教授を経て、昭和50（1975）年から56（1981）年まで文学部史学科（東洋史学）教授として勤務。

宮下美智子（みやした　みちこ）　昭和29（1954）年、文学部史学科（国史学）卒業、31（1956）年修士課程（国史学）修了。

長廣敏雄（ながひろ　としお）　明治38（1905）年〜平成2（1990）年。
昭和4（1929）年、文学部史学科（考古学）卒業。昭和24（1949）年から44（1969）年まで人文科学研究所助教授・教授として勤務。

増村宏（ますむら　ひろし）　明治39（1906）年〜昭和60（1985）年。

昭和7（1932）年、文学部史学科（東洋史学）卒業。鹿児島大学教授などを歴任。

岸俊男（きし　としお）　大正9（1920）年〜昭和62（1987）年。

昭和19（1944）年、文学部史学科（国史学）卒業。昭和33（1958）年から59（1984）年まで文学部史学科（国史学）助教授・教授として勤務。

朝尾直弘（あさお　なおひろ）　昭和6（1931）年生まれ。

昭和29（1954）年、文学部史学科（国史学）卒業、34（1959）年文学研究科博士課程（国史学）修了。昭和43（1968）年から平成7（1995）年まで、文学部史学科（国史学）助教授・教授として勤務。

谷川道雄（たにがわ　みちお）　大正14（1925）年生まれ。

昭和23（1948）年、文学部史学科（東洋史学）卒業。名古屋大学教授を経て、昭和53（1978）年から平成元（1989）年まで文学部史学科（東洋史学）教授として勤務。

屋敷利紀（やしき　としのり）　昭和42（1967）年生まれ。

平成元（1989）年、文学部史学科（国史学）卒業。アメリカン・フットボール部で活躍。現在、日本銀行勤務。

竺沙雅章（ちくさ　まさあき）　昭和5（1930）年生まれ。

昭和28（1953）年、文学部史学科（東洋史学）卒業、31（1956）年文学研究科修士課程修了。人文科学研究所助教授を経て、昭和43（1968）年から平成5（1993）年まで文学部史学科（東洋史学）助教授・教授として勤務。

松尾尊兊（まつお　たかよし）　昭和4（1929）年生まれ。

昭和28（1953）年、文学部史学科（国史学）卒業。人文科学研究所助教授を経て、昭和46（1971）年から平成5（1993）年まで文学部史学科（現代史学）助教授・教授として勤務。

杉村邦彦（すぎむら　くにひこ）　昭和14（1939）年生まれ。

昭和37（1962）年、文学部史学科（東洋史学）卒業、42（1967）年文学研究科博士課程（東洋史学）単位取得退学。現在、四国大学教授。

小野山節（おのやま　せつ）　昭和6（1931）年生まれ。
昭和30（1955）年、史学科（考古学）卒業、35（1960）年文学研究科博士課程（考古学）単位取得退学。昭和50（1975）年から平成7（1995）年まで文学部史学科（考古学）講師・助教授・教授として勤務。

大山喬平（おおやま　きょうへい）　昭和8（1933）年生まれ。
昭和32（1957）年、史学科（国史学）卒業、37（1962）年文学研究科博士課程（国史学）単位取得退学。昭和46（1971）年から平成9（1997）年まで文学部史学科（国史学・日本史学）助教授・教授として勤務。

永田英正（ながた　ひでまさ）　昭和8（1933）年生まれ。
昭和32（1957）年、史学科（東洋史学）卒業、34（1959）年文学研究科修士課程（東洋史学）修了。滋賀大学教授を経て、平成2（1990）年から9（1997）年まで文学部史学科（東洋史学）教授として勤務。

礪波護（となみ　まもる）　昭和12（1937）年生まれ。
昭和35（1960）年、史学科（東洋史学）卒業、40（1965）年文学研究科博士課程（東洋史学）単位取得退学。人文科学研究所教授を経て、平成5（1993）年から13（2001）年まで文学部史学科（東洋史学）教授として勤務。現在、大谷大学教授。

【文　学】

伊吹武彦（いぶき　たけひこ）　明治34（1901）年～昭和57（1982）年。
大正14（1925）年、東京帝国大学文学部仏蘭西文学科卒業。三高・教養部教授を経て、昭和25（1950）年から39（1964）年まで文学部文学科（フランス語学フランス文学）教授として勤務。

足利惇氏（あしかが　あつうじ）　明治34（1901）年～昭和58（1983）年。
昭和2（1927）年、同志社大学文学部卒業。昭和5（1930）年から40

(1965) 年まで文学部文学科 (梵語学梵文学) 講師・助教授・教授として勤務。

中西信太郎 (なかにし　のぶたろう) 明治36 (1903) 年〜昭和51 (1976) 年。

昭和2 (1927) 年、文学部文学科 (英語学英文学) 卒業。昭和9 (1934) 年から42 (1967) 年まで文学部 (英語学英文学) 講師・助教授・教授として勤務。

生島遼一 (いくしま　りょういち) 明治37 (1904) 年〜平成3 (1991) 年。

昭和4 (1929) 年、文学部文学科 (フランス語学フランス文学) 卒業。三高・教養部教授を経て、昭和39 (1964) 年から43 (1968) 年まで文学部文学科 (フランス語学フランス文学) 教授として勤務。

石田憲次 (いしだ　けんじ) 明治23 (1890) 年〜昭和54 (1979) 年。

大正5 (1916) 年、文科大学文学科 (英語学英文学) 卒業。大正12 (1923) 年から昭和26 (1951) 年まで文学部文学科 (英語学英文学) 講師・助教授・教授として勤務。

野上素一 (のがみ　そいち) 明治43 (1910) 年〜平成13 (2001) 年。

昭和9 (1934) 年、東京帝国大学文学部言語学科卒業。昭和13 (1938) 年、ローマ大学文学部卒業。昭和21 (1946) 年から48 (1973) 年まで文学部文学科 (イタリア語学イタリア文学) 講師・助教授・教授として勤務。

小川環樹 (おがわ　たまき) 明治43 (1910) 年〜平成5 (1993) 年。

昭和7 (1932) 年、文学部文学科 (支那語学支那文学) 卒業。東北大学教授を経て、昭和25 (1950) 年から昭和49 (1974) 年まで教授として勤務。

佐藤則之 (さとう　のりゆき) 明治38 (1905) 年〜平成9 (1997) 年。

昭和10 (1935) 年、文学部文学科 (言語学) 卒業。昭和26 (1951) 年から49 (1974) 年まで東京教育大学教育学部助教授・教授として勤務。

執筆者紹介

濱田敦（はまだ　あつし）　大正2（1913）年～平成8（1996）年。
昭和14（1939）年、文学部文学科（国語学国文学）卒業。昭和31（1956）年から昭和52（1977）年まで文学部文学科（国語学国文学）助教授・教授として勤務。

石田幸太郎（いしだ　こうたろう）　明治27（1894）年～昭和62（1987）年。
大正8（1919）年、文学部文学科（英語学英文学）卒業。昭和36（1961）年から54（1979）年まで京都ノートルダム女子大学教授として勤務。

大浦幸男（おおうら　ゆきお）　大正4（1915）年生まれ。
昭和12（1937）年、文学部文学科（英語学英文学）卒業。昭和21（1946）年から53（1978）年まで三高、教養部助教授・教授として勤務。

清水純一（しみず　じゅんいち）　大正13（1924）年～昭和63（1988）年。
昭和24（1949）年、文学部哲学科（西洋哲学史）卒業。昭和43（1968）年から63（1988）年まで文学部文学科（イタリア語学イタリア文学）助教授・教授として勤務。

松平千秋（まつだいら　ちあき）　大正4（1915）年生まれ。
昭和13（1938）年、文学部文学科（言語学）卒業。昭和16（1941）年から54（1979）年まで文学部文学科（言語学、西洋古典語学西洋古典文学）講師・助教授・教授として勤務。

大地原豊（おおじはら　ゆたか）　大正12（1923）年～平成3（1991）年。
昭和22（1947）年、文学部文学科（梵語学梵文学）卒業。昭和32（1957）年から61（1986）年まで文学部文学科（梵語学梵文学）助教授・教授として勤務。

清水茂（しみず　しげる）　大正14（1925）年生まれ。
昭和26（1951）年文学部文学科（中国語学中国文学）卒業。昭和34（1959）年から平成元（1989）年まで文学部文学科（中国語学中国文学）助教授・教授として勤務。

中川久定（なかがわ　ひさやす）　昭和 6 （1931）年生まれ。

昭和 29（1954）年、文学部文学科（フランス語学フランス文学）卒業、36（1961）年、文学研究科博士課程（フランス語学フランス文学）単位取得退学。昭和 46（1971）年から平成 6 （1994）年まで文学部文学科（フランス語学フランス文学）助教授・教授として勤務。現在、日本学士院会員。

岩倉具忠（いわくら　ともただ）　昭和 8 （1933）年生まれ。

昭和 32（1957）年、文学部文学科（イタリア語学イタリア文学）卒業、39（1964）年、文学研究科博士課程（イタリア語学イタリア文学）単位取得退学。昭和 50（1975）年から平成 9 （1997）年まで文学部文学科（イタリア語学イタリア文学）助教授・教授として勤務。現在、京都外国語大学教授。

以文会友《いぶんかいゆう》——京都《きょうと》大学文学部《だいがくぶんがくぶ》今昔《こんじゃく》

二〇〇五年五月十五日　初版第一刷発行

編　者　京都《きょうと》大学文学部《だいがくぶんがくぶ》

発行者　阪上　孝

発行所　京都大学学術出版会
606-8305 京都市左京区吉田河原町一五―九京大会館内
電　話　〇七五―七六一―六一八二
ＦＡＸ　〇七五―七六一―六一九〇
URL http://www.kyoto-up.gr.jp

印刷・製本／亜細亜印刷

ISBN4-87698-660-6